서울
건축
여행

시간을 건너
낯선 눈으로 서울을 보다

서울
건축
여행

김예슬 지음

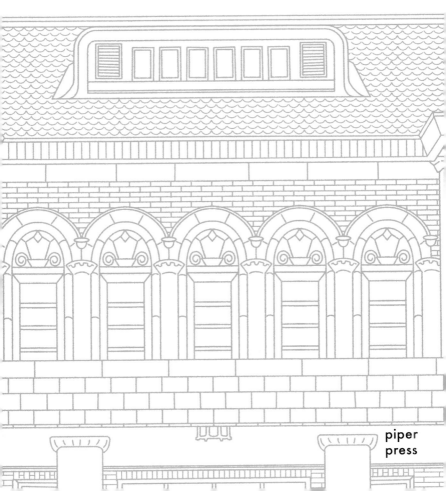

piper
press

일러두기

- 건축물의 연도는 준공연도 기준으로 표기했습니다.
- 책에 실린 사진은 김예슬 작가가 촬영했습니다.

'서울에 여행 온 사람들은 얼마나 재미있을까?'

평일 동안 출근 아니면 퇴근. 주말은 스쳐만 가고, 공휴일은 왜 이리 안 오는 것이며 휴가는 쓸 수 있는 게 맞는지 멀게 느껴지던 날이었다. 퇴근길, 서울역에서 탄 버스는 종로를 지나 동대문으로 향하고 있었다. 남산서울타워는 달처럼 버스를 따라다니고, 오랫동안 제자리를 지키고 있는 건물들은 별처럼 빛났다. 서울에 여행 온 사람들은 얼마나 재미있을까? 힘없이 유리창에 박고 있던 머리에서 섬광이 스쳤다. '나도 서울에 여행 온 사람들처럼 다니면 되잖아!' 건축 여행의 시작이었다.

서울의 건축 여행자

주말마다 서울을 여행했다. 처음에는 궁궐과 북촌처럼 '서울' 하면 떠오르는 관광지를 찾았다. 건축 여행을 하다 보니 한옥도 꼭 조선시대 한옥만 있는 게 아니라는 걸 알게 됐다. 일제강점기에 지어진 한옥들을 찾아다니다 당시에 지어진 양옥, 일본식 가옥, 절충식 가옥도 구경하기 시작했다.

방문한 장소에서 흥미로운 점을 발견하면 건축 재료, 용도, 건물을 사용한 사람, 인종, 국적을 따라 더 깊숙이 걸어 들어갔다. 어떤 날은 계단만, 어떤 날은 창문만 들여다보며 여행은 꼬리에 꼬리를 물었다.

유명한 사람들이 남긴 흔적을 좇다가 관련된 예술 작품, 역사적 사건으로 주제를 확장하기도 했다. 책, SNS, 신문 기사, 고전 영화, 방송, 다큐멘터리… 보고 듣는 모든 것을 자료 삼아 여행지를 선정했다.

하고 싶은 말은 많은데 나눌 사람이 없어서 인스타그램에 '#건축여행자' 해시태그를 만들고 글을 썼다. 2015년에 처음 올렸던 게시글이 1000개를 넘기는 동안 어떤 건물은 사라졌고, 어떤 곳은 박물관이 되었다. 여전히 골목에 남아 있는지 확인하게 되는 나만의 문화재 같은 건물도 생겼다. 취향이 생긴 것이다.

시간을 들여다보는 일

건축 여행은 시간 여행이다. 정치인이 살던 집, 작가가 살던 집, 카페가 된 100년 전에 지어진 집을 다니다 보면 시간을 건너 아무 곳이나 다 들어가 볼 수 있는 초능력을 가진 기분이 든다. 많은 사람들의 손이 닿는 창틀, 손잡이, 문패 등 건물의 작은 부분에는 더 강력한 힘이 깃드는 것 같다. 그래서인지 건물의 아주 사소한 부분을 들여다볼 때면 과거와 현재가 겹쳐 보이는 묘한 기시감까지 느낀다.

건축을 여행한다는 건 건물이 왜 지어졌는지, 누가 살았는지, 왜 남겨져 있는지 생각하는 일이다. 건축을 통해 서울을 여행하는 것 역시 마찬가지다. 건물을 구경한다는 명분으로 벽돌과 유리창을 들여다보지만 사실 서울이 겪은 시간을 마주하는 것이다. 그 끝에는 사람이 있다. 당시에 건물을 설계한 건축가, 건축주, 이용한 사람, 숱한 날 지나가며 그 건물을 봤을 사람들 말이다. 한국사 시간에 익히 들어서 알고 있던 '역사'는 두 발로 직접 걸어 닿는 순간 '사건'이 된다. 아는 사람들이 전해 주는 이야기처럼.

사람들은 해외에 가면 미술관, 맛집 등 나름대로의 주제를 정해 여행하곤 한다. 관광객이 너무 많은 곳 말고, 여유 있고 현지인만 알 것 같은 숨은 장소를 궁금해한다. 서울 역시 그렇게 여행해 보면 어떨까? '서울 건축 여행'을 제안하고 싶었다.

소개할 곳을 정할 때 이런 점을 염두에 뒀다. 조선시대나 그 이전에 지어진 건물은 넣지 않았다. 서울은 삼국시대부터 21세기까지 여러 시대가 쌓여 있는 도시다. 서울에 쌓인 시간 중에서 현재에서 너무 가깝지도, 멀지도 않은 과거에 집중했다. 명동성당, 덕수궁 내의 석조전 등 유명한 근대 건축물보다는 아직 덜 알려진, 더 많은 사람들이 이야기하면 좋을 곳을 사심을 담아 골랐다.

'서울 건축 여행' 사용법

주말 약속을 잡을 때 일행과 자연스럽게 둘러보는 상황도 상상했다. 답사가 아닌 여행에 집중했기에 찾기 어렵지 않은 곳들로 추렸다. 근대와 현대를 잇는 우리나라 건축가 중 김중업과 김수근이 설계한 건축물도 여럿 다룬다. 바르셀로나에 가면 가우디를 따라다니듯 서울에서도 건축가를 따라 '도장 깨기'가 가능하다.

목차만 갖고도 밑줄 그어 가며 찾아갈 수 있는 가이드북 같은 책이 되길 원했다. 카테고리로 나눠서 정리한 이유다. 테마별로 지역이나 종류를 골고루 담기 위해 노력했다. 서울 안에도 좋아하는 건물이 많아 고심하며 골랐다. 각 회차에서 주로 소개하는 건물 외에도, 좋아하는 마음을 담아 관련된 건물들을 언급했다.

여행자의 서울 건축 답사기

서울 건축 여행은 평소에 꾸준히 하던 일이니 글을 써

보기로 했지만, 전공이 건축이나 역사도 아니면서 '건축 여행'을 주제로 독자를 만난다는 건 부담되는 일이다. 게다가 우리나라 수도인 '서울'을 붙이고 일을 벌인다는 것은 개인 SNS에 짧은 글과 사진을 올리는 것과 차원이 다른 무게감이었다.

그렇지만 영화 리뷰를 꼭 감독만 써야 하는 건 아니다. 좋은 작품이 있다면 아무나 느낀 점과 해석을 쓰고 말할 수 있다. 건축 답사기 역시 '아무'인 나도 쓸 수 있다고 용기내봤다. 건축은 누구나 여행할 수 있다. 뭐든지 감탄하고 궁금해할 여행자의 시선만 있다면! 그간 비전공자로서 시행착오를 거치고, 발품을 팔며 모은 정보가 건축 여행에 관심은 있었지만 어디서부터 시작해야 할지 고민하던 분께 도움이 된다면 좋겠다. 서울에서 여행자가 되고 싶은 당신에게, 서울이 익숙한 당신에게 영감을 줄 수 있는 작은 지도가 되기를 바란다.

집: 인물

집: 동네

문학

영화

미술

건축

학교

박물관

병원

상업 시설

종교 시설

집: 인물

1 경교장 전경

강북삼성병원 건물에 끼어 있는 백범 김구의 집

서울역사박물관에서 서대문역쪽으로 걷는다. 좌우 빌딩 사이로 길게 뻗은 8차선 도로는 자동차와 버스로 빽빽하다. 돈의문 박물관 마을을 지나 어디로 가야 하는지 좌우를 살피는 사이 언덕에서 차와 사람들이 쏟아지듯 내려온다. 이때 걸음을 멈추면 1시 방향에 큰 병원 건물 사이로 어울리지 않는 건물이 보인다. 대한민국 임시정부 마지막 사무실이자 백범 김구가 서거한 곳, 경교장이다.

『알쓸신잡2』에서 건축가 유현준은 부석사를 '시퀀스'로 설명했다. 가장 꼭대기에 있는 무량수전을 가려면 가파른 언덕을 올라가야 하는데, 중요한 건물을 더 극적으로 만나게 하는 배치라는 것이다. 경교장은 정동을 가로질러 갈 수도 있고, 서대문역에서 걸어갈 수도 있지만 나는 서울역사박물관에서 걸어가는 길을 선호한다. 병원 건물 사이에 끼어 버린 현재 경교장을 가장 잘 보여주는 경로이기 때문이다.

2 1층 돌출창

3 2층 발코니 위 아치창. 지붕과 기둥 등 작은 부분까지 신경썼다.

반듯하지만 투박하지 않은 멋

언덕을 올라 정면으로 바라본 경교장은 종이접기로 만든 집처럼 반듯하다. 좌우 대칭을 이루지만 투박하지는 않은데, 곳곳에 곡선으로 멋을 냈기 때문이다. 건물 지붕 중앙 2층 발코니의 아치 모양 창은 1층 현관 기둥으로 이어진다. 위에서 아래로 자연스럽게 이동된 시선은 현관에서 좌우 곡선을 그리는 길을 따라 퍼진다. 1층 양쪽으로 돌출창이 있어서 네모난 집이지만 단조롭지 않다.

자세히 보면 기둥 끝마다 고풍스러운 무늬를 새겨 넣었다. 지붕, 창문 밑, 창문 위 등 자잘한 곳도 공들인 흔적이 역력하다. 경교장은 지하 1층과 지상 2층, 총 3층 건물이다. 내부에는 응접실, 식당, 집무실 등이 있다.

지상 2층에는 일본식 다다미방과 복도가 있다. 다다미방을 가운데 두고 복도가 있는데, 이 때문에 커다란 서양식 집 속에 작은 일본식 집이 지어져 있는 느낌을 준다.

일제강점기에 지어 외부는 서양식, 내부는 일식 모양을 갖춘 집들은 서울 외 다른 지역에도 꽤 많다. 군산의 이영춘 가옥, 청주의 충북문화관 등이 대표적이다. 이런 집들 대부분은 나중에 한국인들이 살면서 남긴 한국식 주거 문화까지 녹아들어 한식, 일식, 서양식이 섞인 독특한 형태를 갖게 된다.

공주에 있는 카페 '예술가의 정원(충청남도 공주시 큰샘2길

456 지상 2층의 일본식 다다미방과 복도

10-5)'도 일제 강점기에 지은 집인데 경교장과 닮았다. 규모는 훨씬 작지만 1936년 비슷한 시기에 사업을 위해 사무실 겸 응접실로 지은 건물이라는 게 공통점이다. 공주에 여행 갈 일이 있다면 들러서 비교해 봐도 재밌을 것이다. 경교장이 얼마나 막대한 예산을 들인 건물인지 실감할 수 있다.

친일파의 집에서 임시정부 사무실로

경교장이 처음 지어졌을 때의 이름은 죽첨장이었다. 이 일대에 살았던 일본인 공사의 이름을 따와 지은 것으로, 충정로의 옛 이름도 죽첨정이었다. 건축주는 일제강점기 광산 사업으로 돈을 번 최창학이었다. 건축가는 조선인 김세연인데, 박길룡건축사무소에서 일하며 미츠코시 백화점(현재 신세계백화점 본점), 경성제국대학 본관(현재 예술가의집)등 여러 건물 작업에 참여했던 것으로 알려져 있다. 연못이 있는 마당에 차고와 한옥까지 갖춘 양옥이라 완공된 1938년에도 꽤나 화제였다. 경교장 안에 『조선과 건축』(1938년 8월호)에 실린 죽첨장의 외부와 내부 사진이 전시되어 있다.

죽첨장이 경교장이 된 것은 1945년 11월 백범 김구가 해방된 조국으로 돌아오고 난 뒤다. 경교장은 백범 김구가 이곳에 처음 와서 붙인 이름인데, 경교京橋라는 근처 다리 이름에서 따왔다고 한다. 친일을 하던 최창학은 해방이 된 후 태세를 전환해 김구에게 거처로 죽첨장을 기증한다. 경교장에 전시되어 있는 내용에 따르면 최창학 가족들은 가구와 집에 남겨진 물건들이 어찌되지 않을까 걱정하며 수시로 드나들고 불만을 토로했다고 한다. 결코 달가운 기증이 아니었던 게 분명하다.

1949년 6월 26일, 김구가 경교장 2층에서 암살당한 뒤 이 집은 다시 최창학의 소유가 됐는데, 다시 되팔아버린 것을 보면 집에 애정이 있었다기보다 부동산 자산 정도로 생각했던 것 같다. 이후 경교장은 타이완 대사관, 미군부대 주둔지, 월남대사관으로 계속 주인이 바뀌었다.

1967년 삼성재단이 매입해 병원 본관으로 사용했는데, 시민에게 개방된 것은 2013년 일이다. 용도가 여러 차례 바뀌면서 훼손이 심각했지만 죽첨장과 임시정부 사무실로 사용할 때의 사진 자료들을 활용해 최대한 원형에 가깝게 복원했다고 한다. 지금도 건물이 병원 건물과 하늘다리에 눌려 있어서 완전한 복원이라고 보긴 어렵지만 이만하길 다행이다. 지금은 정원처럼 꾸며 놨지만 몇 년 전 병원 내에 주차타워가 들어오기 전만 해도 경교장 마당은 병원 주차장 신세였다.

멈춰 버린 시계처럼, 경교장에 새겨진 역사

나에게 김구는 무인의 이미지다. 키 180cm의 거구였던 데다가 중국에서 독립운동 활동을 했던 것, 해방 후 다양한 정치 노선이 생길 때에도 민족주의를 외쳤던 것 때문인 듯하다. 친일파 집에 살게 된 독립운동가라니. 호랑이를 잡으려면 호랑이 굴로 들어가라는 말이 떠오른다. 때로 극단적이기도 했던 김구의 호방한 기개와 인생이 경교장을 통해 더 대비되는 것 같아 주인과 퍽 잘 어울린다. 실제로 당시 미국은 김구를 블랙타이거black tiger라고 불렀다.

백범 김구가 1945년 11월 조국으로 돌아와 1949년 6월 26일까지 이곳에서 지낸 시간은 4년이 채 안 된다. 하지만 이 건물은 영원히 경교장으로 불리게 되었다.

상징처럼 읽히는 장소가 있다. 그런 곳은 역사와 궤도를 함께할 운명을 갖는다. 사용하던 사람, 시대에 대한 현재 평가가 공간의 지위를 결정한다. 크고 화려한 것과는 별개다. 여기서 누가 뭘 했는지, 역사성이 건물의 주인이 되는 순간이 온다. 그런 이유로 광화문 뒤에 있던 조선총독부청사가 폭파됐다. 건물을 단죄하겠다는 의미보다 그곳을 중심으로 행해졌던 일제강점기 시절 만행과 친일을 청산하지 못해 뒤틀어져버린 시간을 바로잡겠다는 의지의 표현일 것이다.

다른 의미로 많은 건물들이 역사성을 대접받지 못하고

발굴을 기다리고 있을 테다. 예를 들면 김규식의 사저, 삼청장이다. 김구가 살았던 경교장, 이승만이 살았던 이화장과 더불어 해방 당시 3대 정치적 명소로 불렸다고 한다. 우사 김규식은 대한민국 임시정부 부주석으로 활동했으나 6.25 전쟁 당시 납북되며 역사적인 평가가 미뤄졌다. 그 사이 수많은 정치인이 드나들던 삼청장은 서서히 잊혀졌다. 청와대와 위치가 가까워 대통령경호실 소유 구역이 되면서 더욱 가볼 수 없게 되었다.

경교장은 1949년 6월 26일로 멈춰버린 시계 같다. 병원 사이에 불청객처럼 놓여진 경교장을 보면 우리는 대한민국 임시정부를 어떻게 평가하고 있는지 생각하게 된다. 백범 김구 암살의 배후, 정부가 바뀔 때 마다 불거지는 건국일 논란 등 여러 질문들 역시 여전히 물음표로 남아 있다.

서울을 흐르는 역사의 시간

경교장에 갈 때 서울역사박물관에서 출발했다면, 나올 때는 정동길로 내려오는 걸 추천한다. 이화여자고등학교 박물관, 헌법재판소였던 서울시립미술관, 정동교회, 2023년 9월 개관한 덕수궁 돈덕전까지 볼 수 있다.

어떤 시간은 멈춰 있고, 어떤 시간은 계속 매끈해지고 있다. 병원 벽에 붙어 연명하고 있는 경교장을 보며 품은 불편한 의문이 정동길을 걸으며 증폭된다. 덕수궁까지 걸어 나와 구 서울시청사와 신 서울시청사 사이를 서성여 본다. 서울을 흐르는 역사의 시간은 어디쯤 와 있는 걸까.

1   장면가옥 전경
2   대문의 벽과 대문 안의 벽이 일직선으로 맞아 보인다.

② 장면가옥

여행에서 집을 떠올린다면

서울에서 건축 여행을 하다 보면 자연스럽게 내 집을 찾게 된다. 이 집에 살면 어떨까? 이 동네에 살면 어떨까? 떠나서도 돌아갈 '집'을 떠올린다는 것이 역설적이게도 여행 중임을 증명한다. 돌아갈 곳이 없다면 방랑일 테니 말이다.

서울 안에는 유명한 사람, 역사적 인물들이 살던 집이 많이 남아 있다. 정치인들의 집도 개방된 곳이 많다. 이화동 이승만 대통령 가옥(이화장), 서교동 최규하 대통령 주택, 신당동 박정희 대통령 가옥 등이 대표적이다. 그 중에서도 명륜동 장면 총리 가옥은 갈 때마다 한번쯤 살아보고 싶어진다. 집에서 사람이 보이기 때문이다.

혜화역에서 혜화동 로터리 쪽으로 올라간다. 길이 좁아지면서 연극 포스터, 커다란 간판 대신 사람 사는 향기가 나는 정다운 풍경이 펼쳐진다. 자두, 체리, 참외를 눈으로 보기도 전에 코가 과일가게를 알아챈다. 과일가게를 지나 쭉 직진하면 그 길 왼쪽으로 새하얀 집이 보인다.

돌로 단을 쌓아 지대를 높여 지은 집은 마치 작은 성 같다. 사람들이 오가는 길가에 딱 붙어 있어 그런지 권위적인 분위기는 없다. 현관으로 들어가기 전 정면에서 집을 다시 눈에 담아 본다. 담장 안으로 크고 작은 나무들이 빼곡하다. 아직도 대문에 붙어있는 문패에는 '장면'이라는 이름이 한자로 쓰여 있다.

대문으로 들어가자마자 벽이 보인다. 그 덕에 대문이 열려 있어도 밖에서 안채가 보이지 않아 사생활이 보호된다. 집 밖에서 보면 벽의 높이가 대문과 딱 맞아서, 열려 있지만 닫혀 있는 모습을 유지한다.

실제로는 대문보다 사생활 보호벽이 살짝 더 높다. 석축 위에 지어진 집이다 보니 길에서 집을 보았을 때 올려다봐야 하는 행인의 시선에 맞춘 것이다. 사소한 부분이지만 집에 사는 사람들을 위한 배려와 집을 바라보는 이웃에 대한 건축가의 정중한 태도가 엿보인다. 대문 앞에 놓인 벽을 마주보고 오른쪽 길은 사랑채로, 왼쪽 길은 안채가 있는 마당으로 이어진다. 현관에서 바로 사적인 영역과 공적인 영역을 나눠서 공간을 구획했다.

'대한민국 1호 외교관'의 집

1937년에 지어진 장면가옥은 안채, 사랑채, 수행원실, 경호원실 등 4개 건물로 구성되어 있다. 건물 수에 비해서 부지는 생각보다 작다. 오밀조밀 모여 있는 건물들은 한식과 서양식이 섞여 있는데, 한옥인 안채를 중앙에 배치하고 좌우로 건물을 두어서인지 'ㄷ'자 한옥이 떠오른다. 양쪽에 배치한 서양식 건물도 개조한 한옥에 가깝다.

동시대에 지어진 뾰족 지붕 집과는 많이 다르다. 1930년대 당시 서울에는 이른바 문화주택 양식이 유행했다. 책 『한국주택 유전자 1』에 따르면 서양 근대 문물에 대한 동경과 향유가 주거 형태로 표현된 결과다. 문화주택은 서양식과 일본식을 합친 주택이지만, 조선인들도 사용했기 때문에 온돌을 깔기도 했다.

장면가옥에서 가까운 곳에 1936년 지어진 문화주택이 있다. 책 『한국의 근대건축』에 나오는 명륜동 일본식 목조주택(성균관로4길 17)이다. 책에는 수리 과정과 내부 사진도 담겨 있다. 이런 시대적 배경을 생각하면 집의 특징이 더 선명하게 보인다.

안채 앞으로 들어오면 주변에 낮은 한옥이 모여 있던 과거로 돌아간 느낌이 든다. 복작한 동네 소음도 대문을 넘지 못해서 마당은 언제나 조용하다. 안채로 들어가면 마당을 바

3   안채와 마당
4   집 뒤편의 아궁이

라보게 놓은 흔들의자 위로 장면의 가족 사진이 걸려 있다.

대청마루에 유리창을 달아 거실처럼 만든 이 곳을 중심으로 방, 부엌, 화장실과 집 뒤로 나가는 문이 배치되어 있다. 집안 곳곳에 장면이 갖고 있던 모자, 시계, 편지 등이 전시되어 있다. 특히 장면의 여권은 언제나 처음 보는 것처럼 새롭다. '1948년 9월 6일에 발급된 대한민국 외교관 1호 여권'이라는 소개가 적혀있다. 한국 수석 대표로서 같은 해 프랑스 파리에서 열린 유엔 총회에 참석하기 위해 발급받은 것이었다. 장면은 이 여권을 갖고 1948년 9월 유엔대표단과 함께 미국을 거쳐 프랑스에 도착했다. 그곳에서 대한민국은 정식 국가로서 국제적인 승인을 얻었다.

복제품이지만 이제 막 첫발을 내디딘 신생국에서 발급한 첫 여권을 들여다보며 시대를 깊이 느껴 본다. 정치적인 성향과 이념을 떠나, 여러 사람들이 기대하고 바라던 염원이 그 종이에 담겨 있을 것이다. 이 여권을 들고 출국하는 외교관, 장면을 상상해 본다. 얼마나 기쁘면서도 두려웠을지.

생활감 묻어나는 공간에서 엿보는 장면 가족

장면은 혜화동 로터리에 있는 동성고등학교에 교장으로 재직하던 시절 이 집을 지었다. 이후 광복을 맞았고 주미대사, 부통령, 국무총리를 거쳐 1966년에 사망하기까지 이 집에 살았다. 교육자에서 정치인이 된 그의 인생과 일제강점기부터 해방 대한민국의 역사가 이 곳에 녹아있다.

그런 것치고 집은 꽤 담백하다. 이 집을 사용할 가족들이 누릴 편의를 생각한 실용적인 면이 먼저 드러나서다. 건축가를 알면 더 이해가 된다. 이 집을 설계한 사람은 장면의 처남 김정희다.

신식으로 지은 화장실, 부엌은 거실과 연결되어 있다. 현대적으로 개량된 한옥 같다. 거실과 연결된 부엌뿐만 아니라 밖에 세컨드 주방처럼 아궁이와 수돗가를 만든 것도 눈에 띈다. 여기에서 오래 끓여야 하거나 집에 냄새가 밸 만한 요리도 하고, 빨래도 하지 않았을까. 살림하는 사람 입장에서 부엌은 넓을수록 좋은데, 이 점을 건축가도 알고 있었던 것 같다.

집 뒤 아궁이를 따라 담장 쪽으로 나가면 바로 장독대가 나온다. 으레 살림은 '안사람'의 몫이었던 당시 시대상을 생각하면 건축가 김정희가 누나 김옥윤의 동선이나 생활을 고민하고 반영한 게 아닐지 추측해본다. 집안 곳곳에 김옥윤이 쓰던 그릇, 가구가 있다.

손때 묻은 살림살이 덕에 장면 가옥에는 생활감이 있다. 이 집을 가장 사랑한 사람은 김옥윤이 아니었을까. 자식 7명을 키우며 집안 구석 구석을 가장 많이 쓸고 닦은 사람이었을 테니 말이다. 오래 머무른 사람보다 많은 수고를 들인 사람이 공간을 더 애정하게 된다. 매일 빨래를 하고, 바닥을 닦고, 가족들이 남긴 흔적을 정돈하며 늘 하는 생각이다.

나에게 집은 어떤 곳일까

대청에 앉아 조용한 마당을 바라본다. 머리 위로 나무가 드리워져 있어 더욱 아늑하다. 신실한 천주교 신자였던 장면 부부가 성당에 간 일요일 아침, 빈 집을 혼자 지키고 있는 것 같은 착각에 빠진다. 부엌에서 식사 준비를 하는 투닥거리는 소리, 맛있게 익은 장이 가득 담긴 장독대 속 향기, 마당에서 물을 긷는 펌프질 소리를 상상한다. 정치계 인사들과 경호원들이 드나들었던 이 집은 이제 더없이 평화롭다.

장면은 어떤 사람이었을까. 생의 마지막 순간쯤 이 집에서 어떤 생각을 했을까. 같은 시대에 태어났다면 들어와 보지 못했을 사적인 공간에서 만나본 적 없는 사람을 생각한다. 집 때문인지 장면을 생각할 때면 차분하고 정갈한 인상이 떠오른다. 마지막 직업이 정치인이었지만 여전히 집에서 가까운 동성고등학교로 출근하는 선생님이 어울리던 사람 말이다.

역사 시간에 아주 짧은 재임 기간을 거친 총리 정도로 배웠던 사람을 이렇게 집을 통해 만난다. 여행을 마치고 집에 돌아오니 익숙한 공간이 조금 낯설게 보인다. 내가 집에 어떤 인상을 불어 넣었는지, 나에게 집은 어떤 곳인지 다시 생각해보는 것까지가 명륜동 장면 가옥 여행이다.

③ 홍건익 가옥

서울 한복판에서 잠적할 곳을 찾는다면

디스커버리에서 제작한 『잠적』이라는 프로그램이 있다. 각 편마다 배우들이 한 명씩 나와 자신만의 시간을 갖기 위해 서울을 벗어나 산으로, 바다로 혼자 떠난다. 밥을 먹고, 책을 읽고, 운전을 하며 음악을 듣는 등 일상적이고 소소한 방식으로 낯선 곳에서 휴식을 취한다. 예능 프로그램으로 소개되어 있지만, 조용한 나레이션과 호흡이 긴 영상을 보고 있자면 여행 다큐멘터리에 가깝다는 생각이 든다.

『잠적』 중 한 편을 보다가 스스로 질문해 봤다. '서울에서 잠적하고 싶은 곳이 있다면?' 많은 장소가 스쳐가는데, 몇 가지 조건으로 추리기 시작한다. 잘 알려진 곳보다 동네 주민들만 갈 것 같은 장소여야 좋지 않을까? 너무 외곽보다는 차라리 도심 한가운데에 숨는 것이 나을 거야. 자연을 느낄 수 있되 너무 넓지 않으면 좋겠는데. 한적한 한옥이라면 더 좋을 것 같고. 그렇다면? 홍건익 가옥 후원이 제격이다. 현재

1 홍건익 가옥 전경
2 우물
3 화담벽

서울 공공한옥으로 운영되고 있어 일반 방문이 가능하다.

투박함 속에서 발견한 섬세함

평일 낮, 경복궁역에서 내린다. 남들 다 일하는 평일 화창한 정오라니, 잠적하기 딱 좋은 때다. 한복을 입은 외국인, 점심을 먹으러 나온 직장인, 이 동네에 사는 아이와 어른들 사이를 비집고 배화여고 방향으로 걷는다. 분식집을 지나 빌라촌이 펼쳐지려는 순간 오른쪽으로 좁은 골목 끝에 한옥 대문이 보인다.

홍건익 가옥은 1934년과 1936년 사이에 지어졌다. 역관의 집터에 상인이 신축한 집이라고 전해진다. 앞서 소개한 경교장(1938)과 장면가옥(1937)과 비슷한 시기에 지어졌다는 것을 생각해 보면 꽤나 한국적인 집이다.

건물 배치 역시 지형지물을 활용하는 한옥의 건축 방식을 따랐다. 낮은 언덕을 단으로 쌓아 후원을 만들고, 그 앞으로 대문부터 건물 다섯 채(안채, 사랑채, 행랑채, 별채, 문간채)를 얹은 것이다. 이 덕에 풀어도 계속 나오는 선물상자처럼 대문에서 후원으로 가기까지 여러 차례 문을 지나야 한다. 짧은 동선이지만 더 깊숙한 곳으로 들어가는 느낌을 받게 된다.

처음 이 집에 들어서면 사대부집과 달리 투박하다는 느

4 살얼음이 진 듯한 무늬 유리
5 작은 도서관으로 운영 중인 별채

낌을 받을 수 있다. 그러나 후원으로 가는 길을 천천히 걸으며 마루마다 설치된 유리창, 태극과 각종 꽃무늬로 멋을 낸 화담벽, 철제 난간 등 건물을 이루고 있는 작은 요소들을 눈여겨보면 작은 것에 섬세한 정성을 들이던 시간을 엿볼 수 있다. 홍건익 가옥은 소유주가 자주 바뀌어 훼손이 심한 상태였지만, 2013년부터 2년간 복원 공사를 할 때 기존 부자재를 그대로 사용했다고 한다.

100년 전의 장인 정신

근대 한옥을 구경할 때 가장 먼저 확인하는 건 무늬 유리다. 홍건익 가옥도 올 때마다 살얼음을 닮은 무늬의 간유리를 자세히 들여다보게 된다. 옛날 건물에 남아있는 무늬 유리를 보면 오월화, 모루, 모란, 구름 모양 모란 등 종류도 다양하다. 약 100년전 누군가가 장인 정신으로 만든, 그냥 유리가 아니라 공예품이다.

무늬 간유리가 멸종된 재료는 아니다. 중문 등에 사생활 보호용으로 무늬 유리나 유리 시트지를 지금도 사용하고 있다. 그러나 지금 나오는 간유리는 예전 것과 비교하면 공예품보다 상품에 가깝다. 문화재청 국가문화유산 포털에서 홍건익 가옥을 검색하면 복원 전 사진이 나온다. 오랜 세월이 켜켜이 쌓여 있는 모습을 볼 수 있는데, 무늬 유리 역시 남아

있다. 잘 보이진 않지만 현재 모습과 비교해 본다면 훨씬 다
채로운 건축 여행이 될 것이다.

꽃향기와 작은 도서관이 있는 후원

언덕을 오르면 담장 안 밖으로 커다란 나무와 함께 기와
지붕이 한눈에 들어온다. 감탄사가 나오는 절경은 아니지만,
집안 창을 열었을 때 선선한 바람이 불어오듯 마음 한구석
이 환기되는 풍경이다.

정원에서 여러 식물과 꽃을 만날 수 있는데, 나는 홍건
익 가옥 후원을 하얀 모란꽃 향기로 기억한다. 처음 이곳에
와본 건 2018년 4월 말이었다. 후원으로 들어가는 일주문을
넘으니 꽃향기가 은은하게 봄바람을 따라 퍼졌다. 봄이 무르
익던 시기라 어디서 꽃향기가 나도 이상하지 않은 계절이었
지만 기품 있고 고급스러운 향기에 후각이 바로 반응했다.
정원에 피어 있던 하얗고 커다란 모란 꽃 향기였다. 그 뒤로
3월이 되면 벚꽃을 생각하듯 4월이 가까워오면 홍건익 가옥
정원에 피어 있던 모란꽃을 생각한다.

현재 홍건익 가옥은 동네 사랑방 겸 문화시설로 이용되
고 있다. 별채는 작은 도서관으로 운영 중이라 후원을 바라
보며 책을 읽을 수 있다. 정기적으로 다양한 문화 체험 프로
그램과 전시가 있으니 건축 여행 일정에 맞춰 계획해 봐도

좋을 것이다. 서울한옥포털에서 안채 안 건넌방을 무료로 대관할 수도 있다.

언제든 다시 올 수 있는 나만의 장소

서울에서 대학교와 회사를 다녀서 눈감고도 다닐 수 있는 동네가 많지만, 오랫동안 내 것 같은 느낌이 들지 않았다. 살고 싶은 곳보다 살아남아야 하는 도시처럼 느껴져서일까. 게다가 어딜 가도 사람이 많으니 내가 사랑하는 장소보다는 우리가 사랑하는 장소처럼 느껴졌다. 애정이 생기기 시작한 건 건축 여행을 하며 개인적인 감정이 곳곳에 묻기 시작하면서부터였다.

한 번을 가도 영원히 그리워하게 되는 여행지가 있다. 공기, 향기, 맛, 계절 같은 것들이 오감으로 기억되어 마음속에 사진처럼 남아 자꾸 들춰보게 된다. 나에겐 모든 걸 다 보겠다는 다짐으로 바쁘게 다녔던 곳보다는 현지인처럼 어슬렁거리며 '언젠가 또 올 수 있다'는 태도로 다녔던 곳이 그리운 여행지로 남았다. 관광지가 아닌 장소에서 우연히 발견한 아름다움, 새로운 곳에서 해보는 일상적 행위, 익숙한 풍경이지만 철저한 외부인으로서 해보는 감상. 서울에서도 그런 여행지를 찾아보면 어떨까? 서울에 당신이 잠적하고 싶은 곳이 어디인지 궁금하다.

1 2023년의 딜쿠샤

4 딜쿠샤

2017년의 딜쿠샤: 방치된 100년 전 서양식 벽돌집

집에 가는 길도 매번 다르게 갈 만큼 반복을 싫어하지만, 여행에서만큼은 같은 장소에 시간차를 두고 가보는 것을 좋아한다. 서울이 워낙 빠르게 변하는 도시다 보니 좋아하는 건물은 제발 없어지지 않길 바라는 마음으로 들여다보기도 한다.

종로구 행촌동에 있는 딜쿠샤 역시 2017년, 2021년, 2023년 세 번을 방문했다. 못 본 사이에 그대로 남아 있다면 다행이지만, 어떤 곳은 건물과 함께 골목이 통째로 없어지기도 한다. 딜쿠샤가 그런 곳들과 다른 점이 있다면 갈 때마다 새것처럼 변해 있다는 것이다.

처음 갔던 건 2017년이었다. 서대문역에서 내려서 지도 어플로 위치를 찍으니 한참을 돌아가 고가도로 위를 걸으라는 안내가 떴다. 이럴 때마다 빠른 길을 스스로 찾아보겠다는 모험심이 발동하는 나는 대신고등학교와 빌라 사이에 보

2   딜쿠샤의 정초석
3   근대 건축에서 자주 보이는 십자무늬 벽돌 쌓기

이는 언덕길로 방향을 틀었다. 가을이었는데도 뒷목이 후끈거리며 목에서 피 맛이 났다. 숨을 몰아쉬며 후회를 하고 있을 때쯤 한양 성곽이 보였다.

다시 지도 어플을 찍으니 다른 길로 빙 둘러서 가라고 안내한다. 분명 이 근처인데. 성곽 아래로 보이는 꽤 연식이 되어 보이는 빌라 단지 안으로 언덕을 타고 내려갔다. 평상에 앉아 계시던 할머니들께 "혹시 딜쿠샤로 가는 길이 있나요?" 하고 여쭤보니 빌라 사이에 난 쪽문을 알려 주셨다. "와, 감사합니다!" 그 작은 문을 열고 나가니 시야에 담기지도 않는 큰 은행나무와 오래된 벽돌 건물이 보였다. 딜쿠샤였다.

딜쿠샤는 일제강점기에 3.1운동과 제암리 사건 등을 국제사회에 알린 AP 통신원 알버트 테일러가 살던 집이다. 처음 방문하기 몇 해 전 방송, 다큐멘터리, 기사 같은 자료를 찾아보았는데, 서울에 얼마 남지 않은 서양식 벽돌집이 방치되고 있는 게 충격적이었다. 게다가 100년 된 저택의 공간을 쪼개서 사람들이 쪽방처럼 나눠 살고 있었다. 내가 갔던 2017년에는 건물이 비어 있는 상태였는데, 복원이 확정되고 서울시가 무단으로 입주해 있던 사람들과 이주 문제를 조정하던 시기였다.

지붕은 천으로 덧대 놓았고 벽에는 가스 파이프가 혈관처럼 촘촘하게 붙어 있었다. 2층은 샷시 창문으로 변형됐다.

주인을 잃고 버텨 온 세월이 얼마나 길고 어려웠는지 가늠할 수 있었다. 건물 가까이 가보니 구석에 'DILKUSAH 1923 PSALM CXX VII. 1.'라는 문구가 새겨져 있었다. '주님께서 집을 세우지 아니하시면 집을 세우는 사람의 수고가 헛되며, 주님께서 성을 지키지 아니하시면 파수꾼의 깨어 있음이 헛된 일이다.'라는 성경 속 시편 127편 1장 내용이다. 낯선 땅에서 집을 지을 당시 외국인 부부가 느낀 감사와 안도감이 묻어난다. 1923년은 집이 세워진 해다.

관리가 안 되어 외관이 많이 낡았지만 곳곳에 아름다운 부분이 눈에 들어왔다. 뾰족한 지붕과 아치형 창문, 특히 현관 앞에 십자 모양으로 무늬를 낸 벽돌 쌓기가 그랬다. 당시에 유행이었는지 근대 한옥, 건물에서 꽤 자주 보이는 무늬다.

딜쿠샤 건물을 얘기할 때 빼놓지 않고 언급되는 것이 벽돌 쌓기 기법이다. 공동벽 쌓기라고 해서 가운데에 공간이 생기도록 벽돌을 가로와 세로로 쌓아 가며 사각형을 만든다. 그렇게 계속 사각형을 이어 붙이며 건물을 올리는 방식인데, 보온과 단열에 효과적이라고 한다. 근대 건축에서 희귀한 방식인데, 외부에서 벽돌의 넓은 면과 옆면이 교차되어 보여서 보기에도 예쁜 기법이다.

삐걱대는 마룻바닥을 밟고 들어서니 정면에 계단이 보였다. 동그란 원형 벽이 인상적이었다. 계단을 살짝 밟고 올라가 보니 2층 입구에 한옥 창살로 덧댄 벽이 보였다. 당시 안전진단 D등급을 받은 건물이어서 더 들어가 볼 용기가 나지 않아 사진으로만 담고, 쿵쾅대는 심장소리를 못 이기고 뛰쳐나왔다.

알버트 테일러와 메리 테일러의 집

"은행나무가 자라는 언덕 뒤로는 멀리 북한산이 보였고, 서쪽에는 무악재 길이 보였으며, 동쪽으로는 아래쪽 계곡을 따라 늘어선 오래된 성벽이 경계를 짓고 있었다."

– 메리 린리 테일러, 『호박 목걸이』 중

집 밖에 나오니 그제야 은행나무 밑에 있는 권율 장군 집터라는 표지석이 보였다. 행촌동이라는 동네 지명은 이 나무에서 시작되었다고 한다. 딜쿠샤의 주인이었던 메리 테일러의 저서 『호박 목걸이』를 보면 이 은행나무를 중심으로 일대를 묘사한 문장이 나온다.

책에 따르면 딜쿠샤를 짓던 당시 이 은행나무를 두고 주민들과 갈등을 겪었는데, 조선인들이 이 나무를 신성시했기 때문이다. 딜쿠샤를 지을 때 무당이 저주하기도 했다고 한다. 집은 1926년에 화재를 겪고 1930년 재건된다. 이때 메리는 집을 저주하던 그 무당이 떠올랐다고 책에서 회고했다.

4 딜쿠샤 옆 은행나무. 아래로 권율 장군 집터라는 표지석이 보인다.

알버트 테일러와 메리 테일러는 이 집에서 살다가 해방 전 일본에 의해 강제 추방당했다. 테일러 가족이 집에 다시 돌아오지 못하는 동안 해방, 한국전쟁을 거치며 딜쿠샤는 점점 폐허로 변해갔다. 딜쿠샤는 인도에서 결혼식을 올린 테일러 부부가 신혼여행 중 보았던 딜쿠샤 궁전에서 따온 이름이다. 힌디어로 기쁨, 이상향을 뜻한다. 이 아름다운 이름은 부부가 돌아오지 못하는 동안 서서히 잊혀졌다. 큰 나무 옆에 아무도 살지 않는 텅 빈 저택을 보고 있자니, 사람들이 왜 딜쿠샤를 '귀신 집'으로 불렀는지 이해가 됐다.

2021년의 딜쿠샤: 역사 속으로 사라진 딜쿠샤의 시간

2021년. 복원이 끝나고 딜쿠샤가 박물관으로 개관한 후에 갔을 땐 완전히 다른 기분이었다. 어제 막 지은 듯 선명해진 벽돌이 반가우면서도 어색했다. 100년 동안 비바람 맞아가며 변해 있던 붉은 벽돌을 기억하고 있던 탓이었다.

해설해 주시는 분을 따라 슬리퍼를 신고 들어가니 더욱 새 집을 구경하는 것 같았다. 다큐멘터리에서 봤던 벽난로만이 원형 그대로 남아 있었다. 2017년 복원 전에 보았던 계단 쪽 원형 벽과 한옥 창살로 된 2층 입구는 사라졌다. 변형되거나 낡은 부분이 있더라도 몇 군데는 남겨 두는 쪽으로 복원했으면 어땠을까. 그마저 딜쿠샤가 살아온 세월이라고 생

5

5 복원이 끝난 현재 딜쿠샤 모습

각하면 안타깝다. 그래도 정초석만큼은 그대로이고, 이곳이 담고 있는 이야기는 변하지 않을 것이다. 기쁘면서도 아쉬운 이 복잡한 마음의 출발점은 딜쿠샤를 향한 애정이다.

복원된 딜쿠샤는 1층과 2층에 네 구역씩 총 여덟 구역으로 나눠져 있다. 1층에는 테일러 부부의 생활상, 2층에는 앨버트 테일러의 언론 활동과 딜쿠샤 복원 과정이 전시되어 있다. 메리 테일러가 그린 조선 풍경 스케치와 테일러 가족의 사진이 기억에 남는다. 딜쿠샤가 제대로 복원되길 기원하며 후손들이 기증한 것들이다. 앨버트 테일러 손녀인 제니퍼 테일러는 2016년 딜쿠샤에 관한 1000여점의 자료를 서울역사박물관에 기증해서 기증전을 하기도 했다. 딜쿠샤 내부가 어떤 고민을 거쳐 재현되었는지는 책 『딜쿠샤, 경성 살던 서양인의 옛집』을 통해 자세히 볼 수 있다.

2023년의 딜쿠샤: 말끔한 건물과 변화하는 도시

2023년에 방문한 딜쿠샤는 훨씬 더 말끔해져 있었다. 좁지만 마당에 잔디와 꽃이 심어져 있었다. 대로 쪽으로 큰 축대를 쌓아서 새로운 길을 확보했다. 자동차로 올 수 없어서 무조건 걸어와야 하는데, 영락농인교회와 임재방기도원 사잇길로 올라오는 것이 빠르다. 주변에 아파트가 들어서며 길이 더 깔끔해졌다. 가는 길에 '서울 최고의 아파트를 행촌동

6 홍난파가옥 창문에서 보는 인왕산과 은행나무, 딜쿠샤 지붕

에 만들어 봅시다!'라고 적힌 현수막이 걸려 있었다.

도시는 생명체처럼 계속 변한다. 모든 것을 남겨둘 필요는 없다고 생각하면서도, 아직 보지 못한 것들이 남아 있을까 봐 마음이 급해진다. 건물이 사라지는 건 수십 개의 이야기가 사라지는 것과 같다.

동네가 빠르게 변하는 동안 은행나무는 더욱 커 있었다. 조선시대부터 21세기까지 모든 일을 겪으면서도 견뎌 온 나무다. 집이 불탔을 때도, 전쟁 중에도, 사람들이 살던 중에도 집을 지켜보고 있던 건 은행나무일 테니 터의 주인이라고 해도 좋을 것이다.

함께 가보면 좋을 곳: 홍난파가옥

딜쿠샤를 즐기기 좋은 또 하나의 장소는 홍난파가옥이다. 딜쿠샤에서 가깝다. 지금은 홍난파가옥으로 불리지만 이전에는 독일인 선교사 주택이었다. 집에 들어가자마자 왼쪽에 보이는 방 창문을 꼭 들여다봐야 한다. 창문에서 인왕산과 은행나무, 딜쿠샤 지붕이 보인다. 이 창문을 통해 여러 사람들이 이 풍경을 보았을 것이다. 시간을 뛰어넘어 타인의 시선과 내 시선이 맞춰지는 경험은 독서와 건축 여행에서만 할 수 있다.

홍난파가옥 옆 공원에는 '베델 집터' 표석이 있다. 대한 매일신보를 창간한 그 분이 맞다. 이 주변에는 배화학당 창립자 캠벨 선교사의 주택도 있다. 2019년 우수건축자산으로 지정되었다. 하루 빨리 들어가 볼 수 있는 날이 오길 바란다.

그 길을 따라 사직동으로 나오면 근대 한옥들을 구경할 수 있다. 홍난파가옥에서 나와 스위스 대사관을 조망하며 잠시 숨을 고르고 내려와도 충분히 좋다. 100여년 전 외국인들이 살았던 이 동네를 상상해 본다. 다리는 아파도, 호기심과 새로움에 감탄하며 찍어 둔 사진들로 마음이 든든해진다.

5   서대문 한국기독교장로회총회 선교교육원

경성에 온 선교사들의 집

근대 건축물을 좋아하는 건 지뢰밭을 걷는 일과 비슷하다. 일제 강점기에 건축을 할 만한 돈이 있었다면 친일파나 일본인과 연관이 있는 것이 어쩌면 당연하다. 그런 사실을 알면서도 건축물을 좋아하는 마음을 자기 검열하게 된다.

건물이 아름다워도 표현하기 불편하고, 당시에 서민들은 얼마나 힘들었을지 상상하며 괴로워진다. 누가 시키지도 않았는데 얼굴도 모르는, 비참하게 고문당하고 죽은 독립운동가들을 생각하기도 한다. 우습게 들릴 수 있겠지만 솔직한 심정이다. 그러다 보니 서양인들이 남긴 건물을 구경하는 게 차라리 마음 편하다. 대다수가 선교를 목적으로 조선 땅을 밟은 선교사들이다 보니 교육이나 의료 역사를 알 수 있어 재밌기까지 하다.

서대문구 충정로에 있는 서대문 한국기독교장로회총회 선교교육원은 1921년 캐나다 장로교회가 주도해 지은 집이

1 서대문 한국기독교장로회총회 선교교육원 전경
2 서양식 건물 속 한옥 지붕의 처마

다. 처음 이 집에 입주한 사람은 세브란스 병원장을 맡았던 의료 선교사, 토마스 맨스필드였다. 캐나다에서 온 다른 선교사들도 이 주택에 머물렀다. 당시 근대 조선은 의료 체계가 촘촘하지 못해서 여전히 전염병에 취약했다. 외국인 선교사를 통해 서양식 방역이나 의술이 전파되며 체계를 잡아가고 있었으나, 그 과정에서 선교사들도 전염병에 걸려 사망하는 일이 많았다. 그들이 조선인 마을과 떨어진 언덕 위에 서양식으로 집을 지어 살게 된 이유다.

건물에 가려면 대문에서부터 경사진 길을 따라 올라와야 한다. 지금은 주변에 경기대학교와 경기초등학교를 중심으로 아파트와 빌라가 밀집해 있지만, 1920년대는 더 후미진 곳이었을 주변 지역을 상상하며 올라간다. 언덕이 사라져서 건물 바로 앞까지 길이 나 있었다면 이런 장면을 떠올리지 못했을 것이다. 건축은 건물이 세워진 부지까지 포함하는 개념이라는 말이 와닿는다.

서양식 건물 속 한옥 지붕의 처마

건물을 올려다보니 지붕 밑이 눈에 들어온다. 곡선으로 모양을 낸 지지대 여러 개가 지붕을 받치고 있다. 마치 한옥 지붕 속 처마 같다. 서양인 선교사들이 지은 주택이 재미있는 건 한국적인 요소를 서양식 건물에 녹인다는 점이다.

3 청주 탑동의 양관 두 채.

건축 여행을 하며 구경한 곳들 중에는 지붕을 한식으로 올린 경우가 많았다. 한옥 지붕에서 볼 수 있는 기와뿐만 아니라 처마, 추녀, 용마루 같은 요소를 벽돌집에 가미하는 것이다. 이 건물 지붕은 현재 가벼운 소재인 함석기와로 덮여 있지만, 원래 한옥처럼 흙으로 구운 기와가 올려져 있었다. 익숙한 주거 형태에 자신들이 본 새로운 건축 요소를 섞은 걸 보고 있자면, 인간이라는 존재가 주변에 있는 재료를 찾아와 집을 짓는 새처럼 느껴진다. 조선 문화에 얼마나 호의적인 태도를 갖고 있었는지도 가늠해볼 수 있다.

서울 밖에도 서양인 선교사들이 살던 건물이 곳곳에 남아 있다. 그중 가장 좋아하는 곳을 꼽자면 청주 탑동의 양관이다. 탑동이라는 동네 언덕 위에 벽돌 건물 여섯 채가 모여 있는데, 네 채는 일신여자고등학교 담장 안에 있다. 소민병원 한 채, 병원에서 일하던 의료진 사택 한 채, 선교사 주택 두 채인데 서양식 벽돌 건물이 오밀조밀 모여 있는 모습이 하나의 마을 같다. 서양식 건물에 한식 건축 요소를 제대로 조합한 예시이기도 하다. 벽돌 건물에 지붕을 완전히 기와로 올렸는데 우리나라 건축 양식에서 찾아볼 수 없는 또 다른 형태라 새롭다. 이 외에도 대구 청라언덕에 있는 선교사 주택, 광주 우일선 선교사 사택 등이 비슷한 사례다.

사무실로 사용하고 있는 100년 전 건물

캐나다 선교사들이 머물던 이 주택은 해방 후 1946년부터 미국 군정요인과 군무원 관사로 사용됐고, 6.25 전쟁 중에는 임시 진료소로 활용되었다. 1970년대에 한국기독교장로회로 소유권이 넘겨졌는데, 유신정권 시절 진보적인 기독교 인사들이 이곳에서 민중신학을 가르쳤다. 그로 인해 민주화 운동 활동지가 되기도 했다. 현재는 한국기독교장로회총회 선교교육원으로 사용되고 있다.

지하 1층, 지상 2층에 다락방까지 있는 꽤 큰 집이다. 소유권이 바뀌면서 공간을 나누기 위해 벽을 새로 만들거나 층마다 있던 붙박이장을 없애는 등, 내부가 많이 변형됐다. 외부도 문이나 굴뚝이 조금씩 바뀌긴 했지만, 그래도 큰 훼손 없이 100년 전 원형을 유지하고 있다.

이 건물 주변에 증축된 몇 채의 부속 건물도 있었지만 외관이 잘 남아 있는 것은 이 건물뿐이다. 박물관이나 카페가 아니라 사무실로 사용 중이어서 더욱 특별하게 느껴진다. 100년된 건물을 사용하기가 불편하지는 않을까. 내부가 궁금해서 문화재청 홈페이지를 뒤지다가 2005년 보고서와 설계도면을 발견했다. 각 층에는 벽난로가 있고, 다락방에는 『작은 아씨들』이나 『소공녀』에 나오는 집처럼 지붕에 난 작은 창과 나무 마루가 있었다. 사무실로 사용 중이라 일반인은 들어가볼 수 없지만, 언젠가 꼭 들어가보고 싶다.

이 집을 지은 건축가는 왕공온王公溫이라는 화교다. 조선 땅에 캐나다 사람들이 살 집을 중국인이 지었다는 것이 흥미롭다. 왕공온은 건축회사 복음건축창을 운영했는데, 서양식 건물을 짓는 것에 익숙한 사람이 많지 않다 보니 당시 업계에서 꽤나 입지가 있었던 듯하다. 시공을 맡은 건물로 경성성서학원(1921), 이화여대 프라이홀(1923), 조선 기독교 서회(1931) 등이 있다.

안동의 안동교회도 왕공온이 지은 건물이다. 몇 해 전 안동교회를 구경하다가 '시공자 왕공온'이라는 설명을 보고 반가웠던 기억이 있다. 건축 여행을 하다가 자주 마주치는 이름들은 마치 실제로 아는 사람인 것처럼 내적 친밀감이 쌓인다.

함께 가보면 좋을 곳: 충정아파트, 충정각

이 근처에서 건축 여행을 이어 간다면, 충정아파트와 충정각을 함께 둘러보기를 추천한다. 1937년 준공된 충정아파트는 넷플릭스 드라마 『스위트홈』 촬영지로 유명하다. 2023년 철거가 결정되며 뉴스에 자주 등장했다. 충정아파트를 포함한 이 일대는 재개발 이슈로 들썩이고 있다. 서대문 한국기독교장로회총회 선교교육원도 부지 개발 사업을 논의 중

4 충정각

이라고 한다.

충정아파트에서 몇 걸음 떨어진 곳에 충정각이 있다. 1900년대 미국인이 지은 또 다른 서양식 주택인데 미국인, 한국인, 일본인 등 여러 사람들이 살다가 지금은 레스토랑으로 운영되고 있다. 충정각, 딜쿠샤, 서대문 한국기독교장로회총회 선교교육원 모두 서양인들이 경성에 지은 집이지만 국적과 직업에 따라 형태가 다르다. 비교하며 여행해 보는 것도 흥미로울 것이다.

집: 동네

1 북촌 한옥 너머로 보이는 이준구가옥

6 가회동, 이준구가옥,
북촌전망대

이준구가옥
종로구 북촌로11가길 49

북촌전망대
종로구 북촌로11다길 22-3

고전 영화에서 발견한 오래된 아름다움, 이준구가옥

날씨가 좋지 않거나 그저 집에서 쉬고 싶은 날은 밖으로 나가는 대신 한국 고전 영화를 찾아본다. 옛날 서울 풍경을 생생하게 보고 싶은 마음에 한국영상자료원이 운영하는 유튜브 채널에서 한국 고전 영화 영상들을 하나둘 찾아보던 것이 또 다른 취미가 되었다.

건물뿐만 아니라 인테리어, 옷, 자동차를 구경하는 재미도 쏠쏠해서 사진첩을 넘기듯 영화를 본다. 굴곡진 역사를 곱씹다가 미처 생각해보지 못한 아름다움을 발견한다. 영화를 보다가 지금까지 서울에 남아있는 건물도 알게 되는데, 북촌에 있는 이준구가옥도 그 중 하나다.

영화 「자유 결혼(1958)」 첫 신은 덕수궁 석조전을 배경으로 한 결혼식이다. 그리고 자동차가 오르막길을 오르는 장면이 이어진다. 자동차가 멈춰선 집이 1938년에 지어진 이준구가옥이다. 북촌 언덕 꼭대기에 있는 이 집이 한옥과 함께 있는 풍경을 보고 싶다면 「반도의 봄」(1941)을 보자. 22분 45초쯤 한옥이 즐비한 언덕 위로 이준구가옥이 보이는 풀샷이 나온다.

북촌전망대 가는 길, 근대 서양식 주택들

지금도 북촌전망대에서 「반도의 봄」 속 북촌 풍경을 감상할 수 있다. 안국역 2번 출구로 나와 버스정류장에서 종로 02번 버스를 탄다. 몇 정거장 지나서 사우디대사관에서 내린다. 거기서 지도 어플을 켜는 것부터가 시작이다. 출발지는 사우디대사관 정류장, 목적지는 북촌전망대다.

북촌전망대를 가는 길은 여러 가지가 있지만 사우디대사관 정류장에서 시작하는 걸 추천한다. 여기서부터 가면 관광객으로 북적이는 길을 피하면서도, 북촌 하면 으레 떠오르는 기와 지붕들 사이로 보이는 서울타워 풍경과 근대에 지어진 서양식 주택들을 한번에 볼 수 있다.

종로 02번 버스에서 내리자마자 처음 보이는 것은 공사장 가림막이다. 정류장 이름은 '사우디대사관'이지만 건물은 보이지 않는다. 정류장 앞인 가회동 1-6번지는 원래 건축가 박인준이 1936년에 지은 윤치창 주택이 있던 곳이다. 박인준은 항일운동을 하다 상해로, 1917년 다시 미국으로 떠난 인물이다. 인삼과 만년필을 팔며 어렵게 유학을 했다고 전해진다.

　그는 미네소타주립대학 건축학과를 졸업한 후 시카고에 있는 건축사무소에서 일하다가 경성으로 다시 오게 된다. 책 『경성의 건축가들』을 참고하면 시카고에서 유학중이던 윤치창과의 인연으로 경성에서 윤씨 형제들 집 3채를 의뢰받은 것으로 보인다.

　근처 가회동 1-10번지에도 같은 해에 지어진 윤치호 주택이 있었다. 아쉽게도 철거됐다. 세 형제의 집 중 딱 하나 남아있는 곳이 버스정류장 건너편 벽돌집, 윤치왕 주택이다. 여기서 보았을 때 담장 위로 보이는 건 지붕과 창문, 현관 머리 부분 정도다. 감질나긴 하지만 창문과 문 위 곡선을 따라 끼워맞춘 돌 장식을 보며 이 집이 얼마나 공들여 지은 집인지 상상하기는 충분하다. 영화「자유 결혼」속 이준구가옥 현관과 비슷한 돌장식도 보인다. 이준구가옥을 설계한 건축가는 밝혀지지 않았다. 다만 이 곡선 장식으로 미루어 보았을 때 박인준 작품이 아닐지 추측해 본다. 건축가들은 건물 속 아주 작은 요소 안에 자신을 넣어두기도 하니 말이다.

영화 속 이준구가옥의 단서 찾기

　다시 목적지로 가기 위해 지도 어플의 안내를 따라 길을 건넌다. 윤치왕 주택 앞에서 숨을 크게 들이마시고 언덕을 오른다. 이 길을 오를 때면 항상 안국역에서 버스 타기 전에 카페에서 뭐라도 좀 마시고 올 걸, 후회가 된다. 언덕을 오르면 지도 어플 속 화살표가 좁은 골목으로 안내한다. 오른쪽으로 높은 담을 두고 길을 따라 내려가면 대문이 나온다. 이준구가옥이다. 서울특별시 문화재자료 제2호로 지정되어서 대문 앞에 장소에 대한 설명이 적혀 있다.

이에 따르면 '비교적 가파른 지붕 속에 다락방도 있고 내부를 서양식으로 꾸몄다'고 한다. 이준구가옥은 현재 가족이 거주하고 있어 들어가볼 수는 없다. 대신 서울한옥포털의 자료●에서 내부를 자세히 볼 수 있다. 벽난로, 계단, 스테인드글라스, 마당에 있는 석탑까지. 이준구의 부인은 이 집에 반해 보자마자 구매를 결심했고, 리모델링 없이 지금까지도 내부를 그대로 가꾸고 있다고 한다.

자료를 통해 실내를 살펴보며 스테인드글라스가 언제부터 있었는지 궁금해졌다. 자료의 설명에 따르면 집 곳곳에 스테인드글라스가 있었는데, 6.25 전쟁 피해로 일부 문은 스테인드글라스 없이 복원되었다고 적혀 있다. 사진을 보면 현관 역시 스테인드글라스로 장식되어 있는 갈색 나무 문이다.

그런데 영화 「자유 결혼」 속 현관은 윤치왕 주택 것처럼 곡선으로 장식된 단색 문이다. 1958년 영화에 찍힌 현관과 현재 것의 형태와 재료가 다르다. 1966년 이준구가 이 집을

● 「푸른 가옥의 시선: 이준구가옥 탐방」, 서울공공한옥, 2020

구매하기 전, 8년 사이에 현관이 교체된 것이 아닐까. 현재 모습이 영화 속 현관과 왜 다른지 알고 싶어서 얼마나 들여다봤는지 모른다. 누가 알려주면 좋겠으나 궁금증도 익을 시간이 필요하다. 의문을 품고 있는 한 시간이 걸려도 반드시 답을 얻게 된다.

이준구가옥 대문과 아주 가까운 곳에서 사람들이 사진 찍는 소리가 들린다. 시원하게 뻗은 내리막길을 사이에 두고 한옥이 양 옆으로 서있고, 저 멀리 서울타워가 있다. 서울 홍보 영상에 꼭 등장하는 풍경이니 외국인 여행자들 틈에서 휴대폰을 꺼내 이 풍경을 담아 본다. '크흠, 나도 서울 여행자니까.'

이준구가옥을 나와 북촌전망대로 향하는 길, 몇 걸음 떼다가 오른쪽에 있는 집에서 걸음을 멈춘다. 지붕과 창 모양이 예사롭지 않아 보여서 호기심에 대문 앞까지 가본다. 사용승인일이 나오지 않아 지어진 연대를 정확히 알 수 없다. 이럴 경우도 궁금증을 익히는 마음으로 대략적인 시대를 가늠해볼 뿐이다. 1930년대일까? 아니면 1940년대? 뾰족 지붕은 무조건 일제강점기라고 생각하기 쉽지만, 문화주택의 유행은 6.25 전쟁 후 1950년대가 돼서도 이어졌다. 겹겹이 얹은 지붕, 아치로 모양을 낸 현관이 인상적이다. 이 집 안에서 본 북촌 풍경은 어떨까.

2 윤치왕 주택(1936)
3 북촌전망대로 가던 중 발견한 북촌 문화주택

한옥, 서울타워, 근대 주택, 고층 빌딩이 모두 보이는 전망대

오밀조밀 정답게 모여 있는 한옥들을 구경하며 걷는다. 우편함에 꽂힌 고지서, 대문 안에서 들리는 사람 소리, 좁은 골목에 주차되어 있는 자동차들도 이 골목을 이루는 요소다. TVN 예능 『유 퀴즈 온 더 블럭』에서 유홍준 교수는 '문화재는 멀리 두고 거룩하게 존경하는 것보다 가까이 두고 사용해야 보존이 잘된다'고 말했다. 경복궁 경회루와 창덕궁 후원을 개방한 것을 예로 들며 하신 말씀이지만, 문화재뿐만 아니라 모든 건축물에 해당되는 말인 듯하다. 북촌은 사람들이 살아가며 불어넣는 온기로 인해 여전히 살아 있다. 이 동네가 지금도 많은 이들에게 사랑받는 이유다.

드디어 목적지에 도착한다. 빌라 건물 꼭대기 층이 바로 북촌전망대다. 입장료 3000원을 내면서 음료를 고를 수 있다. 언덕을 오르내리느라 목이 말랐던 탓에 입장료가 아깝다는 생각을 할 겨를이 없다.

특히 이곳 화장실 전망이 과장 좀 보태서 서울 화장실 중 최고다. '무슨 화장실을 추천하나?' 싶을지도 모르겠지만, 여기서는 이준구가옥을 영화 「반도의 봄」에 나온 그 풍경 그대로 볼 수 있다. 개성 송악에서 가져온 화강암 외벽, 프랑스에서 공수한 푸른 지붕이 한옥과 대비되며 묘한 매력을 뽐낸다. 서울타워 방향과 또 다른 풍경이다.

4 북촌전망대에서 보이는 풍경

북촌전망대 베란다에서는 서울 풍경을 제대로 감상할 수 있다. 오른쪽부터 인왕산, 청와대, 경복궁, 광화문, 그 앞 세종문화회관이 차례대로 보인다. 왼쪽으로 천천히 시선을 옮기며 남산타워와 멀리 보이는 롯데타워 사이를 이어 본다. 고개 한바퀴를 돌리는 것으로 서울구경이 쉽게 끝난다.

높은 곳에서 만난 서울은 오랜 시간 쌓아 온 자랑스러운 모습을 선명히 보여준다. 외국에서 휴가를 온 여행자라면 감탄하겠지만, 서울 한편에 치열한 삶을 두고 온 나는 그럴 수 없다. '자칭 여행자'임이 들통나 버리는 순간이다. 빠르게 변하는 서울에서 1950년대 영화 속 풍경 그대로인 북촌이 놀랍다. '이 동네 수많은 지붕 아래에 계속 행복이 깃들게 해주세요.' 주어 없는 기도를 해본다. 주어 자리의 빈칸은 신이기도 하고, 서울시이기도 하고, 종로구이기도 하다.

1 돈의문역사관이 된 레스토랑 아지오
2 역사관이 된 한정식집 대문에 붙어있는 주소 팻말

재개발 과정에서 발견한 집의 역사

돈의문박물관마을은 원래 이 자리에 있던 주택과 종로구 교남동 뉴타운 개발 부지에서 이전해온 한옥을 포함해 조성된 마을이다. 이 곳이 생긴 계기는 2003년 교남동 뉴타운 개발이었다.

재개발로 사라지는 집과 건물들을 도면으로 정리하고 사진을 남기는 과정에서 다양한 형태의 집들이 '발굴'된다. 한옥, 초가집이었던 흔적이 있는 건물, 일식이 섞인 한옥, 양식이 섞인 일식주택 등 사람이 떠난 자리에 동네가 지나온 시간이 드러난 것이다. 이것에 대한 재논의가 이뤄지며 교남동 한옥 11채를 지금 돈의문박물관마을 위치에 옮겨왔다.

돈의문박물관마을은 원래 사람이 살던 마을이었다. '새문안 동네'로 불리던 이곳 역시 '돈의문 뉴타운'이라는 이름으로 재개발되면서 공원으로 만들어질 계획이었다. 철거 대상이었던 곳들 중 조사와 리모델링을 거쳐 한옥, 양옥, 일본식 주택 등 다양한 집이 남게 되었다. 도시 땅 위에 있는 건물도 '문화재'임이 인정된 것이다. 유연하게 움직이는 행정을 보여주는 사례다.

돈의문박물관마을이 생기기 전 이 땅의 역사도 알아볼 필요가 있다. 조선시대 한양도성 서쪽 문인 돈의문이 있던 시절로 거슬러 올라간다. 일제강점기가 되며 돈의문이 해체되고, 소담했던 마을에 일본인과 서양인이 살기 시작한다. 그 흔적은 다채로운 형태의 집으로 남겨졌다. 해방 이후에는 새문안 동네로 불리며 명문 고등학교 진학을 위한 과외 밀집지역으로 성장한다. 1970년대 강남이 개발된 후에는 주민들이 학군을 따라 동네를 떠나면서 남겨진 집들이 식당으로 변한다. 골목식당이 즐비하던 이곳은 돈의문 뉴타운 사업으로 철거될 뻔했다가 돈의문 박물관 마을로 남았다.

마을 안에 있는 돈의문역사관은 이탈리안 레스토랑 '아지오'와 한정식집 '한정' 두 채를 구름다리로 이어 만들었다. 가정집이 식당이 되고, 지금은 역사관으로 쓰이고 있으니 건물 자체가 동네의 역사인 셈이다. 돈의문박물관마을은 이 긴 역사를 한 자리에서 되짚어 준다.

옛 거리를 재현한 골목

돈의문박물관마을은 한옥을 포함해 총 43채의 건물이

있는 마을이다. 둘러보는 데 꽤 시간이 걸린다. 한옥에서는 전통매듭, 서예 같은 체험을 할 수 있다. 옛날 거리를 재현해 놓은 골목도 있다. 여기에도 체험할 수 있는 요소를 만들어 놨다.

'돈의문 구락부'는 경성시대 사교장을 재현해 놓았는데, 1920년 경성에 있었던 테일러 상점과 함께 사장 윌리엄 테일러를 소개하고 있다. 안내판에 따르면 테일러 상점은 '수입잡화, 자동차 판매와 수리, 영화배급, 보험 및 선적 대행, 통신주문판매 등 서양의 진기한 품목을 중개하는 일'을 했다.

윌리엄 테일러가 앞서 소개한 행촌동 집 딜쿠샤의 주인, 알버트 테일러의 동생이라는 걸 알면 조금 더 반갑다. 알버트 테일러는 아들 브루스 테일러가 태어나던 날 병원 침대에서 기미독립선언서를 발견한다. 이를 동생 테일러의 구두축에 숨겨서 일본을 거쳐 미국으로 이 소식을 전했다고 알려져 있다. 윌리엄 테일러가 살았던 이 동네, 새문안 동네와 교남동이 딜쿠샤와 가까운 서대문역 주변인 것을 생각해 보면 100여년 전 서울에 살았던 어느 외국인의 일상이 더욱 생생하게 느껴진다.

마을 안에 있는 집 앞에는 집이 지어진 연도와 역사, 어떻게 리모델링되었는지 작업 과정이 적혀 있다. 그 중 가장 좋아하는 곳은 삼대가옥이다. 1956년에 지어진 집인데 보존

3 삼대가옥(1956)
4 삼대가옥 문 손잡이

상태가 좋아서 원형에 가깝게 복원했다고 한다. 집 안 창문 테두리, 문 손잡이와 장식 곳곳에서 곡선으로 멋을 냈다. 특히 소뿔을 연상케 하는 묵직한 손잡이는 어디서도 본 적 없는 디자인이라 계속 봐도 질리지 않는다.

붙박이 가구, 경첩, 방범창 등 각종 철물 등은 원래 것 그대로 사용했다고 한다. 인테리어를 할 때 콘센트나 전기 스위치 하나로 집안 분위기가 달라지는 것처럼, 아주 작은 부분이지만 이런 것들을 들여다볼 때 현재에서 멀리 떨어진 시간을 느낀다. 일식이 절충된 집이다 보니 계단 폭이 굉장히 좁다. 2층에 오르면 테라스가 딸린 작은 방 하나와 널찍한 거실 같은 공간이 나온다. 삼대가 이집에 살며 어떤 시간을 보냈을지, 창문 밖으로 지나간 그 수많은 계절을 상상해 본다.

사라지는 것을 기록해야 하는 이유

재개발은 욕망과 기대가 뒤섞인 단어다. 이 말을 사용하는 순간 사람들이 살던 곳은 한순간에 천덕꾸러기 같은 존재로 전락해 버린다. 누군가는 이 일로 돈을 벌고, 새로운 보금자리를 얻는다. 누군가는 터전을 떠나 도시 밖으로 밀려나기도 한다. 누구는 떠나고 싶어하지만, 어떤 이는 남고 싶어한다. 만장일치는 존재하지 않는다. 그러나 일 처리는 엄격하고 깔끔하다.

"돈의문박물관마을은 전면철거 후 신축이라는 기존 재개발 방식에 대한 깊은 반성에서 출발한 도시재생 마을입니다."

삼대가옥 앞에 있는 건물 옆 안내판에 있던 소개 글이다. 도시의 변화를 막을 수 없다면, 과정이 아름다울 수는 없을까. 동네에서 사람들이 쌓아온 무수한 시간을 조금이라도 존중할 수는 없을까. 돈에 대한 이야기는 아니다. 돈의문역사관 아지오 2층에는 2013년 이 일대 동네가 철거되기 전의 홍파동 모습을 모형으로 전시해 둔 공간이 있다. 그중 '할머니 집'은 1931년에 건축된, 창고와 마당 안에 우물이 있던 도시한옥이다. 사진도 함께 전시되어 있는데, 이 집의 담장이 인상깊었다. 한옥식 담장인데 중간에 붉은 벽돌 3줄이 가지런히 둘러져 있다. 그 위로 하얀 벽과 창문이 있다. 창문에는 근대 한옥에서 볼 수 있는 담쟁이 덩쿨 모양의 방범창이 설치되어 있다. 담장 아래 부분은 자연석을 쌓았다. 하얀 담벼락에 각기 다른 모양을 가진 돌이 박혀 있어서 견고하면서도 자연스럽고 정다운 느낌을 자아낸다. 남산골 한옥마을이나 은평 한옥마을에서도 볼 수 있는 한옥식 담장이다.

집에 대한 설명 마지막줄에 집의 주인이었던 할머니에 대한 설명이 적혀 있었다. 할머니는 집을 떠난 후에도 어린 시절부터 살았던 이 집에 찾아와 깨진 벽돌과 기왓장, 잘려진 전선 등을 정표로 가져가셨다고 한다. 마을 모형 속 할머니집을 한참 바라봤다. 할머니는 대청에 앉아 마당을 바라보며 자신의 집에서 영원히 살고 계셨다.

같은 층에 전시된 『교남동 2013 – 지워버린 도시의 기록 01. 도시 건축 조사 야장집』을 추천한다. 뉴타운 개발 때 철거된 집들과 도면을 기록한 책이다. 글 하나 없는 조사집이지만 글자 빼곡한 책을 읽듯 한 장씩 무겁게 들어올리며 천천히 살펴봤다.

사라지는 건물에 대한 기록을 왜 남겨야 하는가. 버려지는 것들을 왜 채집해야 할까. 돈의문박물관마을을 걸으며 근본적인 물음 앞에 닿는다. 나는 이 여행을 왜 하는 걸까. 따분한 일상을 견디기 힘들어 시작한 여행에서 답을 해야 하는 순간과 마주한다. 소멸 끝에서 영원히 남게 된 마을을 거닐며 내가 살고 있는 동네를 생각한다. 일단 동네 지명부터 검색해 본다. 동네가 어떻게 생긴 것인지, 어떤 사람들이 살았는지. 내가 사는 은하계를 궁금해하는 그 마음이 당신을 다음 건축 여행지로 안내할 것이다.

도심 속, 사람들이 모여 사는 마을

　나에게 '서울' 하면 생각나는 최초의 집은 면목동 이모 댁이다. 갈색 벽돌로 지어진 다가구 주택이 양옆으로 늘어선 골목이 있었고, 그 길들이 만나는 곳에 슈퍼, 미용실, 문방구가 있었다. 골목 중간에 있는 공동 대문을 열고 들어가면 담장을 따라 긴 복도가 나왔다. 복도 끝에서 몸을 돌려 계단을 따라 올라가면 2층이 이모 집이었다. 서울 밖 주택에 살았던 나에게 다가구 주택은 도시 속 작은 마을처럼 느껴졌다. 어린 내가 세대주 수와 층수로 다가구와 다세대를, 바닥 면적으로 다세대와 연립주택을 구분한다는 사실을 알 리가 없었다. 시간이 흐르고 나서야 다가구 주택이 많은 갈색빛 골목 풍경이 면목동만의 것은 아님을 깨달았다. 서울 속에서 흔히 마주칠 수 있는 가장 보통의 풍경이었다.

　은평구 구산동에 있는 구산동도서관마을은 서울의 '보통 골목 풍경' 속에 있는 도서관이다. 단독주택 다섯 채와 연립주택 세 채를 연결해 하나의 건물로 만들었다. 도서관 안에 그대로 남아있는 갈색 벽돌 연립주택 때문일까. 도서관보다 마을이라는 단어가 더 크게 느껴진다.

골목길 같은 도서관

구산역에서 도서관까지 걸어가며 만나는 풍경은 평범하다. 사람, 차, 오토바이가 함께 다녀야 하는 길을 따라 빌라들이 서있다. 그 틈에 홀로 노란색 옷을 입은 채 빌라인 척 시치미를 떼고 있는 건물이 있다. 양 옆으로 있는 흰색 건물까지 전부 도서관인데, 벽에 붙어있는 세로 간판을 보지 못했다면 그냥 '신축 빌라겠거니' 하고 지나쳤을 것이다.

구산동도서관마을은 2006년부터 동네에 도서관이 필요하다는 주민들의 요구가 모여 2015년 개관했다. 한정적인 예산과 골목을 살리자는 의견 때문에 리모델링 방식으로 발주되었다고 한다. 제한된 상황 덕분에 참신한 건축이 탄생한 셈이다. 오즈건축사사무소에서 설계하고, 금강주택에서 시공한 이 건물은 디자인과 의미를 인정받아 2016년에 대한민국 공공건축상, 국무총리상, 제34회 서울특별시 건축상, 리모델링 대상 등을 수상했다.

외관은 빌라 모습을 살리되 노란색과 흰색, 철 소재를 더해 주변에 비해 튀지 않으면서 밝은 인상을 풍긴다. 창이 많

1 도서관 내부
2 도서관 안에서 본 창문
3 서가 사이의 주택 대문

아서 밤에 보면 더욱 마을처럼 느껴질 것 같다. 도서관 앞에는 자전거 여러 대가 주차되어 있다. 아이들 자전거도 꽤 있는 것을 보며 도서관의 낮은 문턱에 미소를 짓게 된다.

도서관에 들어가자마자 거대한 갈색 건물이 보인다. 도서관이 되기 전 사람들이 살던 연립주택 건물 옆면이다. 골목이 그대로 실내가 된 듯한 모양새다. 그 아래로 책상과 독립출판물, 신문, 정기간행물 등 책이 놓여있다. 옆으로 많은 창이 나 있어서 자연광이 들어와 실내가 화사하다. 건축가는 이 도서관을 이렇게 설명했다.

"책복도가 된 골목, 미디어실이 된 주차장, 토론방이 된 거실, 당시 유행했던 재료를 알려주는 기존 건물의 벽돌과 화강석 입면 마감재들, 내부로 들어온 발코니, 벤치가 된 기존 건물의 기초 등 마을에 남아있는 다양한 이야기들에 대한 힌트를 제공하고 싶었다." - 건축도시정책정보센터 아우름

조용한 도서관 안에서 조심히 걷던 중 서가 사이에 실제 주택 대문을 달아 둔 것을 발견하고 웃음이 튀어나왔다. 여기가 '마을'임을 떠올리게 하는 귀여운 발상에 경직된 걸음걸이가 조금 가벼워진다. 댐이 생겨 물 아래에 영원히 잠든 마을 사이를 유영하듯, 책에 잠긴 구산동도서관마을을 둘러본다.

4   도서관이 된 연립주택

'동네 골목길을 걷듯 서가를 걸어 보라'는 도서관의 설명처럼, 계단과 단층으로 골목길 같은 서가를 만들었다. 복도와 구석마다 사람들이 앉아 책을 읽을 수 있도록 좌석을 배치했는데, 개방감은 없어도 아늑해서 독서에 적합하다. 중간중간 배치된 사서 추천 코너는 동네에서 누군가 말을 걸어오는 것처럼 느껴진다. 이 마을에서 사서는 이용자가 책들이 사는 골목을 잘 둘러볼 수 있도록 돕는 안내자다.

벽마다 크고 작은 창을 내어 외부와 내부, 내부와 내부가 어디서든 옆집처럼 보인다. 창문을 열면 바로 옆집인 서울 동네 풍경을 연상할 수 있도록 의도한 듯하다. 도서관 안 어디를 가도 이곳을 이용하는 아이들과 어른들의 모습이 시선에 계속 걸리는데, 주민들이 만들고 가꿔 나가는 이 도서관의 색깔과 잘 어울린다.

어떤 마을에 살고 싶은가요?

도서관의 네모난 창은 책을 통해 만나는 세계를 나타내는 은유이자 책 자체를 나타내는 직유다. 책 『진심의 공간』은 창이 세계의 안과 밖, 나와 타인의 관계를 말해준다고 언급한다. 도서관 안에서 밖을, 도서관 밖에서 안을 보면서 우리가 여전히 이 마을에 함께 있다는 것을 느낀다. 이곳은 혼자 몰두하는 공간이 아니다. 내가 마을 공동체 안에 살고 있음을 확인하는 곳이다.

　계단을 내려오며 도서관 부지에 있던 집들의 옛 모습, 그곳에 살던 사람들이 기증한 사진, 아이들이 그린 알록달록한 구산동도서관마을 그림을 구경한다. 집은 사라졌지만, 사람들은 구산동도서관마을을 중심으로 더 단단히 동네를 일구고 있다. 행정, 건축, 주민이 적절히 균형을 이뤘을 때 삶이 얼마나 더 풍요로워질 수 있는가. 구산동 도서관마을에서 울려퍼지는 이 질문은 그 자체로 감동적이다.

　도서관을 나오면 다시 빌라촌이다. 도서관에서 덮은 책이 문 밖에 나오면서 다시 펼쳐진다. 우리가 사는 마을은 어떤 모습이어야 하는가. 모두가 함께 고민한다면 절대 외롭지 않을 것이다.

9 명동역에서 회현역, 아파트 투어

미쿠니아파트
중구 퇴계로16길 35-25
아일빌딩(구 취산아파트)
중구 소공로3길 25
회현시민아파트
중구 퇴계로8길 101
청운장아파트
중구 퇴계로8길 31-6

경성의 아파트

우리나라 최초의 탐정소설로 불리는 김내성의 『마인』 (1939)에 '서린동 중앙아파트'라는 곳이 등장한다. 허구 속 장소지만, 책을 읽다가 이 두 단어에 집중력을 확 빼앗겼다. 경성에 '아파트'가 존재했다니! 그보다 한옥을 포함하여 일식, 서양식, 절충식에 아파트까지 다양한 건축 형태에 대한 수요가 있었다는 점이 흥미로웠다. 있던 빌라도 밀어버리고 아파트를 만드는 21세기를 살고 있어서 더욱.

명동역에서 회현역까지는 한 정거장 거리라서 걸어도 10분 안에 오갈 수 있지만, 곡선을 그리며 빙 돌아가면 서울에 남아있는 유서 깊은 아파트 네 곳을 한번에 여행하는 아파트 투어 코스가 완성된다. 오래 전에 지어진 주택을 구경하는 건 덤이다.

1 미쿠니아파트(1930)
2 현관 위에 있는 창문 사이 장식

회현동 미쿠니아파트

먼저 명동역 4번 출구에서 회현동 미쿠니아파트로 이동한다. 1930년 석탄, 석유를 다루던 미쿠니三國 상사가 직원들을 위해 지은 공동주택이다. 미쿠니아파트는 종로구 내자동에도 있었다. 1988년 8월 19일 『경향신문』에 실렸던 사직-율곡로 도로 확장과 관련한 기사에 내자동 미쿠니아파트가 나온다. 미군 전용으로 사용되던 내자호텔 이전 문제로 도로 확장이 미뤄지고 있다는 내용인데, 기사에 따르면 내자호텔은 '1934년 일제의 미쿠니석탄회사가 지은 4층 본관에 3층 별관 69가구 규모의 아파트'였다. 이곳은 이후 도로 확장으로 철거되었다. 그 자리에 현재 서울지방경찰청이 있다.

회현동 미쿠니아파트 건물은 지금도 그대로 남아있다. 3층 건물로 여전히 공동주택으로 사용되며 이름도 약 100년 전 그대로다. 외부와 내장재를 새로 공사한 탓에 멀리서 보면 요즘 지어진 빌라 같지만, 곳곳에서 예사롭지 않은 요소를 찾아볼 수 있다. 특히 건물 현관에서 고개를 들면 벽에 원형 장식이 보인다. 요즘 건물이라면 대리석으로 되어 있을 현관문 아래 바닥에는 돌이 깔려 있다. 현관과 창문 길이에 맞춰 돌출된 장식도 신축 빌라에는 없는 요소다. 곡선인 양끝 모양을 유심히 관찰해 본다.

3 아일빌딩 전경
4 아일빌딩 1층 로비에 있는 계단. 곡선이 특이하다.

아일빌딩(구 취산아파트)

미쿠니아파트에서 아일빌딩으로 이동한다. 그 사이에 지나치는 길에서 한옥과 일본식 집 구석구석을 살펴본다. 지붕 밑, 방범창살, 집들 사이 담에 새겨진 무늬 등은 시대를 알려주는 표지이기도 하고, 건축 여행자에게는 '보물'이라고 쓰여 있는 쪽지이기도 하다.

골목을 살피며 걷다 보면 아일빌딩이라는 글자가 새겨진 파란 건물이 나타난다. 가파르고 좁은 길 위에 지어진 지하 1층, 지상 5층 빌딩이다. 명동시장과 남대문시장 상권의 영향으로 미싱이나 포장, 무역 등 여러 사무실들이 입주해 있어서 오토바이, 트럭, 사람들로 입구가 분주하다. 외관만 봤을 때는 일반적인 빌딩 아닌가 싶지만 본래 1936년 지어진 취산아파트였다는 것을 알면 건물 곳곳이 달라 보인다.

계단 손잡이, 복도 양 끝 천장에 난 아치, 건물 밖 난간 같은 부분에서 원형을 찾아본다. 내부는 복도를 두고 문이 늘어서 있는 복도식 구조다. 2층에서 계단을 따라 내려와 현관으로 나가며 마치 여기 사는 사람처럼 아파트 내 집에서 나와 외출하는 상상을 해본다. 계단을 내려오며 정면으로 보이는 현관 앞 기둥의 V자 형태가 현대적이다. 책『경성의 아파트』에 따르면 1957년 건물을 증축할 때 만들어진 것으로 보인다. 아파트였던 이 건물은 증축을 거치며 60년대에 수산

5 남산 회현시민아파트(1970)
6 건물 중간층에 난 구름다리

청과 대한통운 본사가 사용하기도 했다.

남산 회현시민아파트

아일빌딩에서 회현시민아파트로 향하며, 일제강점기에서 1970년대로 시대를 이동해 본다. 1968년 지어진 회현 제1시민아파트는 철거되었지만, 회현 제2시민아파트인 이곳은 여전히 아파트로 사용되고 있다. 그러나 철거가 예정되어 있다. 이전에도 철거가 여러 번 언급되었다 취소된 적이 있지만, 이번엔 진심인 듯하다. 기사에서 구체적인 보상액이 언급되기도 했다.

이곳은 많은 사람들이 MBC 예능『무한도전』'여드름브레이크' 편을 통해 기억할 것이다.『스위트홈』같은 드라마, 영화, 뮤직비디오 등 다양한 매체에도 배경으로 등장했다. 창문이 빽빽하게 있는 모양과 가운데에 있는 중정, 건물 중간층에 난 구름다리가 독특한 분위기를 자아낸다.

회현시민아파트는 나에게도 특별한 곳이다. 졸업 영화를 이곳에서 찍었다. 아주 무더운 여름밤이었는데, 주인공이 꿈속에서 헤매는 장소 중 하나가 이곳이었다. 그날 촬영한 첫 신, 첫 컷을 잊지 못한다. 아무도 없는 밤, 계단 아래서 카메라 모니터로 본 아파트는 훨씬 더 매력적인 피사체였다. 촬영 전에도 로케이션 헌팅과 섭외 요청, 콘티 작업을 위해 여

7 청운장아파트 (1938)

러 번 왔던 기억에 이곳에 오면 대학생 때 졸업영화를 준비하던 그 계절로 돌아가는 것 같다. 아파트 주변 풍경도 그대로라서 더 그렇다. 회현시민아파트가 사라지면 추억이 담긴 물건을 잃어버린 것처럼 아쉬울 것이다. 이 장소에서 더 이상 대학생 시절을 다시 만날 수 없으니 말이다. 도시에 한 건물이 오래 있어주는 것만으로도 어떤 이에게는 힘이 된다.

청운장아파트

회현시민아파트에서 내려오는 길에 '신세계슈퍼마켓'의 간판을 구경한다. 옛날 간판 속 폰트와 색 조합에 요즘 보기 힘든 디자인 요소가 있다. 여기서 '옛날'은 낡았다는 뜻도, 복고도 아니다. 오랜 시간에 걸쳐 만들어진 도시 유산이라는 의미다.

슈퍼마켓을 지나 마지막 아파트가 위치한 회현동1가 99-6번지로 이동한다. 마지막 아파트는 1938년에 지어진 청운장아파트다. 해방 후 미군정 사무실과 숙소로 쓰였다고 전해진다. 현재는 아무도 살지 않는 빈 건물이다. 지상 5층 높이인데, 창문 양 끝마다 벽돌 무늬가 노출되어 있다. 주변에 건물과 주차장이 들어서있고 가림막이 있어 파사드를 제대로 볼 순 없지만, 규모 있는 건물인 것은 확실히 느낄 수 있다. 길을 따라 내려가면 회현역 1번 출구로 이어지며 여행이 끝

8 회현동 일대에 많이 보이는 석축

난다.

도심의 또 다른 성벽, 석축 이야기

회현동 일대는 언덕이다 보니 석축이 많다. 서울 곳곳에 쌓아올려진 석축을 좋아하는데, 거대한 한양도성 안을 촘촘하게 연결해주는 또 다른 성벽 같아서다. 그런데 빌라가 생기며 담장이 필요 없어지다 보니 석축이 사라졌다. 물길처럼 언덕을 타고 내려오며 동네를 연결해주던 선이 끊겨버린 것이다. 최근 회현동 일대를 다시 걸어보니, 재작년까지도 없던 벽화가 석축 위에 그려지기도 했다. 동네가 예뻐 보이라고 그리는 벽화지만, 본연의 매력을 지우려고 애쓰는 것 같아 서운하다.

중간마다 맥이 끊겨버린 석축을 느끼기 위해 가끔 이 일대를 지도 어플 '거리뷰' 보기 기능을 통해 산책한다. 골목을 다 들어가보지 못해도, 가장 오래 전으로 시간을 돌려 보는 것만으로도 동네를 이해하는 데에 도움이 된다. 나는 이것을 온택트 답사라고 부른다. 팬데믹 시기 여행을 강제로 쉬게 된 대신, 방구석에서 거리뷰를 켜놓고 전국 방방곳곳을 다니며 이름을 붙이게 되었다. 단어 때문에 거창해 보이지만, 밖에 나가 평소처럼 건축 여행을 하고 싶어서 쥐어짜낸 방법이었다.

동네의 또 다른 포인트: 계단집과 일신교회

남산 회현아파트에서 청운장아파트 사이쯤 있는 카페 계단집은 2010년으로 시간을 설정해 놓고 온택트 답사를 하다가 알게된 곳이다. 튼튼하게 쌓은 석축을 따라 퇴계로 6길을 내려오다 문 하나를 보았다. 문 너머 사람 두 명이 계단을 내려오고 있었는데, 계단 끝에 자그마한 이층집이 보였다. 최근으로 시간을 설정해 보니 '카페 계단집'이라는 간판이 현관 앞에 놓여 있어서 집이 카페로 바뀌었다는 것을 알게 되었다.

소위 '적산가옥'으로 불리는 옛 집을 개조한 카페가 많지만 긴 계단을 올라가 소담한 가정집에 닿는 느낌을 주는 곳은 여기뿐이다. 커피를 사서 2층으로 올라간다. 계단집과 마주보고 있는 건물 일신교회의 옆모습이 액자 속 사진처럼 창문에 자연스럽게 들어온다.

석조로 지은 일신교회 건물은 1955년에 신축되었다. 이 교회는 1947년에 첫 예배를 드리며 시작되었는데, 1950년 6.25전쟁으로 부산광역시 서구의 부민동으로 이전했었다. 1953년 서울에 다시 돌아와 2년간 준비 끝에 계단집 창문으로 보이는 이 교회 건물을 지을 수 있었다. 교회 계단이 양머리 조각으로 장식되어 있어 인상적이다. 작은 곳 하나에도 공을 들인 육중한 교회 건물을 보며 건물을 올릴 때 크고 작은 힘을 보탰던 사람들을 떠올려 본다. 다시는 전쟁이 일어나지 않기를, 이 동네를 떠나지 않기를 바라는 굳은 소망을 품고 있었을 것이다. 근처에 고려대학교 농과대학 본관(1956)과 서관(1961)을 건축한 건축가 박동진의 또 다른 작품, 남대문교회(1955년 설계, 1969년 준공)와 외관이 비슷하니 비교해서 보는 것도 좋을 것이다. 교회 입구에는 쌍회정(조선시대 문신 이항복 집 앞에 지어진 정자) 터 표시가 있다. 중구 문화관광 홈페이지에 있는 설명에 따르면 광복 전에는 일신교회 위치에 일본인 부호의 집이 있었다.

계단집에서 잠시 쉬는 것까지 포함해 이렇게 걸으면 1시간이 넘게 걸린다. 명동역에서 회현역까지 가는 가장 느린 경로지만, 가장 깊이 걸을 수 있는 방법이다.

1 후암시장 골목에 있는 집

10

갈월동에서 후암동, 주택 투어

근대 서울의 뉴타운, 후암동

1930년대 근대 서울의 인구가 폭증하면서 다양한 지역에서 부동산 개발 붐이 일어난다. 우리나라 부동산업자 정세권도 그 흐름 속에서 한국인에 맞는 주택 형태를 제안했다. 'ㄷ'자 한옥 구조는 유지하되 수도와 전기가 들어오고, 대청에 유리문이 달려있는 등 신식 문물을 더해 개량 한옥을 만든 것이다. 서민들도 신식 주택에 살아야 한다고 주장하며 부동산 회사 건양사를 설립한다. 입주 후 집값을 나눠 갚도록 해 집세에 대한 부담도 낮췄다. 북촌, 익선동, 그 외 서울 안 다양한 지역에 있는 도시형 한옥 밀집 지역은 그렇게 탄생했다.

일본인을 중심으로 한 동네도 조성됐다. 책 『경성의 주택지』에 따르면 후암동은 서울역, 조선신궁•뿐만 아니라 교육, 의료, 각종 편의시설이 모여 있어 인기 있는 지역이었다. 1920년대 조선은행 사택이 들어서며 이 일대가 3차에 걸쳐 주택단지로 개발된다. 이렇게 조성된 후암동의 '학강 주택

• 일제강점기 남산에 세워진 신사.

지'는 장충동의 소화원, 북아현동의 금화장과 더불어 경성 3대 주택지로 꼽혔다. 두텁바위가 있던 지형에서 유래된 이름인 '후암동'은 일본인 밀집 지역이 되며 '삼판동'으로 지명이 바뀌기도 했다.

근대 서울에 생겼던 '뉴타운'은 여러 곳이지만, 그 중 갈월동과 후암동에서 길을 잃어보는 것이 가장 쉬운 서울 건축 여행법이다. 갈월동은 후암동과 맞닿아 있어 영향을 받은 동네기도 하고, 용산에 있던 미군부대로 개발이 더뎌져서 후암동과 함께 오래된 주택들이 보존되었다. 신당동 같은 서울 다른 동네에 조성되었던 문화주택 단지가 지금은 제대로 남아있지 않은 것을 생각해 보면 이 두 동네는 건축 여행자에게 박물관 같은 마을이다. 서울 중심지에 사는 주민들은 아직까지 재개발되지 않은 것이 억울할 수도 있겠지만 말이다.

현재 미군부대 터가 용산공원으로 바뀌면서 다시 구체적으로 재개발을 추진하는 움직임이 있다. 처음부터 아무것도 없던 땅을 갈아 만든 뉴타운이었으니 아쉬울 일은 아니다. 모두가 좋아하는 도시인 프랑스 파리도 나폴레옹 3세 때 조르주 외젠 오스만이 주도한 재개발 사업이 만든 결과다. 도시는 원래 그런 것임을 알고 있다. 다만 지금 도시에서 주도권을 가진 집단은 누구인지, 어떤 배경 속에서 개발이 언급되는 것인지 생각할 필요가 있다. 같은 자리에서 반복되는 도시 현상을 제대로 이해하기 위해서다.

시간의 흔적 탐색하기

돈의문 박물관 마을에서 동네 구석구석에 어떻게 시간의 흔적이 남는지, 어떤 시선으로 집을 바라봐야 하는지 영감을 받았다면, 이 동네에서 적용해 보자. 사람들이 살고 있는 곳에서 시간의 흔적을 보물찾기하듯 찾아보는 거다. 해외 여행을 가서 평범한 동네를 걸으며 '저 집은 어떤 사람이 살까? 언제 지어진 걸까? 들어가보고 싶다!' 하며 한 번쯤 가져 봤을 호기심 충만한 마음이 준비물이다.

실외에서 걸어야 하는 여행에 적합한 계절은 초봄이나 초겨울이다. 걸어 다니기 적당한 계절이기도 하지만, 여름엔 넝쿨이나 우거진 나뭇잎 때문에 집이나 석축 형태를 제대로 관찰하기 어렵기 때문이다. 갈월동과 후암동을 이틀 동안 하루 반나절씩 돌아다니며 대문, 창, 석축과 계단, 지붕을 구경하기도 했다. 대중적인 여행 방식은 아니지만, 태도만은 도시의 사학자다. 벽에 낸 무늬도 같은 것이 하나 없다. 비슷한 것들을 여러 군데서 찍고 아카이빙하다 보면 나만의 카테고리가 만들어진다. 서울 어디를 가도 비슷한 요소가 눈에 들어오면서 때로는 시대를 읽는 단서를 얻기도 한다.

2 한옥 창살과 조개 껍데기를 연상케 하는 담장 무늬
3 창문 위에 새겨진 무늬가 예쁜 후암동 집

문화주택 혹은 '적산가옥'에 쌓인 시간

문화주택은 광복 이후 '적들이 남기고 간 가옥'이라고 하여 적산가옥이라고도 불린다. 역사성이 담긴 표현이라 어쩔 순 없는 노릇이지만 집을 의인화해서 생각해 보면 조금 억울한 표현 같다. 상징적인 건물들에야 죄를 물어야 하겠지만, 여전히 삶을 꾸려가는 사람들이 살고 있는 집을 '적산가옥'으로 낙인찍는 게 맞을까.

일본인들이 지은 서양식 주택 모양이지만 이곳에서 훨씬 오래 산 사람은 한국인들이다. 이 일대 집들 내부에는 아직도 일본식 도코노마*나 다다미가 남아있는 곳도 있다고 한다. 하지만 한국인들이 살면서 우리나라 주거 문화와 편의에 맞게 온돌로 개조하고, 도코노마에 TV를 두며 창고로 사용하거나 변형하기도 했다.

문화재를 볼 때는 한 인물을 둘러싼 사건을 중심에 둔다면, 이런 동네를 여행할 때는 무조건 사람이 우선이다. 지나간 과거 위에 오늘도 삶을 쌓고 있는 마을 주민들 말이다. 흑과 백을 나누지 않고 시간이 만든 그 모호한 회색 경계를 따라 걸어가 본다. 동네가 개발되고, 번창하고, 오래되어 다시 재개발을 바라게 되는 구간마다 생긴 선을 밟으며 여전히 흐르는 시간을 느껴보는 것이다.

• 방의 한 켠을 바닥보다 높게 만든 장식 공간.

여러 세대가 공유하는 공간이 있다면

후암동에는 해방 후 피난민들이 모여살기도 했다. KBS 『김영철의 동네 한 바퀴』 후암동편에 부산까지 피난갔다가 후암동에 터를 잡은 할아버지가 나온다. 평안북도가 고향인데 10대 때 전쟁이 터지면서 이곳에서 살게 되셨다고 한다. 수도시설이 마땅치 않아 물지게를 지고 골목을 걸어 다니던 시절부터 옛 집이 허물어지고 빌라가 들어선 지금 모습까지 후암동의 변천사를 전부 보셨으니 말그대로 산 증인이다. 짧은 인터뷰지만 지나오신 삶 자체가 우리나라 역사다. '적산 가옥이니 사라져야 마땅하다', '낡은 곳이니 당장 밀어버리자' 고 말하는 순간, 그 세월은 납작해지고 만다. 재개발 자체를 반대하는 건 아니지만 말이다.

가족이 가족이 될 수 있는 건 한 공간을 공유하기 때문이다. 각자 다른 공간에서 오랜 시간을 보낸 사람들은 서로를 이해하기까지 시간이 걸릴 수밖에 없다. 그런 의미에서 살아남기도 바빴던 역사와 도시의 급성장으로 인해 여러 세대가 함께 공유할 만한 곳이 부족했다는 생각이 든다.

나 역시 윗세대를 너무나도 이해하고 싶지만, 심정적으로 공감되는 단서가 턱없이 부족함을 느낄 때가 있다. 건축을 하는 것은 시점을 세우는 일이다. 그 주위로 사람들이 모인다. 지금 서울은 다양한 세대가 모이기도 전에 뭐든지 너무 쉽게

부숴버리는 건 아닐까.

갈월동에서 후암동까지, 주택을 따라가는 여행

후암로 서쪽을 산책하며 일제강점기 신사로 가는 길이었던 108개의 계단(후암동 108계단)을 거쳐 해방촌으로 가도 좋고, 남산으로 가도 꽤 긴 여행 코스가 된다. 나는 주로 숙대입구역에서 시작해 후암시장으로 빠져나오는 것을 선호한다. 그러면 갈월동과 후암동을 함께 볼 수 있기 때문이다.

지금도 한 도시가 재개발되면 주변이 영향을 받는 것처럼, 갈월동도 후암동에 생겼던 조선은행 사택의 영향으로 크고 작은 집들이 생겼다. 이 두 동네가 어떤 영향을 주고 받았는지, 비슷한 건축 요소로 어떤 것들이 남았는지 관찰해 본다. 체력이 허락하면 후암시장에서 나와서 용산구 동자동까지 둘러보기도 한다. 용산역과 서울역 주변을 파악하기도 좋은 경로다.

서울역사박물관이 펴낸『후암동: 두텁바위가 품은 역사, 문화주택에 담긴 삶』에서 이 동네 집들 내부와 설계도면 등을 볼 수 있다. 서울도서관 홈페이지에서 웹 뷰어로 볼 수 있으니 보물찾기 지도로 활용하면 유용할 것이다.

4   갈월동에 있는 높은 석축과 계단

함께 가보면 좋을 곳: 미드스트 오브 플로우

갈월동에 들어서며 본격적인 보물찾기에 앞서 카페 '미드스트 오브 플로우'에서 당충전을 하는 것도 좋다. 1950년 대 지어진 문화주택인데, 이 동네 주택 형태를 체험해 보는 기분이 난다. 원래 있던 벽장, 나무 마루, 작은 마당을 품은 구조를 살려 인테리어를 했다. 몇년 전 카페가 다른 이름일 때는 지붕 밑 기둥에서 상량문을 볼 수 있었다. 상호명이 바뀌고 나서는 2층 공간이 예약제로 변경되어 들어가 보지는 못했지만, 상량문은 여전히 그대로 있다고 한다. 카페는 깨끗하고, 커피맛도 좋다. 비치되어 있는 LP로 혼자 음악을 들 수 있는 청음 공간도 있다. 세 달에 한번 책과 음악을 큐레이션해 공간을 더욱 풍성하게 향유할 수 있도록 돕는다.

글을 마무리하며 돈의문박물관마을 안내지에 써있던 이탈로 칼비노가 쓴 표현을 빌리고 싶다.

"거리의 모퉁이에, 창문의 창살에, 계단의 난간에 숨겨진 도시가 말해주는 과거에 귀기울여 보자. 언젠가 오늘 찍은 사진들이 서울의 시간을 설명해줄 자료가 될지도 모를 일이다."

문학

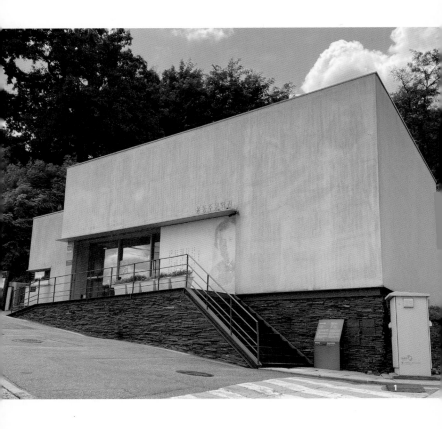

1 윤동주문학관 전경

11

윤동주문학관

언덕 위 물탱크에서 문학관으로

부암동 언덕을 올라 윤동주문학관 앞에 선다. 등 뒤로는 서울 전경과 맞닿은 하늘, 땅을 타고 불어오는 바람이 있고 눈앞에는 하얗고 네모난 건물이 있다. 문학관이 되기 전, 이곳은 가압장(수압을 높여서 고지대 등에 수돗물을 공급하는 시설)과 물탱크였다. 1969년 판자촌 위에 세워진 청운시민아파트와 일대 주택들을 위해 지어진 청운수도가압장은 2005년 11동 규모의 청운아파트가 완전히 철거되며 기능을 잃었다. 이곳에 공원이 조성된 후에도 방치되어 있던 가압장과 물탱크는 2012년 리모델링을 거쳐 윤동주문학관으로 개관한다.

윤동주문학관을 설계한 건축가는 건축설계사무소 아틀리에 리옹 서울의 이소진 대표다. '탱크의 본질을 존중하기 위해 실내 공간으로 활용하지 않고 냉난방 시설이 없는 특수한 외부공간으로 활용하기로 했다'고 설명한다. 물탱크로 사용될 때 물이 채워졌다 빠지기를 반복하면서 벽에 난 물

2 제2전시실 '열린 우물'
3 윤동주 생가에서 가져온 우물목판

자국을 그대로 남겨두고, 벽 안으로 들어가 볼 수 있도록 했다. 쓸모없어 보이는 공간에 새로운 의미를 부여하고, 형태를 유지한 것이다. 윤동주문학관은 이런 가치를 인정받아 2012년 대한민국 공공건축상, 2014년 서울시 건축상을 받았다.

건물에 들어가기 전 계단 옆에 있는 안내판의 QR코드를 찍어 본다. 윤동주문학관을 만드는 데에 참여한 사람들의 인터뷰가 나온다. 종로구 공무원이자 인왕산 주민이었던 분이 문학관이 생기기 전 동네 풍경을 설명한다. 5월 아침이면 불어오던 아카시아 향, 비가 오면 들리던 수성동 계곡소리, 아이들을 다 이곳에서 키웠다는 말이 풍경에 운치를 더한다.

자아 성찰에서 고립까지, 우물의 심상을 담은 세 개의 공간

「자화상」은 윤동주 시집 『하늘과 바람과 별과 시』 맨 첫 장에 실린 시다. 이 시와 시집 전체를 관통하는 주제인 부끄러움, 자아 성찰이 윤동주문학관을 이루는 골조다. 건축가는 시「자화상」 속 우물을 모티브로 가압장이었던 '시인채', 물탱크1이었던 '열린 우물', 물탱크2였던 '닫힌 우물'로 문학관을 구성했다. 문학관 뒤에 있는 시인의 언덕에서는 건물을 조망하면서 '우물'을 들여다볼 수 있다.

건물을 들어가자마자 '시인채'라는 이름의 제1전시실이

나온다. 시대별로 출판된 시집뿐만 아니라 윤동주 시인이 찍힌 사진, 손글씨가 담긴 원고와 서명 쪽지 같은 것들이 전시되어 있다. 가장 중요한 건 전시실 한가운데 유리관 안에 보관된 우물이다.

낡은 나무 판자처럼 보이지만, 시인의 생가에 있던 우물을 수리하는 과정에서 가져온 우물 목판이다. 이것을 둘러싼 유리 전시장에는 시인의 손글씨체로 「자화상」이 적혀 있다. 우물 옆에 서면 동북쪽 언덕으로 윤동주가 다닌 학교와 교회 건물이 보였다는 설명을 읽으며 잠시 윤동주가 보았을 그 풍경을 상상해 본다.

우물 목판을 들여다보며 마음 속에 피어난 심상을 갖고 제2전시실 '열린 우물'로 걸음을 이어간다. 지붕 없이 하늘이 보이는 공간이다. 물탱크였던 곳을 그대로 살린 덕에 「자화상」 속 우물 안에서 파란 하늘을 보며 시 속의 사나이를 떠올릴 수 있다. 우물 안에서 마주친 사나이는 청년 윤동주일 것이다.

우물 속에는 달이 밝고 구름이 흐르고
하늘이 펼치고 파아란 바람이 불고 가을이 있습니다
그리고 한 사나이가 있습니다
- 윤동주, 「자화상」

제3전시실 '닫힌 우물'은 후쿠오카 형무소를 연상케 하는 공간이다. 35년간 물이 빠지고 채워지던 공간이라 물자국이 남아있다. 오랫동안 어두컴컴한 곳이었어서 그런지 축축한 습기도 아직 마르지 않은 듯 하다. 계단 두 칸을 내려가면 놓여있는 의자에 앉아 물탱크 벽에 나오는 윤동주에 대한 영상을 감상할 수 있다. 영상에서 나오는 소리만 웅웅 울려퍼지는 동안 천장 위를 올려다본다. 천장 위 작은 구멍에서 내려오는 빛이 꼭 감옥 속 창 같다. 방금 전까지 제2전시실에서 봤던 '푸른 하늘이 흐르고 파아란 바람이 불던 우물'은 없다. 시 속에서 자신을 성찰하는 장소인 우물은 제 3전시실에서 고독과 고립을 상징하는 장소로 바뀌고, 우리는 생의 마지막 순간에 있는 윤동주를 만나게 된다.

윤동주문학관은 시인의 작품을 오감으로 체험하는 문학관이다. 제1전시실에서 제3전시실을 둘러보는 동안 시 속 상징의 확장, 다양한 심상을 느끼게 한다. 건물을 둘러보고 나오며 마주치게 되는 제1전시실 속 우물은 또 다른 감각으로 다가온다. 건물은 우리를 자화상 속 우물로 만들기도 하고, 윤동주가 바라보는 하늘로 만들기도 하고, 그가 말하는 가을을 생각하게 하기도 하며, 추억처럼 있는 사나이를 떠올리게 한다. 동시에 시인이 말하는 하늘, 바람, 햇살, 별을 느끼며 이것들이 모두 물이 되어 만난다는 것을 생각해보게

4 시인의 언덕으로 오르며 본 '열린 우물'

하는 자연 순환적인 공간이다.

영혼에 힘을 실어주는 곳

윤동주문학관을 브랜딩할 때 '영혼의 가압장'이라는 콘셉트를 잡았다고 한다. 가압장은 언덕에서 약해지는 물살에 압력을 가해 물이 힘차게 흐르게 하는 곳이다. 이곳에 오는 사람들 영혼에 윤동주 시가 힘이 되기를 바라는 마음이 느껴진다. 옛날 각 마을마다 있던 우물은 동네 사람들이 물을 떠서 밥도 해먹고 빨래도 하는, 삶이 모이는 공간이었다. 청운시민아파트와 이 동네에 살았던 사람들의 삶이 담겨 있던 도시인들의 우물, 가압장과 물탱크가 시를 담고 있는 윤동주문학관이 된 것이 운명처럼 느껴진다.

우물은 서로가 서로를 해하지 않을 것이라는 믿음을 바탕으로 함께 사용하던 곳이다. 이점이 현대에서 말하는 공공건축 개념과 닿아 있다. 도서관, 학교, 미술관 같은 공공건축이 많은 사람들이 오간다는 이유로 너무나 획일적이고 단순하게 지어지는 것은 아쉬운 일이다.

문학작품이 여러 사람들에게 읽히고 다양하게 해석되듯 여러 의미로 풀이되는 공공건축이 많이 나왔으면 좋겠다. 목적에 맞되 사용자들이 조금은 낯섦을 느낄 수 있는 작품을 자주 만나고 싶다. 건축가가 제안하는 건축과 공간에 대한 생각은 우리 삶 어딘가에 흔적으로 남을 것이다. 연령과 성별, 심지어 국적도 상관없이 모두가 사용할 수 있는 공공건축에서 다채로운 건축 체험을 할 수 있다면, 그 경험이 자기가 사는 집으로 이어진다면 도시 풍경이 조금 달라지지 않을까.

윤동주문학관을 설계한 건축가의 또 다른 작품으로 울산 유니스트 지관서가가 있다. 지관서가는 울산시와 SK가 사회공헌사업으로 만드는 복합문화공간이다. 유니스트 학술정보원 1층에 위치한 지관서가 4호점을 건축가 이소진이 디자인했다. 보통 인테리어 요소로 활용하는 책과 서가를 보이지 않도록 한쪽에 몰아넣어 사람들이 빈 공간을 느낄 수 있도록 했다. 지관서가 유튜브 채널에 올라온 이소진 건축가의 인터뷰에서 '개인이 큰 빈 공간을 갖긴 어려운데, 이것을 공공이 제공해주는 것은 최고의 럭셔리'라는 이야기를 오래 곱씹었다. 빈 공간 안에서 채움을 얻는다는 것은 윤동주문학관에 담긴 의미기도 하다.

시인의 언덕에서 생각하는 부끄러움

시인의 언덕을 오르며 문학관 아래를 내려다본다. 윤동주가 느꼈던 부끄러움은 무엇일까. 부끄러움은 사적인 감정이다. 남들이 괜찮다고 별거 아니라고 아무리 말해줘도, 도

무지 괜찮아지지 않는 마음이다. 시인 윤동주가 사랑받는 것은 미완의 청춘이 안타까워서이기도 하겠지만, 윤동주 자신만의 감정을 시에 남겨 두었기에 우리가 더 감정적으로 몰입하게 되어서가 아닐까.

윤동주는 서촌에 자취하던 시절, 누상동 뒷산과 인왕산 중턱을 자주 산책했다고 한다. 서촌 윤동주 하숙집터부터 시작해서 이 일대를 걸으면 윤동주가 갖고 있던 마음에 더 가까이 가보는 시간이 될 것이다. 윤동주문학관에서 근처에 있는 청운문학도서관, 초소책방으로 이어가면 자연스럽게 책이 있는 건축 여행이 된다. 윤동주문학관에 있는 윤동주 시집과 친필원고는 모두 영인본이다. 원본을 찾아 연세대학교 윤동주기념관에 가서 시인의 발자취와 오래된 학교 역사를 함께 둘러보는 것도 좋겠다.

1 심우장(1933)
2 위에서 아래로 내려가는 길

빈 터에 남은 석탑처럼, 만해 한용운의 집

혼자 원주 거돈사지에 간 적이 있다. 차를 몰고 구불구불한 산길을 따라 들어갔는데, 길 중간에 천년 넘은 느티나무가 석축 모서리에 우직하게 자리잡고 있었다. 갓길에 차를 세우고 석축에 감탄하며 다가가니 가파르고 높은 계단이 나왔다. 9세기 통일신라시대 말에 지어진 돌계단은 여전히 형태를 갖추고 있었다. 계단을 오르자 약 7500평 넓이의 절 터를 석탑 하나가 지키고 있었다. 무수한 세월을 견뎌 놓고도 자만하지 않는 단정한 석탑 앞에서는 감탄도 소음일 뿐이었다. 그 이후로 나는 종종 다른 지역에 있는 폐사지도 찾아가게 되었다. 시시때때로 바람 잘 날 없는 내 마음이 폐사지의 석탑과 같아지기를 바라면서 말이다.

만해 한용운이 살던 집, 심우장은 폐사지의 석탑 같은 곳이다. 비탈진 길 가운데에 위치한 이 집은 무수히 헤쳐 온 굴곡진 시간에 대해 어떤 말도 없이 담담하게 서있다. 심우장은 '소를 찾는 집'이란 뜻이다. 불교에서는 진리를 찾는 수행 단계를 소 찾는 것에 빗대 표현한다. 이 집에서 한용운이 찾고 싶었던 건 무엇일까.

올라가야 할 때와 내려가야 할 때, 심우장 가는 길

한성대입구역에서 버스를 탄다. 2112번이나 1111번 버스를 타면 언덕 아래에서 위로 올라가며 심우장에 도착할 수 있고, 성북03번 버스를 타면 언덕 위에서부터 아래로 내려가며 심우장에 갈 수도 있다.

어떤 길로 가든 상관 없지만, 용기와 결단이 필요한 시기라면 아래에서 위로 올라가며 마음을 다잡는 것이 좋다. 언덕 아래에서 계단을 오르는 것부터가 시작이다. 그곳이 절의 일주문처럼 심우장의 또 다른 현관이기도 하다. 올라가는 길에 빈집이 여러 채 있다. 몇 년 전만 해도 사람들이 살던 곳이다. 가는 길에 절에 있을 법한 작은 연등들과 한용운 어록이 걸려 있다.

마음을 비우고 싶을 때는 위에서 아래로 내려간다. 오랜만에 다시 심우장에 가보며 나는 내려가는 길을 택했다. 집들이 다닥다닥 붙어있는 좁은 골목을 헤집으며 언덕을 내려와 들어선 심우장은 더욱 시원하고 단순하게 아름답다. 탁 트인 마당으로 들어와 마루에 앉아 한용운이 심었다는 향나무를 바라보며 숨을 크게 들이켜 본다.

북향 집의 뒷이야기

심우장은 1933년 지어졌다. 옥고를 치르고 50대가 되도록 셋방을 전전하던 시기에 승려 벽산 김적음이 땅을 내어 주고, 조선일보 사장 방응모, 대동인쇄소 사장 홍순필 등이 자금을 마련해 주었다.

『만해 한용운 평전』에 따르면 심우장의 설계는 중등학교 수학교사 최규동이 맡았다. 공사를 위해 지인과 제자까지 손을 거들며 힘을 합쳤다. 한용운이 소유했던 유일한 집이 그렇게 지어졌다. 이 집은 북향이다. 여기에는 일제강점기 조선총독부와 등을 지려는 한용운의 의지가 담겼다고 알려져 있다.

이에 대해선 의견이 분분하기도 했다. 비탈진 언덕이라 북향일 수밖에 없었다는 것이다. 심우장이 있는 언덕에는 많은 집이 들어서 있고 방향이 다 제각각이다. 언덕 위부터 아래로 내려오며 심우장에 도착하면 확인할 수 있다. 그러나 심우장에서 태어나 자란 한용운 딸, 한영숙 여사는 2022년 발표된 논문 「만해 한용운의 만년과 심우장」에 실린 인터뷰에서 조선 총독부를 마주하기 싫어 북향으로 지은 것이 맞다고 증언했다.

3 마루 천장 위에 있는 무늬
4 심우장 글씨가 써있는 방 안에서 본 마당
5 심우장에 깔린 박석 사이의 나무뿌리. 이마저도 한용운같다.

심우장의 '북향'은 한용운의 삶을 함축적으로 보여준다. 이 집에 얽힌 이야기만 봐도 그렇다. 창씨개명과 일제식 교육 등 시대를 거부하는 의지로 딸을 호적에 올리지 않고 집에서 직접 교육한 것, 서대문 형무소에서 독립운동가 김동삼 시신을 모셔와 심우장에서 5일장을 치른 것, 단채 신채호의 묘비명을 쓴 것… 모두 심우장에서 이뤄진 역사다.

3.1운동 당시 동지였던 최린이 변절 후 심우장에 찾아왔었다고 한다. 최린이 찾아왔을 때 한용운이 부재중이라 딸에게 돈을 쥐여 주고 갔는데, 한용운은 이 사실을 알고 최린 집에 다시 찾아가 돈을 던져 버렸다. 그의 생을 짚는 자료라면 한 번씩 언급하는 일화다.

공간이 사람을 만드는 것일까, 사람이 공간을 만드는 것일까. 한용운은 시대에 휩쓸리지 않고 변치 않는 지조를 지키며 살아온 독립운동가이고, 스님이자 문인이다. 심우장이 그가 마음을 지킬 수 있도록 도와준 우직한 틀이 아니었을지 생각해 본다.

단출하지만 기백 있는 공간

이 집에 여러 번 가봤지만, 북향이어서 음침하다거나 어둡다는 인상을 받은 적은 없다. 사는 것과 잠시 구경하는 것은 매우 다르겠지만, 산을 바라보고 있는 마당은 언제나 환하고 집 옆에 있는 크고 푸른 소나무는 기세등등하다.

집은 정면 4칸, 측면 2칸인 근대 한옥집이다. 단출하지만 초라하지 않다. 정면으로 집을 바라보았을 때 왼쪽 끝에는 심우장이라고 써있는 방 한 칸이 있다. 이 글씨는 한용운과 함께 민족대표 33인이었던 독립운동가이자 언론인, 서예가였던 위창 오세창이 쓴 것이다.

오른쪽 끝은 주방이다. 집과 밖, 어디서든 들어갈 수 있도록 이중으로 문을 냈다. 부엌에 난 유리 창문을 빼꼼 들여다본다. 심우장은 마루에도 유리문이 달려 있다. 나는 심우장 마루 위 천장을 좋아한다. 갈색 사각형 나무 틀 안에 꽃 모양이 천장을 덮고 있다. 암자처럼 규모가 작은 집이지만, 이 천장을 볼 때마다 커다란 대웅전 안에 걸려 있는 연등이 떠오른다.

심우장에 담장이 있으나 마당을 감싸고 있는 것은 담 안팎에 있는 크고 작은 나무들과 집과 마주보고 있는 산이다. 그래서 심우장에 오면 절에 와 있는 것 같은 느낌이 든다. 현재 관리인동이 있는 방향 담장 너머의 밤나무에는 밤송이가 주렁주렁 달려 있었다. 가을 저녁, 시퍼렇게 노을로 물든 하늘 아래 심우장 마당에 앉아 커진 몸집에 다 터져버린 밤송이를 들여다보는 상상을 하며 여름 열기를 식혀본다.

불교에서는 극락세계가 서쪽에 있다고 믿는다. 일제강점

기 당시 많은 문인들이 변절할 때 '나는 절대 그리하지 아니하겠노라'며 가부좌를 틀고 앉아 있던 한용운을 생각한다. 서쪽(그가 믿고 바라던 극락세계)과 동쪽(끝이 보이지 않는 암울했던 시대)사이에서 북쪽(자신이 할 수 있는 수행)을 바라보던 한 사람. 그가 이곳에서 잃지 않으려 부여잡고 있던 삶의 태도가 전설처럼 새겨진 심우장은 폐사지의 석탑처럼 의연하다.

버스를 타고 돌아오며 노을을 바라본다. 지는 해를 쫓아 서쪽으로, 서쪽으로 뛰어가던 다급한 마음을 멈추고 그대로 밤을 맞이해 본다. 어떤 상황이 와도 굽히지 않고 할 수 있는 것들을 계속 하겠다는 만해의 결기가 내 것이다.

함께 가보면 좋을 곳

[묘지] 망우리 역사문화공원

한용운은 1944년 심우장에서 세상을 떠났다. 65세, 광복을 고작 1년 앞 둔 해였다. 이후 망우리 공동묘지에 묻혔다. 망우리공동묘지는 현재 망우리 역사문화공원으로 불리는데, 한용운과 앞서 언급한 오세창뿐만 아니라 이중섭, 유관순 등 많은 분들이 잠들어 계신다. 프랑스 파리에 가면 쇼팽과 오스카 와일드가 묻힌 페르 라세즈 공동묘지에 가듯, 서울에선 이곳에 가보면 어떨까.

박물관 **옛 가옥** 최순우 옛집, 성북선잠박물관, 우리옛돌박물관

성북동은 예술가들이 많이 살던 동네라 지금도 박물관과 옛 가옥이 많다. 최순우 옛집, 성북선잠박물관, 우리옛돌박물관 같은 곳에서 심우장을 구경하며 느꼈던 옛 정취를 더 찾아볼 수 있다. 한성대입구역으로 내려가 한옥 카페에서 커피를 마셔도 좋겠다.

집터 이길용 집터

나는 JTBC「차이나는 클라스」마지막 편에 심우장과 함께 소개된 독립운동가 이길용 집터(성북로16길 16-16)로 이동했다. 이길용은 손기정 올림픽 금메달 사진에서 일장기를 지웠던 기자다. 집터에는 다세대 주택이 들어섰고, 성북동 56번지였던 주소는 56-1번지로 바뀌었다. 심우장에서 내려와 이길용 집터를 둘러보며 자연스럽게 손기정문화도서관으로 여행을 이어간다.

모두의 학교 같은 도서관

처음 이 도서관 이름을 들었을 때 '운동선수인 손기정과 도서관이 무슨 상관이지?'라고 생각했다. 서울 중구 만리동에 있는 이 건물이 손기정이 졸업한 양정고등학교였다는 것을 알고 나서야 이해가 되었다. 양정고등학교의 전신은 1905년 서울 광화문 인근에 설립된 근대식 사립학교 양정의숙이다. 1913년 일제에 의해 양정중학교와 양정고등학교로 나뉘었다. 1918년 만리동에 터를 잡았고, 1988년 양천구 목동으로 이전했다.

양정고등학교 이전 후 이곳에 근린공원이 조성되며 1999년 손기정도서관이 만들어졌다. 현재 손기정문화도서관은 주변에 서울로7017과 아파트 단지가 들어서면서 2021년 11월 19일 공공도서관으로 확장하여 재개관한 것이다. 22년만에 리모델링을 하여 이전보다 규모가 3배 정도 커졌다.

목동에서도 만리동에서 쌓아온 역사를 그대로 계승하겠

1 손기정문화도서관(1927)

다는 의지를 표현한 것일까. 양정고등학교는 이전하면서 도서관을 양정고등학교 옛 본관과 똑같은 모양으로 지었다고 한다. 만리동에 남아 있는 양정고등학교 옛 본관은 현재 손기정기념관으로 운영되고 있다.

손기정문화도서관은 손기정체육공원 안에 위치해 있다. 이곳 지도를 보면 캠퍼스 같다. 건물은 과목처럼 손기정기념관, 손기정문화체육센터(문화), 손기정문화체육센터(체육)으로 나눠져 있다. 그 사이 곳곳에 게이트볼장, 족구장, 어린이놀이터, 운동장, 체력단련장 등이 자리를 잡고 있다. 이 지도에서 (문화)라고 표시된 곳이 도서관이다.

정문에 들어서기 전 주차장과 어린이도서관이 있다. 어린이도서관 현관 앞에 있는 유모차를 보니 언덕을 오르기 전에 도서관이 있어 다행이라는 생각이 든다. 주차를 하고 아이와 함께 짐을 들고 도서관으로 들어올 수 있는 동선이다. 어린이 도서관에 영아기를 막 지난 아기들도 온다는 걸 생각하면, 최대한 한번에 오갈 수 있게 해주는 게 배려다. 어린이도서관 건물이 분리되어 있어서 장르에 특화된 경험을 할 수도 있고 아이들뿐만 아니라 동반인들이 더 편하게 이용할 수 있을 것이다.

어린이도서관을 지나 정문 담장 안에 들어서면 커다란 느티나무가 보인다. 학교였다는 것을 알고 봐서 그런지 커다란 나무들과 언덕 위에 있는 건물들이 더욱 학교처럼 보인다. 정문에 들어서니 테니스장에서 라켓에 공 맞는 소리가 통쾌하게 울려퍼진다. 중학생쯤 돼 보이는 몇명은 족구장에서 공놀이를 하고 있다. 실버체육센터가 있어서 그런지 어르신들도 오간다. 어린이 놀이터에는 학부모와 초등학생들도 보인다.

손기정 체육공원 뒤로 봉래초등학교가 있어서 이곳은 노인, 성인, 아이 할 것 없이 다양한 사람들이 이용한다. 이런 풍경을 보며 교육에서 흔히 쓰는 지덕체라는 표현을 떠올린다. 도서관과 체육관이 서로 멀리 있어야 할 시설이 아님을 깨닫는다.

정원이 있는 도서관

손기정문화도서관은 손기정기념관 뒤에 있는 붉은 벽돌색 건물이다. 도서관으로 가는 높은 계단 옆에는 커다란 나무가 있다. 그 주위로 정원이 꾸며져 있는데,「기억을 걷는 시간」이라는 제목과 설명이 적혀 있다. 폐허가 된 서울과 현재 서울을 묘사한 작품으로 서울국제정원박람회 수상작이다. 이렇게 정문 근처부터 도서관까지 가는 길엔 여러 정원이 설치되어 있다.

계단을 오르니 자갈이 깔려 있는 연못과 분수가 보인다.

이 연못과 건물 내부 사이에 통로를 두어 아늑함을 더했다. 통로에도 물을 보며 잠시 생각에 잠길 수 있도록 작은 입식 테이블을 설치했다. 곡선 모양 테이블인데 도서관을 둘러보기 전에는 물고기 같다고 생각했지만, 나오면서는 서가를 축소해 둔 디자인으로 느껴졌다.

전형적인 도서관의 틀을 벗어난 공간

손기정문화도서관은 2층 높이에 크지 않은 규모다. 내부는 정형화된 도서관 이미지와 거리가 있다. 들어가자마자 왼쪽으로 일인용 테이블이 듬성듬성 놓여 있다. 창문 쪽으로 큰 테이블이 놓여있긴 하지만 좌석이 도서관치고 빽빽하지 않아서 마치 북카페 같다.

1층 사서 큐레이션 코너로 가면서 벽에 있는 도서관 안내를 읽어본다. 도서관 대출 가능 권수는 보통 5권인데, 손기정문화도서관에서는 2주 동안 10권을 빌릴 수 있다. 2층 역시 좌석이 많지는 않다. 소파를 여러 개 둔 공간, 큰 테이블 하나를 두고 쓰는 공간, 여행책 서가 근처에 캠핑의자를 둔 공간 등 넓지 않은 내부를 알차게 꾸몄다.

손기정과 마라톤이 은유하는 것

손기정기념도서관은 거대한 마라톤 트랙 같다. 동선을

2 3 손기정 문화도서관 내부

생각하면 더욱 그렇다. 건물 안에 들어서자마자 2층으로 올라가는 계단이자 앉아서 책을 읽을 수 있는 공간이 보인다. 보통 비상구 옆이나 열람실과 서가 밖에 있는 엘리베이터가 건물 내부 가운데에 있다. 그래서 1층 안내데스크 근처에서 엘리베이터를 타고 2층으로 올라가면 서가가 바로 눈 앞에 펼쳐진다. 계단을 따라가도, 엘리베이터를 타고 올라가도 1층과 2층이 한 공간으로 연결된 느낌이다. 2층에는 책장이 열을 맞춰 정렬돼 있는 것이 아니라, 책을 따라 공간을 한바퀴 빙 돌 수 있도록 곡선으로 비치되어 있다.

건물 외벽 벽돌처럼 책장 역시 갈색이다. 천장 아래 높이의 곡선 형태인데 공간에 맞게 고심해 짜맞춘 티가 난다. 손기정문화도서관과 손기정기념관은 내부를 꾸미며 '마라톤 레이스 트랙'을 공통 키워드로 잡은 듯하다. 기념관 안 바닥에는 사실적인 레이스트랙이 깔려 있다면, 도서관에서 책장으로 연출해낸 레이스트랙은 울퉁불퉁한 비포장 도로처럼 보인다.

신의주 소년 손기정은 넉넉지 못한 어린시절에 매일 압록강변을 달렸다고 한다. 그가 달린 길은 마라톤 명문이었던 서울양정보고 입학으로, 베를린올림픽 금메달로 이어졌다. 그의 삶을 떠올리며 서가를 둘러보니 도서관에서 각자 무언가에 몰두하고 있는 사람들이 비포장도로를 열심히 달리고 있는 어린 손기정처럼 보인다. 오늘 이곳에서 쏟고 있는 열심은 분명 각자 달릴 본선 트랙으로 멋지게 이어질 것이다.

공공 건축을 탐구하는 도서관 여행자

해외든 국내든 여행을 가면 기회를 만들어 도서관에 가본다. 외국에서 온 여행자에게도 열려 있으면서 그 지역의 문화적 지향점이나 색깔을 알 수 있는 공공 건축이기 때문이다. 서울에도 다양한 도서관이 있다.

역사적 사건을 기리는 서대문구의 4.19혁명기념도서관은 혁명정신으로 엄숙한 곳이다. 인왕산 자락에 있는 한옥인 청운문학도서관은 방문자에게 쉼을 준다. 구로구에는 산 가까이 있는 도서관이 두 개 있다. 캠핑장 근처에 있는 천왕산책쉼터와 수목원 근처에 있는 항동 푸른도서관이다. 이곳들은 나무와 나무로 만들어진 책의 질감을 이어 생각하게 한다. 광진구의 아차산에도 식물원 옆에 있는 아차산숲속도서관이 있다. 서초구의 서초구립그림책도서관은 장르 전문 도서관이다. 헌책과 독립출판물, 북토크 등 책 관련 문화 프로그램을 진행하는 송파구의 서울책보고도 있다.

공공 건축, 그중에서도 모두에게 열려 있는 도서관을 둘러보며 건축 여행자에서 도서관 여행자로 여행을 확장해 나가도 좋겠다. 도서관 건축이 개성을 어떻게 드러내는지, 공공 건축으로서 주민과 타지인이 공유할 수 있는 접점을 어떻게 만들어 가는지, 어떤 가치를 지향하고 있는지 느낀다면 이 또한 의미 있는 건축 여행이 될 것이다.

손기정기념관: 1936년 베를린

손기정기념관은 도서관과 함께 꼭 가봐야 할 곳이다. 이곳은 손기정 탄생 100주년인 2012년 10월 14일 개관했다. 1936년 베를린올림픽에 손기정과 함께 출전해 동메달을 딴 남승룡도 양정고등학교 동기이라는 것을 알게 된다면 도서관과 기념관을 포함한 손기정체육공원 전체가 더 의미있게 다가올 것이다.

손기정이 올림픽에서 금메달을 따내자 많은 인사들이 기뻐했다. 1층 전시실에는 정치인이었던 김구와 이승만, 무용가 최승희 등이 남겼던 말이 적혀 있다. 그곳에 앞선 회차에서 심우장과 함께 언급했던 기자, 이길용의 말도 있다.

"민족의 저력이 마라톤 세계제패로 온 세계를 뒤흔드는 세기적인 순간이었다. 한국은 약소민족이 아닌 강대민족으로 부활하고 신생하였다." - 이길용

글에서 조선인 모두가 느꼈을 자부심과 벅찬 감정이 고

4 손기정기념관(1918)

스란히 느껴진다. 당시 올림픽에서 금메달과 동메달을 딴 것은 나라 잃은 민족에게 국가를 인식하게 하는 경사였다. 체육인뿐만 아니라 문화예술인들이 각 분야에서 활약하는 지금으로부터 조금만 시간을 거슬러 올라가면, 국제무대에서 무언가를 한다는 것은 이토록 당연하지 않은 일이었다. '국가대표'라는, 말 그대로 나라를 대표한다는 의미가 새삼 무겁게 다가온다. 더나아가 '손기정문화도서관' 사이에 붙어 있는 '문화'라는 단어가 체육, 음악, 사회, 경제 등 모든 것을 포함하는 말임을 다시 깨닫는다.

　손기정 기념관을 나오면서 데스크에 있는 서울미래유산 수첩과 손기정 기념관 스티커 하나를 챙겼다. 신규 여권 디자인처럼 생긴 파란색 수첩인데, 서울미래유산으로 등록된 곳들이 소개되어 있다. 그 장소에 가면 스티커를 받아 스탬프처럼 붙일 수 있다. 모든 장소에서 스티커를 모아 붙이면 '완주 여권'이 된다. 2023년 기준, 모든 완주자들에게는 인증서를 발급했고, 선착순 300명에겐 기념품과 메달을 증정했다. 꼭 상품을 받지 않더라도 수첩 하나로 서울시 곳곳의 유서 깊은 곳들을 알 수 있어서 소장 가치가 있다. 블로그나 SNS를 찾아보면 서울미래유산 스티커 투어 후기가 꽤 많다. 소소한 행사지만 사람들에게 잘 몰랐던 곳을 소개하고, 평소라면 가지 않을 곳을 들려볼 수 있도록 독려하는 역할을 한

듯 하다. 여권 이벤트는 끝났어도, 남은 스티커는 받을 수 있을지 모르니 손기정 기념관을 포함한 서울미래유산 장소에 가면 한 번쯤 문의해보길 추천한다.

함께 가보면 좋을 곳

카페 더하우스1932

손기정체육공원을 나와 근처에 있는 카페 더하우스 1932에서 잠시 쉬어가도 좋다. 1932년 조선인쇄주식회사 사장 사택으로 지어진 집이다. 광복 후 주한미군 부사령관이 살다가 1950년대 국회의원 집을 거쳐 현재 카페가 되었다. 지금은 토지가 분리되었지만 원래는 400평 부지 위에 지어진 3층 집이었다고 한다. 이곳에 앉으면 서울역 뒤편이 보인다.

나는 이곳 카페가 문을 여는 시간에 맞춰 오는 것을 선호한다. 사람이 없는 공간에 앉아서 그 옛날 창문을 열고 있으면 이따금씩 들렸을 기차 경적 소리, 담장 옆을 지나다니며 집 안을 궁금해했을 행인을 상상해 본다. 일본인, 미국인, 한국인으로 주인과 용도가 바뀌며 지나온 약 100년의 시간이 영화처럼 펼쳐진다. 그런 것치고 라떼 한 잔 값은 저렴하다.

이곳에서 다시 서울로 7017로 이동하며 서울역, 서울스퀘어를 지나 남대문으로 넘어가도 좋은 코스다. 약현성당과 서소문성지 역사박물관으로 이동해도 좋겠다.

집 청전 이상범 가옥

손기정 일장기 사건을 생각하며 종로구 누하동에 있는 청천 이상범 가옥을 가보는 것도 추천한다. 화가 이상범은 기자 이길용과 함께 일장기를 지워서 고초를 겪었던 인물이 자 친일인명사전에 등재된 인물이기도 하다.

근대 한옥 안에 그림을 그렸던 작업실이 그대로 남아 있 다. 미닫이 문을 활짝 열면 작업실 끝과 한옥 맨 끝방이 하나 처럼 연결되어 있는 풍경이 인상적이다. 한 인간을 이해하는 건 얼마나 어려운 일인가. 한편으로는 그 시대에 뜻을 꺾지 않는 게 얼마나 대단한 일이었는지 느낀다.

14 한무숙문학관

여행지가 알려준 여행지

"여행할 장소는 어떻게 찾으세요?"

건축 여행이 취미라고 말하면 자주 듣는 질문이다. 멋진 장소가 많은 서울에서 오래된 건물만 찾아다니는 게 신기해 보이는 것 같다. 일부러 지도를 찾아보기도 하고, 미디어부터 SNS까지 다양한 매체에서 검색해 보기도 하지만 여행지가 또 다른 여행지로 이어지기도 한다.

한무숙문학관도 우연히 만난 곳이었다. 장면가옥을 둘러보고 동네를 좀 걸어 보려는 참에 '한무숙길'이란 팻말에 이끌려 골목에 진입했다. 길을 따라 들어가니 한옥 앞 현관에는 한무숙길이라는 안내와 함께 서울미래문화유산이라고 쓰여 있었다. 들어가보고 싶었는데 문이 잠겨 있었다. 나중에 홈페이지를 찾아보니 예약제로 운영되는 문학관이었다. 이런 운영 방식도, 월요일부터 토요일까지 운영되는 것도 눈에 띄었다. 대부분의 미술관, 박물관이 월요일은 문을 닫는데 말이다.

코로나 팬데믹 시기가 겹치면서 한동안 잊고 지내다가 홈페이지를 통해 예약을 하고 다시 찾았다. 잠긴 문 앞에서 어찌할 바를 몰라 문을 두들기니 집 주인처럼 누군가 문을 열어 주셨다. '예약하신 분 맞으시죠?'라고 물어보시기에 이름을 말했더니 들어오라고 하셨다. 한무숙문학관 학예사라고 소개하셨는데 이것 역시 특이하다. 문학관을 가면 별도의 프로그램에 참여하지 않는 이상 학예사가 직접 공간을 설명해주는 일은 드물기 때문이다. 봉사자가 아니라 학예사의 설명을 따라 문학관을 둘러볼 수 있다니. 예약자가 나 혼자뿐인 날이라 더욱 특별하게 느껴졌다. '관장님 외에 직원이 저 혼자예요'라고 말씀해 주셨지만 덕분에 호사를 누리는 기분이었다.

안내를 따라 대문을 넘어 자갈이 깔린 마당으로 들어선다. 중정 가운데에 정원이 있는데 꽃과 소담한 나무로 무성해 보이지만 잡초 하나 없다. 작은 연못에는 빨간 금붕어들이 하늘거리는 꼬리를 흔들며 손님을 반겨준다. 문학관보다는 집 주인이 매일 정성스럽게 가꾸는 마당 같다.

문학관이 된 집

한무숙문학관은 40년동안 소설가 한무숙이 살던 집이다. 1993년 소설가 한무숙이 별세한 후 남편 김진흥(한일은

1 한무숙문학관 입구
2 마당에 있는 정원

행장, 한국주택은행장, 한국종합금융회장을 지낸 금융인)이 문학관으로 개조했다. 현재는 장남 김호기가 관장을 맡아 관리하고 있다. 1930년대에 지어진 한옥으로 알려져 있는데, 대문부터 매우 잘 관리돼 있어서 몇 년이 된 집인지 가늠이 되지 않을 정도다. 한무숙문학관은 아기자기하기보다는 군더더기 없이 깔끔한 한옥이다. 대문으로 들어오자마자 좌측은 전통 창살무늬가 있는 유리, 정면과 우측은 전통창호인 건물이 있다.

2006년 이곳을 수리보수한 건축사무소 다리건축 대표 조인숙이 쓴 「한무숙문학관 수리」 프로젝트 리포트에 따르면 이곳은 약 48평 규모의 ㄷ자형 평면 한옥에 지하1층, 지상3층 건물을 연결해 증축한 구조다. 오랜 세월을 견뎌온 집이라 기와와 담장, 정면과 우측 공간 등 곳곳에 수리가 필요했지만 원형을 최대한 유지하는 쪽으로 설계를 했다고 한다.

마당에 있던 정원 역시 한무숙이 생전 집에서 보던 모습 그대로다. 원 재료를 활용하며 수리보수한 노력이 인정되어 건축가 조인숙은 이 집을 통해 2012년 아시아건축사협의회(ARCASIA) 건축상을 수상했다.

제1전시실: 손때 묻은 물건과 편지

정원을 지나 신발을 벗고 마루에 올라선다. 문을 열고 들

3 응접실 전경

어가자 제1전시실이 나온다. 한무숙의 손글씨가 담긴 원고, 안경과 장갑 같은 개인 물품이 전시되어 있다. 친분이 있었다는 『설국』 작가 가와바타 야스나리와 나눈 편지도 전시되어 있다. 국제펜클럽International PEN 회원이어서 해외 여러 작가들과 친분을 쌓아온 흔적도 볼 수 있었다. 학예사님 설명을 들을수록 '여기 대체 뭐지? 이 분의 인맥은 어디까지인가' 하는 생각이 꼬리에 꼬리를 문다. 제1전시실 오른쪽으로 제2전시실이 연결돼 있다. 제2전시실은 지금 생각해 봐도 이상하다. '낯설다'보다는 '꿈같다'는 느낌에 가깝다.

제2전시실: 문인들이 모이는 응접실

제2전시실은 한무숙이 많은 문인들과 만난 응접실이었던 공간이다. 누구라도 이곳에 들어서자마자 입을 다물 수가 없을 것이다. 마치 어제도 문인들과 모임이 있었던 것처럼 생활감이 생생하게 남아있기 때문이다.

이사 없이 이 집에 오래 사셔서 그런지 소파와 가구, 조명, 피아노 등 모든 게 세월에 비해 새것 같다. 문학관에 전시되어 있던 사진 중 집에서 찍은 사진은 단번에 알아볼 수 있을 정도다. 더 놀라운 건 벽에 추사 김정희, 운보 김기창, 운창 임직순, 천경자 등의 작품이 아무렇지 않게 걸려있다는 점이다. 펄 벅, 가와바타 야스나리 같은 유명한 문인들과 어

4   집필실 오른쪽 벽
5   집필실로 올라가는 계단

울린 공간에 내가 와 있다니.

백 마디 말보다 이 공간을 본 경험 한 번으로 한무숙 삶으로 빨려들어간다. 장르를 넘어 예술가들과 교류했던 흔적을 보며 '이곳이 문학관인가, 미술관인가' 하며 넋을 놓고 둘러본다. 그 사이에 한무숙이 그린 그림도 있다. 한무숙은 고등학교 시절 서양화를 전공했다고 한다. 소설가가 된 이후에도 전시회를 개최했는데, 지인들에게 작품을 많이 선물해서 전부 갖고 있지는 않다. 미술에 문외한인 제 3자 눈에는 몇 작품만 봐도 엄청난 소질이 있으셨던 것으로 보이는데, 정작 본인은 화가라는 정체성을 작가보다 크게 여기지 않았던 듯 하다.

집필실: 시간이 멈춘 듯 그대로인 곳

학예사님을 따라 한옥 전시실을 나와 마루를 밟으며 옆 건물로 이동한다. 신축 건물 2층에 있는 집필실로 가려면 좁고 가파른 계단을 올라가야 한다. 방금 전까지 한옥을 보며 감탄하다가 나선형 계단을 올라간다는 게 예측하지 못한 동선이라 이제는 문학관이 아니라 문학 속을 돌아다니는 것만 같다. 집필실 한쪽 벽은 작고 긴 창문만 비워두고 책으로 가득차 있다. 책상에 쌓여 있던 붓과 잉크 같은 물건들로 마치 어제까지도 작가가 작업 중이던 공간 같았다.

3층 전시실: 손때 묻은 작품들

다시 기어가듯 좁은 계단을 타고 3층에 오른다. 전시실이라기에는 집필실과 같은 평수인 작은 방인데, 유리 전시관까지 두어 더 비좁은 느낌이다. 다락방에서 골동품을 구경하는 것만 같다. 이곳에는 한무숙 사진과 원고뿐만 아니라 바느질 작품 등 한무숙이 매만지고 아꼈던 모든 '작품'들이 전시되어 있다. 1989년 드라마로 제작된 『역사는 흐른다』 VCR 테이프와 팸플릿을 한참 들여다봤다. 『역사는 흐른다』는 한무숙의 장편소설로 1948년 『국제신보(현 국제신문)』 장편소설 공모 당선작이다. 공개한 지 40년이나 지난 소설이 드라마로 만들어졌다니. 지금 생각해도 대단한 일이다.

한무숙은 1943년 「등불 드는 여인」으로 등단한 후 1984년 「만남」까지 약 50여편의 장·단편 및 희곡을 썼다. 1937년 동아일보에 연재된 김말봉 소설 『밀림』에 삽화를 그렸던 신인 화가였던 한무숙이 그림을 놓지 않았다면 어땠을까. 한무숙은 결혼을 하며 대갓집 며느리로서 부득이 그림에 대한 꿈을 접을 수밖에 없었다고 한다. 하지만 글쓰기를 격려하고 사후 문학관을 만든 사람은 남편 김진흥이다. 작가가 그림에 대한 미련 없이 글에 더 몰입할 수 있던 건 가장 가까운 사람의 완벽한 응원과 지지 덕분 아니었을까.

가장 사적인 문학관

1시간에 걸친 문학관 구경이 끝났다. 학예사님과 나눈 인사와 함께 다시 대문이 닫혔다. 갑자기 모든 게 꿈이었던 것 같았다. 살아있는 사람의 집에 방문했던 것 같기도 하고, 낭독회 자리에 초대받아 다녀온 것 같기도 했다. 이렇게 묘한 표현을 쓸 수밖에 없는 것은 이보다 사적인 문학관을 본 적이 없기 때문이다.

비슷한 시기에 태어난 문인의 문학관인 옥천 정지용문학관도 작가가 살던 집이 보존되어 있다. 그 집은 눈으로 구경하는 전시품이라면, 이곳은 뚜껑이 닫혀 있는 타임캡슐이다. 정지용문학관과 한무숙문학관 사이에 초가집과 한옥집, 시골과 도시라는 큰 차이점이 있긴 하지만 말이다. 원주 박경리문학공원에도 소설가 박경리가 토지 4권, 5권을 집필하며 살았던 옛집이 있긴 하다. 1980년에 원주로 이주해 1998년까지 살았는데, 그 집 내부에도 가구가 그대로 남아있지만 작가가 교류한 사람들의 흔적이나 생활감이 이렇게 생생하지는 않다. 집 옆에 문학관 건물이 있어서 작가와 관련한 모든 것을 별도로 전시, 관리하고 있기 때문이다.

내가 왜 이 작가를 몰랐을까? 전시를 둘러보며 쉽게 떠올린 이유는 '교과서에 없어서' 혹은 '일제강점기 독립운동가가 아니어서'였다. 근현대 시인이나 소설가 하면 어려움을 딛고 힘들게 작품 활동을 한 예술가가 떠오르니 말이다.

문학관을 다 둘러보고 나서 '부자였으니까 글을 썼겠지'라고 생각한다면 조금 아쉬운 감상이다. 글쓰기는 혼자 갖고 있던 추상적인 생각과 감상을 끝까지 파고 캐내는 작업이다. 책상 앞에 엉덩이를 붙이고 앉아 자주 고독해져야 하기에 부자라고 모두가 작가가 될 수 없다.

쓰신 작품도 많고 심지어 드라마화된 소설도 있는데 대중들에게 잘 알려지지 않은 데는 다른 이유가 있을 것 같았다. 한무숙은 천상병, 박완서 등 국내 문인과도 인연이 있는 작가다. 한무숙 외에도 김명순, 나혜석, 백신애 등 근대에 꽤 많은 여성 작가들이 있었지만 중고등학생때 그들의 작품을 제대로 배울 기회가 없었다. 더 많은 이야기가 발굴되고 다양한 작가가 회자되면 좋겠다. 글을 읽기 전에, 공간으로 작가를 만나보면 어떨까.

동양서림

오래된 서점 여행, 동양서림이 거쳐온 시간

여행자들이 꼭 가보는 유명한 해외 서점이 있다. 조앤 롤링이 해리 포터 시리즈를 쓸 때 영감을 받았던 포루투갈 포르투 렐루 서점, 영화 「노팅힐」에 나오는 영국 런던 노팅힐 서점, 일본 도쿄에 있는 다이칸야마 츠타야 등등. 서울에도 여행 중이라면 꼭 가볼 만한 오래된 서점들이 있다. 동대문역에 있는 청계천 헌책방 거리나 1957년에 세워진 신촌 홍익문고 같은 곳들이다. 그 중 내가 자주 가는 서점은 종로구 혜화동의 동양서림이다.

창업주 이순경

2022년 '화가 장욱진 아내 이순경 여사 별세'라는 헤드라인으로 기사가 났다. 역사학자 이병도의 맏딸, 근대 화가 1세대 장욱진의 아내. 다 맞는 말이지만 나는 이순경이라는 이름을 동양서림 창업주로 기억한다.

1 동양서림 간판
2 동양서림 내부 전경

동양서림 간판에는 1953년이라는 숫자가 있다. 가족을 위해 돈을 벌어야 했던 창업주 이순경이 서점을 차린 해였다. 혜화동 골목에 있던 서점은 다음해인 1954년 지금 서점의 위치인 혜화동 로터리에 다시 터를 잡았다. 중앙시사매거진에 실린 인터뷰 기사에 따르면 동양서림은 1960년대에 인근 학교 교과서 공급권을 따내며 호황을 누렸다. 그때 번 돈으로 가게를 넓히고 건물을 올렸다. 사장 이순경은 1987년까지 서점을 운영하고 경영에서 물러났다. 주부에서 성공한 서점 사장이 된 창업주 인생이 드라마 같다. 하지만 나는 그 이후의 이야기 때문에 동양서림을 좋아한다.

2대 사장 최주보

동양서림의 역사는 곧 서점을 매개로 한 가족의 탄생기다. 사장 이순경이 가게를 물려준 사람은 직원이었던 최주보였다. 창업주 이순경은 1954년부터 함께해 온 직원이 대학을 졸업할 수 있도록 지원해 주고, 1987년에 서점을 맡아줄 것을 제안한다. 조건은 서점을 닫지 말 것, 하나였다. 민주화운동, IMF를 거치고 대형서점과 온라인서점이 생기는 동안 많은 서점들이 사라졌다. 그럼에도 2대 사장 최주보는 약속을 지키기 위해 동양서림을 끝까지 운영했다.

3대 사장 최소영

현재까지 3대 사장은 2대 사장 최주보의 딸, 최소영이다. 2004년 서점을 맡았는데 이후 서점 리모델링을 하면서 북토크, 낭독회, 독서모임 등을 열어 문화공간으로서 서점의 역할을 넓혔다. 특히 신촌에 있던 시집 전문 서점 위트앤시니컬을 2층에 유치하는 과감한 경영 행보를 보여주었다. 경쟁사라고도 할 수 있는 곳과 공존하기를 선택한 것이다.

2018년 『한겨레』 기사 인터뷰에서 최소영 대표는 동네 책방과 전문 서점이 만나면 더 큰 시너지가 날 것이라고 판단했다고 밝혔다. 인터뷰 기사 말미에서 창업주를 '할머니'라고 호칭하는 대목이 인상적이었다. 어릴 적부터 이 서점이 놀이터였던 아이가 동양서림의 3대 사장이 된 것이다.

시인들이 오가던 아지트와 종합서점

혜화동 로터리에는 '몽양 여운형 선생 서거지'라는 표지석이 있다. 그 뒤로 로터리 곡선을 따라 지어진 듯한 굴곡진 4층 벽돌 상가가 있다. 사용승인일이 1964년인 건물인데, 동양서림은 그 건물 1층에 자리 잡고 있다. 1954년 혜화동 로터리에 처음 자리 잡은 시절, 동양서림은 6평 남짓한 작은 공간이었다고 한다. 오랫동안 사용했던 간판은 최근에 바뀌었지만 폰트는 옛 간판 그대로다.

서점에 들어가면 왼쪽으로 큰 테이블이 놓여있고, 벽면과 매대 가득 책이 있다. 정면으로 계단이 보이는데 2층 위트앤시니컬 서점으로 이어지는 계단이다. 동양서림은 이수영·윤강로 등 시인들의 아지트였던 역사적인 장소다. 유희경 시인이 운영하는 서점인 위트앤시니컬이 동양서림과 함께 있는 건 우연이 아니다.

서가를 찬찬히 둘러본다. 학교가 있는 동네 골목마다 있던 종합서점을 요즘에는 찾아보기 어렵다 보니, 특출난 인테리어가 없어도 새로운 풍경이다. 서가는 장르별로 깔끔하게 정리되어 있다. 서점 책꽂이에 서가를 정리하는 창업주 사진이 있다. 그 위로 장욱진 작품집이 천장 아래 꽂혀있다. 고민 끝에 책을 하나 골라본다.

건축 여행의 한 갈래, 서점 여행

어린시절 꿈꿨던 여러 직업 중에 서점 주인이 있었다. 영화 「유브 갓 메일」 속 여자 주인공 때문이었다. '길모퉁이 서점'이라는 동네 책방을 하는 주인공이 멋져 보였다. 독서란 무엇을 읽을지 책을 손수 고르고, 집중이 잘 되는 장소를 찾아 시간을 내야 하는 행위다. 무엇보다 책은 언어를 습득하고 있어야 내용을 이해할 수 있는 매체다. 한 손으로 잡을 수 있지만 절대 호락호락하지 않은 물성을 어린 나이였지만 느

3 혜화동 로터리 곡선을 따라 지어진 듯한 굴곡진 4층 벽돌 상가

끼고 있었던 것 같다. 책을 관리하고 심지어 팔아서 돈을 번다니. 멋진 직업처럼 보이기에 충분했다.

나는 서점 주인이 되지 못했지만, 해외와 국내 어딜 가도 서점을 꼭 들리는 어른으로 자랐다. 종합서점이든 독립서점이든 상관 없었다. 베트남 하노이와 호치민에 10일 정도 여행을 간 적이 있다. 헌책방뿐만 아니라 북토크까지 따라다니는 나를 보며 현지인 친구가 '어차피 이해도 못할 건데 왜 구경하는 거야?'라고 묻기까지 했다.

깔깔대며 웃고 넘겼는데 그 질문이 꽤 오랫동안 귀에 맴돌았다. 마냥 서점이 재미있었던 것이 아님을 깨달았다. 사실은 책이 어떻게 보관되는지, 어떤 건물에서 서점이 운영되는지, 그 공간에서 책과 사람이 어떻게 만나는지가 궁금했던 것이다. 나에게 서점 여행은 건축 여행의 한 갈래다. 비영어권 낯선 나라에서 들었던 질문이 '서점을 왜 여행하는가'에 대한 이유를 더욱 또렷하게 만들어주었다.

책을 정리하는 방식과 책장으로 공간에 멋을 더하는 것을 요즘 '북테리어'라고 한다. 그러나 책은 그 자체로 공간을 이루는 완벽한 재료다. 일단 건축과 가구 재료로 많이 쓰이는 나무로 만든 물건이다. 책이 마구잡이로 쌓여 있는 헌책방을 떠올려 보자. 그 무질서함이 주는 느낌은 숲 속에서 느낄 법한 안정감과 닮았다. 표지를 열기 전까지 무거운 침묵

만 감도는 아주 깊은 숲속 말이다. 그래서일까, 책을 갖추어
놓고 팔거나 사는 가게를 가리키는 말로 서점, 책방, 서포,
서사 등 다양한 단어가 있다. 그 중 서림書林은 '책의 숲'이란
뜻이다.

미드나잇 인 혜화

책 한 권을 끼고 서점을 나와서 학림다방 쪽으로 걷는다.
대학로에 오면 다들 한번씩은 가보았을 이곳은 1956년 문을
열고 지금까지 혜화동을 지키고 있는 카페다. 현재 건물은
1980년대에 새로 지어졌다. 계단을 따라 2층에 올라가 문을
연다. 유리창 밖에 보이는 플라타너스 나무와 언제 와도 그
대로인 고풍스러운 인테리어가 반갑다. 복층 구조인 카페는
어르신과 젊은이들로 가득하다. 서울에 이렇게 폭넓은 연령
층이 모여 있는 카페도 드물 것이다. 시그니처 메뉴인 비엔
나커피를 주문하고 자리에 앉아서 잠시 생각해 본다.

소설가 한무숙 집에 갔더니 화가 천경자가 그린 그림과
시인 서정주가 쓴 글씨가 있었다. 직접 선물받은 거라고 했
다. 그 집 밖을 나와 조금 걸으니 국무총리 장면 가옥이 보였
다. 정치계, 천주교, 교육계 관련 지인들이 드나들었을 곳이
다. 몇 걸음 못 걷고 서점 동양서림에 들어갔다. 역사학자 이
병도가 지은 이름이었다. 서점에 들어가니 창업자 이순경이

서가를 정리하고 있었다. 남편이자 화가 장욱진도 오갔을 것이다. 서점을 나와 걷다가 좁은 계단을 올라 카페 문을 열었다. 수필가 전혜린, 소설가 이청준, 가수 김광석, 기자 출신 작가 이덕희, 사회운동가 백기완… 모두가 알 만한 사람들이 '학림다방'에 앉아 있었다. 1956년 문을 연 바로 그 카페.

"커피 나왔습니다."

테이블에 커피를 놓는 점원의 말에 상상에서 다시 현실로 돌아온다. 혼자 걸었을 뿐인데 오늘 대체 몇 명을 만난 것인가. 만나보지 못할 사람들을 만나고, 가보지 못할 시간을 걷는다. 건축 여행자만 누리는 특권이다.

영화

16 한양도성 혜화동 전시안내센터

뜻밖의 퍼즐 조각

이 책에 소개할 곳을 구상하면서 제일 먼저 생각났던 장소가 있다. '한양도성 혜화동 전시안내센터'로 운영 중인 옛 서울시장 공관이다. 한국 여행 가이드북에 경복궁이 반드시 실리는 것처럼, 서울을 여행하는 글에 옛 서울시장 공관이 들어가는 것이 놀랄 일은 아닐 것이다. 그런데 이 집이 한국 영화사와 관련된 곳이라면? 때로는 의외의 장소에서 뜻밖의 퍼즐 조각을 발견하기도 한다. 이번 건축 여행은 숨겨진 그 한 조각을 찾으러 가는 여행이다.

한성대입구역에서 나와 혜화문을 왼쪽에 두고 골목으로 진입한다. 조금 걷다 보면 양 옆으로 높은 돌담이 보이면서, 내가 걷고 있는 길이 한양도성을 가로지르고 있음을 깨닫게 된다. 성벽을 지나자마자 오른쪽으로 촘촘하고 높게 쌓은 석축이 이어진다. 성벽과 높이를 맞춘 데다가 나무들이 빼곡히 심어져 있어서 위에 무엇이 있는지 보이지 않는다. 걷다 보면 석축이 끝나면서 한양도성 혜화동 전시안내센터 입구가 나타난다. 들어가기 전에 지도와 책자를 몇 개 집어든다. 일직선으로 나있는 계단을 따라 올라갈수록 지붕부터 차례대로 건물이 보인다.

정원: 모두의 아늑한 쉼터

언덕을 오르니 규모가 크고 관리가 잘 된 2층 주택이 있다. 집 주위로 잘 가꿔진 나무와 꽃들이 눈에 들어온다. 현관 앞에는 분홍 꽃을 피운 배롱나무가 서있고, 통창 앞으로는 대상화가 피어 있다. 어떤 계절에 와도 꽃이 지지 않는 정원이다. 건축물 밖에 있는 정원 이야기를 이렇게 길게 하는 데는 두가지 이유가 있다. 우선, 서울에서 이런 주택 정원을 무료로 누릴 만한 곳이 많지 않다. 또, 이 곳은 2016년 개방될 때부터 도성길을 따라 걷는 사람들과 주민들에게 쉼터 같은 정원을 제공하겠다는 취지를 갖고 있었다.

현관 기준 양 옆으로 커다란 정원이 있다. 건물 왼쪽에는 카페가 있는데, 높은 나무들과 탁 트인 잔디, 담과 마주한 지붕들, 성북동 풍경이 어우러져 여유로운 분위기를 자아낸다. 돌이 깔려 있는 길을 따라 간 오른쪽 마당은 조금 더 아늑한 느낌이 든다. 한양도성의 튼튼한 돌이 마당을 감싸고 있기 때문이다. 성곽 옆에 지어진 집인 만큼 집 한쪽면을 그대로

1 한양도성을 가로지르는 길
2 현관을 마주보았을 때 오른쪽 마당 풍경.(2021년 촬영)
3 오른쪽 마당 안에서 본 집과 산책로

노출시켜서 건물 아래에 있는 성곽의 흔적을 볼 수 있도록 해두었다. 이곳 벤치에 앉아있으면 빽빽한 서울이 아니라 한적한 경기도 외곽에 집 한 채 짓고 살고 있는 것 같은 착각에 빠진다.

2024년 1월 기준, 성벽 복원공사로 카페는 휴업 중이고 마당은 일부를 가려둔 상태다. 공사가 끝나면 정원은 이전보다 훨씬 넓어질 예정이라고 한다.

1층: 목재에 새겨진 역사

현관 문을 열면 목조 건물답게 기분 좋은 나무향이 확 밀려온다. 지붕과 벽 기둥이 노출돼 있어서 집이 어떤 식으로 만들어졌는지, 어떤 나무를 썼는지 훤히 볼 수 있다. 목재는 가는 것과 굵은 것, 다듬어진 것과 다듬어지지 않은 것이 벽과 지붕 곳곳에 섞여 있다. 다듬어지지 않은 나무 몸통 곳곳에 써있는 한자를 찾아보는 것도 이 집을 구경하는 묘미다.

1층에서는 한양도성과 혜화문의 역사를 볼 수 있다. 훼손과 복원을 거치면서도 여전히 자리를 지키고 있는 도성이 지나온 시간은 곧 서울이 견뎌온 역사다. 이 집 옆에 있는 혜화문은 한양도성 4소문 중 하나다. 혜화문은 성북구와 종로구 경계를 지키는 역할을 했는데, 1928년 일제강점기때 유지 예산이 부족하다는 이유로 문루가 헐린다. 급기야 1938

년에는 전차 노선 확장으로 완전히 철거된다. 이렇게 한양도
성이 훼손되던 시기에 집이 성곽 위에 지어졌다.

조선영화제작주식회사 사장 사택: 역사가 말해주는 규모

1941년에 지어진 이 집의 첫 주인은 다나카 사부로라는
영화 제작자였다. '한국 영화사 속 퍼즐 한 조각'이라는 표현
을 쓴 만큼 다나카 사부로와 조선영화제작주식회사는 조금
더 들여다볼 필요가 있다.

1940년 조선총독부는 배급과 제작뿐만 아니라 영화 관
련 취업까지 영화에 관한 모든 주요 사항은 허가를 받아야
한다는 조선 영화령을 발표한다. 영화 검열을 위한 악법이었
다. 이것을 시작으로 조선총독부는 1942년 조선에 있는 제
작사들을 조선영화제작주식회사로 통폐합시킨다. 1945년
광복 전까지 조선영화제작주식회사는 「반도의 봄」, 「승리의
뜰」 같이 청년들을 군으로 모으기 위한 친일 선전영화를 만
든다.

당시 영화는 지금으로 말하면 뉴미디어이자 콘텐츠 사업
이었을 것이다. 이 매체를 독점으로 이끌고 있었으니 다나카
사부로의 부와 명예가 얼마나 대단했을까. 그가 살던 집의
규모로 어림잡아 짐작해 본다. 확실한 퍼즐 하나가 있다면
그 면과 만나는 다른 조각도 잘 찾을 수 있다. 한국 영화사에

서 꼭 언급되는 영화 회사인 만큼 이 사실을 알고 나면 우리 나라 고전영화를 보거나, 해방 전후 한국영화사를 접할 때 더 쉽게 맥락을 이해할 수 있다.

서울시장공관: 건물의 두 번째 역사

영화제작자 다나카 사부로는 1941년부터 1945년까지 이 곳 성곽 위 집에서 살았다. 해방 후에는 개인 소유로 넘어가 서 조선총독부 중추원 참의를 지낸 하준석, 초대 해군 참모 총장이자 국방부장관 손원일, 기업가 한석진 등 여러 번 주 인이 바뀌었다. 1960년부터 1979년까지는 대법관 공관으로 사용되었는데 이후 서울특별시로 소유권이 이전되었다. 이 후 서울시장 공관으로서 1981년부터 2013년, 제18대 박영수 부터 제35대 박원순까지 총 33년동안 13명의 서울시장이 거 주했다.

2층은 이 집의 역사를 되짚는다. 특히 이곳에 살았던 전 임 시장들이 사용하던 다기 세트나 신던 신발, 옷가지 같은 것들과 공관을 추억하는 인터뷰 등을 전시해 뒀다. 영화 제 작자의 집뿐 아니라, 옛 서울시장 공관으로서도 시민들에게 다가가려는 의도가 보이는 대목이다.

2층은 지붕 밑 목조 구조를 그대로 볼 수 있을뿐만 아니 라 일본식 도코노마가 그대로 남아있다. 집 모형도 전시되어

4   2층에서 본 천장
5   2층에서 본 창문 풍경

있어서 건축 여행에 딱 맞는 공간이다. 무엇보다도 햇볕이 충분히 드는 2층 창가는 바라보는 것만으로도 쉼이 되는 풍경이다. 창 근처로 성북동 출신 작가들과 근대 역사 관련 책들을 볼 수 있도록 작은 도서관을 마련해 두었다. 창가에 앉아 나무향을 맡으며 조용히 독서를 할 수 있으니 매일 오고 싶어진다.

조선영화주식회사와 의정부촬영소

책 『우리 영화 100년』에 따르면 경성 상공회의소 부회장이었던 다나카 사부로는 자본금 200만 원을 들여 조선영화제작주식회사를 설립한다. 일제강점기 최고 현상금으로 꼽히는 백범 김구의 현상금이 60만 원이었으니 200만 원이 얼마나 큰 규모였는지 짐작할 수 있다.

조선영화제작주식회사로 인해 강제로 통폐합된 영화사들 중에는 스튜디오까지 갖추고 있던 회사도 있었다. 1937년 대표 최남주가 설립한 조선영화주식회사다. 조선영화주식회사 촬영소는 의정부에 위치해 있었는데, 1939년 4월호 잡지 『삼천리』에 「의정부스타듸오 답사기」가 맛깔나게 실려 있다. 내용은 이러하다.

기자는 동경성역(현재 청량리역)에서 출발하여 40분 만에 의정부역에 도착한다. 역에서부터 30분 걸어서 조선영화주식회사 의정부촬영소에 도착한 기자는 건물과 연결된 115개의 전봇대를 보고 놀란다. 녹음실, 영사실, 모니터실, 직원 합숙소까지 갖춘 이곳을 보고 기자는 '백악관'이라고 표현한다. 본격적인 촬영소 구경을 하며 영화사 첫 작품인 「무정」의 녹음 작업도 참관한다.

'조선의 허리우드(헐리우드)'라고 표현할 만큼 자부심을 가질 만한 시설이었지만 조선영화제작주식회사로 통폐합되면서 제대로 사용되지 못했다. 의정부촬영소 사진과 『삼천리』 기자의 스튜디오 답사기는 의정부 역사를 담은 책 『의정부 시사』에서 찾아볼 수 있다.

그렇다면 서울에는 영화 촬영소가 없었을까? 한양도성 혜화동 전시안내센터에서 얻은 한국영화사의 퍼즐 한 조각을 쥐고 다음 여행지로 이동해 본다.

17 답십리영화미디어
아트센터

"이번 정류장은 촬영소사거리. 동답초등학교입니다."

지금은 사라진 '동답문방구' 간판을 달고 있던 카페에 가
던 중이었다. 내려야 할 버스정류장 이름에 '촬영소'라는 말
이 조금 생경하게 들렸다. 이 동네에 드라마 세트장이라도
있나? 버스에서 내려서 의아해하며 걷고 있는데 카페 앞 동
답초등학교 건물에 '영화를 꿈꾸는 아이들의 동답초등학교'
라고 써있었다. 알고보니 동대문 체육관과 동답초등학교 일
대는 1964년에 답십리영화촬영소가 세워졌던 곳이었다.

답십리영화촬영소와 소장 전옥숙

답십리영화촬영소 소장, 전옥숙은 한국 영화사에서 국내
최초의 여성 영화제작자, 국내 최초의 여성 영화촬영소장 등
으로 불린다. 1960년 영화평론지를 발행하며 영화계에 입문
했다. 전옥숙은 남편 홍의선과 함께 1964년 대한연합영화주

1 동답초등학교 벽에 붙어있는 영화 관련 문구와 상징물
2 답십리영화미디어아트센터

식회사를 설립하고 영화촬영소를 설립한다.

　　1945년 해방이 되었지만 1950년 6.25 전쟁을 겪으면서 우리나라에선 여전히 영화 제작이 어려웠다. 1955년 전후가 되어서야 영화인들이 작업할 수 있는 환경이 조성된다. 1950년대 후반에 들어서면서 영화 제작 편수가 늘어나기 시작했다. 1960년대를 한국영화 부흥기로 분류하는데, 60년대 초반에 100편이 채 안되던 연간 영화 제작 편수가 1969년에 처음으로 200편을 돌파했기 때문이다.

　　이런 배경 속에서 습지와 논밭만 무성했던 답십리 2000평 부지는 영화계의 시대적 요구에 대답하며 답십리영화촬영소가 되었다. 스튜디오 2개와 연기실, 연기자 대기실, 녹음실, 현상실, 변전실에 식당, 커피숍, 욕실까지 갖춘 큰 규모의 건물이었다.

　　1965년 8월 발행된 영화 잡지『실버 스크린』에 실린 한 배우 인터뷰에서 이곳을 두고 "안정적인 전기 공급으로 조명을 마음껏 사용할 수 있을뿐만 아니라 맡은 역할을 충분히 연습할 수 있는 연기실이 있다"라고 칭찬할 정도였으니 당시 영화계에서 최고 수준이었다고 볼 수 있을 것이다. 1970년에 철거되기 전까지 답십리 영화촬영소에서「만추」로 유명한 이만희 감독의「기적」(1967)을 포함해 약 80편의 영화가 제작됐다.

대표 전옥숙은 감독, 시나리오 작가와 머리를 맞대고 창작 과정에서 아이디어를 제공하기도 하고, 신인 감독을 데뷔시키기도 하는 등 단순한 제작자 역할에 머무르지 않고 적극적으로 제작에 참여했다.

답십리촬영소가 문을 닫은 후 전옥숙은 능통했던 일본어를 이용해 1975년부터 우리나라 문학작품을 일본어로 번역해 일본에 소개하는 문학 계간지 『한일문예』를 출간하기도 하고, 후지TV 한국 지사장을 맡기도 했다. 1984년에는 국내 최초의 외주 제작사인 시네텔서울을 설립해서 방송 프로그램을 제작하고, 1991년에는 한국방송아카데미를 설립했다. 그의 행보를 보면 '여성'이나 '최초'라는 수식어 없이도 대단한 영화인이다.

답십리영화미디어아트센터: 촬영소의 역사를 담은 곳

답십리영화미디어아트센터는 답십리촬영소의 역사를 잇는 문화 예술 공간이다. '동답한신.대림아파트동대문체육관'이라는 버스정류장에서 내리자마자 답십리촬영소 기념비가 있다. 앞서 말한 '촬영소사거리.동답초등학교'와 걸어서 얼마 되지 않는 거리에 있는 정류장이다.

두 버스정류장을 포함해 답십리영화미디어아트센터까지 가는 길 바닥에는 영화 제목, 감독, 배우, 스태프 이름이 새겨진 보도블록과 영화배우들 수상경력과 대표작이 새겨진 시설물이 있다. 바닥과 길 옆에 새겨진 이름들을 구경하며 답십리영화미디어아트센터로 걸어간다.

답십리영화미디어아트센터는 2022년 개관했다. 지하1층, 지상3층 높이의 투박한 건물인데 동대문구 문화센터를 리모델링한 것이다. 답십리촬영소가 갖고 있던 상징성을 잇고, 2014년 동대문구 문화센터 1층에 개관했던 답십리촬영소 역사관이 조금 더 다양한 용도로 쓰일 수 있도록 공간을 확장했다.

내부로 들어가 보니 입구에 '영화 무료 상영', '영화학교 프로그램'이라고 써있는 다양한 현수막과 안내 문구들이 눈에 띈다. 일요일에 가서 그런지 핸드프린팅 체험을 하러 온 가족들이 많았다. 신나게 그림을 그리는 어린이들, 1층 카페에서 커피를 마시는 부모들, 옛날 영화 장비들과 소품들을 전시해둔 전시 공간을 둘러보시는 어르신들, 영화 무료 상영을 한다고 안내해주는 직원들… 왁자지껄한 풍경이 흡사 영화 촬영장 같다.

영상 미디어의 도서관

1층 답십리영화촬영소 전시실에는 옛날 카메라, 편집기 같은 영화 장비들과 대본, 포스터, 영화배우 김지미가 앉았던 의자 등 소품 100여 점이 전시되어 있다. 촬영소 옛날 모습을 재현해둔 모형을 보며 「라라랜드」나 「원스 어폰 어 타임 인 할리우드」에서 봤던 영화 스튜디오를 떠올려 본다. 촬영소는 두 영화 속 장면처럼 모두가 일사불란하게 움직이는 뜨거운 현장이었을 것이다.

영화미디어아트센터라는 이름답게 상영관뿐만 아니라 편집실, 녹음실, 소품실 등 전문적인 시설을 갖추고 있고 대관도 가능하다. 영화와 미디어에 한정된 공간이 아니라 주민들의 일상을 보다 풍요롭게 해주는 문화 공간로서의 역할을 추구하고 있는 듯하다. 노인분들의 사진을 무료로 찍어드리는 장수사진 이벤트, 영화 더빙으로 배우는 영어스피치, 배우와 모델 지망생 양성 과정 등 다양한 연령층을 대상으로 하는 교육 프로그램을 보면 더욱 그렇다.

아이에게 미디어를 보여주지 않겠다고 다짐한다 한들 최소한 할머니, 할아버지와 영상통화는 시켜주는 시대다. 요즘 어르신들도 유튜브를 보고, 휴대폰으로 사진도 잘 찍으시는 걸 보면 사진과 영상을 구분하는 것도, 각 미디어를 소비하는 세대를 나누는 것도 무의미한 듯하다. 그런 의미에서 일상 가까이 영상매체에 대한 교육과 공감을 나누는 장소로 동네 미디어센터가 있다는 게 반갑다. 제대로 운영되는 미디어센터들이 곳곳에 많아진다면 이 또한 장르에 특화된 공공

도서관 같은 공공건축이 아닐까.

녹음실과 장비실, 수장고 등이 있는 지하 1층은 청량리 일대의 역사를 전시해 두었다. 특히 내려가는 계단에 청량리역 옛 사진들이 붙어있다. 앞서 소개한 조선영화주식회사 의정부 스튜디오에 가던 『삼천리』 기자가 여기서 출발했다고 생각하니 더욱 친근하게 느껴진다.

답십리의 영화로운 역사

답십리 영화미디어 아트 센터를 둘러보고 나와 건너편에 외벽을 다시 둘러본다. 유명한 배우, 감독들 작품이 무지개처럼 붙어있다. 유명한 작품들이 소개돼 있는 보도블록을 따라 주변을 걸어 본다.

수많은 영화인들이 모여 작품을 만들던 1960년대의 촬영소는 사라졌다. 그러나 그 영화로운 역사는 답십리영화미디어아트센터를 오가는 사람들과 동답초등학교 건물 외벽에, 동답초등학교 영화 동아리에, '촬영소사거리'라는 버스 정류장과 도로 표지판에 여전히 숨쉬고 있다.

18 「접속」과 피카디리 극장

익명의 공간 영화관과 「접속」

1997년 개봉한 영화 「접속」의 첫 장소는 종로3가의 피카디리 극장이다. 카메라는 배우들 핸드프린팅이 깔려 있는 극장 앞 광장 바닥을 따라간다. 극장 입구에는 여자 주인공 '여인2'가 서있고, 영화가 끝났는지 상영관에서 사람들이 쏟아져 나온다. 그 틈에 남자주인공 '해피엔드'가 있다. PC통신에서 채팅을 나누지만 실제로 만난 적 없는 '여인2'와 '해피엔드'는 서로를 알아보지 못하고 비오는 하늘만 바라본다.

지난 사랑에 상처를 받았던 두 남녀는 채팅을 통해 다시 사랑을 느끼게 되고, 실제로 만날 것을 약속한다. 영화 첫 장면으로 나왔던 피카디리 극장 앞 스타광장에서 비로소 두 주인공이 서로를 알아보며 영화가 끝난다.

극장 앞에서 처음 만나는 주인공들의 모습이 마치 가상공간에서 나와 현실을 마주하는 듯하다. 「접속」은 스크린 외에 아무것도 보이지 않는 익명적인 공간인 영화관을 가상

공간(PC통신)에 비유하고 있다.

영화 팬들의 '인증샷' 성지

JTBC「방구석1열」전도연 편에서 영화평론가 주성철은 '한국 영화 인증샷 문화의 시초'로「접속」을 소개했다. 영화 속에서 나오는 피카디리 극장 앞 카페와 두 주인공이 스치는 레코드숍 계단에서 당시 이 영화를 사랑하는 팬들이 사진을 많이 찍었다는 것이다.

「접속」은 개봉해인 1997년 제 35회 대종상에서 신인감독상과 신인여우상 등을 수상해 6관왕에 올랐다. 한국 멜로 영화는「접속」전과 후로 나뉜다고도 말할 정도로 관객들과 평단으로부터 뜨거운 사랑을 받았던 영화다. 영화 속에 나오는 폴라로이드 카메라가 인기를 끌었던 것처럼 촬영 장소도 '성지'로 사랑받았다.

부루의 뜨락

영화 속에 나오는 카페나 타워레코드는 사라졌지만, 좁은 계단과 남자주인공 친구가 운영하는 레코드점은 남아있다. 1979년 개업 후 여전히 명동을 지키고 있는 '부루의 뜨락'이다. 파란색 간판은 보기만 해도 시원하다. 15화에 소개한 동양서림처럼 옛 폰트를 그대로 살려 새 간판을 달았다.

1 부루의 뜨락. 가게 이름 위에 '1979'라는 숫자가 써있다.
2 피카디리 극장

가게 역사에 대한 자부심이 느껴진다.

1층에 들어가니 외국인 손님들로 가득하다. 명동과 가까운 데다가 케이팝 열풍으로 한국에 온 외국인 여행자들이 아이돌 앨범과 굿즈를 사기 위해 많이 온다고 한다. 건물 3층까지 부루의 뜨락 매장이다. 2층에서 3층으로 가는 계단에 여기서 찍은「접속」브로마이드 사진이 붙어있다. 여인2와 해피엔드가 서로 모른 채 아주 가까이 마주쳤던 장소다.

「접속」에서 여자주인공이 LP를 찾기 위해 들렀던 레코드점으로 나왔던 곳은 3층이다. 부루의 뜨락은 클래식 LP를 전문으로 취급했다. 그 흔적으로 3층 전체가 클래식 음반으로 가득 차 있다고 한다. 찾는 사람이 줄어 평소에는 불을 꺼 놓고 있어서 구경하지 못했다. 아쉽지만 계단 아래에서 영화 장면을 떠올려보는 것으로 대신한다.

LP나 음반을 사려다가 1층 분위기에 휩쓸려 아이돌 뱃지를 하나 골라본다. 사장님께서 계산해 주면서 '땡큐'라고 하신다. 너무 여행자처럼 보였나. 이곳은 서울미래유산으로 지정되어서 서울미래유산 스탬프 스티커도 받을 수 있다.

종로 3대 극장

영화관 피카디리 극장

현재 피카디리 극장이 있던 곳은 「접속」에 나온 모습과 많이 다르다. 기존 건물이 2001년 철거되었기 때문이다. 영화 초반 두 주인공이 비오는 하늘을 바라보고 있던 빨간 극장 현관은 사라졌다. 1층에 있던 상영관에는 현재 상가들이 입점해 있다.

피카디리극장은 2004년 11월 26일 멀티플렉스 'CGV피카디리 1958점'으로 이름을 바꿔 재개관했다. 이때 상영관이 2개에서 8개로 늘어났고, 지상에 있던 극장은 지하로 내려갔다. 「접속」에서 처음과 끝에 나오는 주요 장소인 스타광장은 철거됐다. 1986년에 한국 대표 영화배우들의 핸드프린팅을 모아 설치한 곳인데 역사성을 생각하면 아쉬운 결정이다. 핸드프린팅은 CGV 피카디리 1958점 안에서 볼 수 있도록 전시해 뒀다.

피카디리 극장은 1958년 반도극장으로 출발해 1962년 피카디리 극장으로 이름을 바꾼다. 여러 극장들이 들어선 영국 런던의 번화한 거리 피카딜리Piccadilly에서 따온 이름이었다. 그 유명한 이름에 걸맞게 피카디리 극장은 단성사, 서울극장과 함께 종로 3대 극장으로 불렸다. 외화가 개봉하는 극장으로 누리던 인기는 1990년대 한국영화의 성장기와 맞물려 호황을 맞았다. 줄을 서서 표를 사려는 관객들과 매진이 되는지 확인하려고 모여든 영화 관계자들로 인산인해를 이뤘던 풍경은 이제 전설로 남았다.

단성사

피카디리 극장 길 건너편에 있던 단성사는 1907년 세워진 우리나라 최초의 상설극장이다. 목조건물로 건축되었다가 1930년대에 화재를 겪으면서 벽돌로 재건된다. 1929년 나운규의 「아리랑」이 개봉했던 역사적인 극장이지만 2001년 건물이 철거됐다. 영화 「접속」에도 여자주인공 등 뒤로 단성사가 잠시 등장한다.

2005년 멀티플렉스가 됐으나 경영 악화로 운영이 흐지부지되며 2016년 단성골드빌딩이 세워졌다. 건물은 완전히 다시 지어졌지만, 곳곳에 흔적은 남아 있다. 건물 앞에는 최시형순교터라는 표지석과 단성사 터 안내판이 있다. 그 뒤 벽에는 천주교 순교 역사와 단성사의 연대기가 새겨져 있다. 건물 입구 구석에 영화관이었음을 상징하는 조형물이 있는데, 자세히 봐야 알 수 있다.

단성골드빌딩 건물 지하에 영화역사관이 있다. 평소에는 문이 닫혀 있고, 단체 예약만 받아서 개인이 들어가기는 어렵다. 2019년 한국영화 100주년을 기념하며 단성사 영화역사관을 개관했다는 기사 하나를 찾을 수 있었다. 1930년대부터 개봉 당시 영화 포스터, 전단, 시나리오, 촬영장 스틸컷 등 원본 자료와 영화 관련 장비 등 한국 영화 100년의 기록과 세계 영화의 흐름을 볼 수 있게 전시되어 있다는 내용이다.

3 4 단성사 터에 세워진 단성골드빌딩
5 6 상암동에 있는 한국영상자료원 내 한국영화박물관

전시를 보지 못해 아쉽다면 상암동에 있는 한국영상자료원 내 한국영화박물관을 추천한다. 규모가 크지는 않지만 세계영화사와 함께 한국영화사 100년을 알차게 담고 있다. 근대 영화 관련 필름과 장비, 영화 감독들의 소지품부터 현대 영화 속 의상, 소품 등 내용이 다채롭다. 특히 1930년대 후반의 단성사 프로그램북이 전시되어 있어서, 단성사를 구경하지 못하는 아쉬움을 달랠 수 있다. 1960년대 광화문, 종로, 을지로 일대에 있던 12개 극장에 대한 설명이 담긴 지도는 영화를 테마로 한 서울 건축 여행에 유용한 자료다. 사라진 극장 중 국도극장, 국제극장, 대한극장 모형도 전시되어 있으니 눈여겨보면 좋겠다.

옛 영화관 | 서울극장

1958년 '메트로극장'이라는 이름으로 시작한 극장이다. '세기극장'으로 이름이 바뀌었다가 1979년 합동영화사를 설립한 곽정환 대표에게 인수되며 '서울극장'으로서 운영을 시작한다. 서울극장은 1989년 국내 최초로 멀티플렉스 방식을 시도한 극장이다. 당시 상영관이 3개 있는 영화관은 이곳이 유일했다. 몇 번의 리모델링을 거치며 운영해 왔지만, 코로나19 유행을 버티지 못하고 2021년 폐관했다.

서울 3대 극장이라는 말이 생긴 것은 서울극장이 성장하면서다. 이 유서 깊은 장소가 오래 있어주길 소망하며 자주 왔었다. 드나드는 것만으로도 시네필이 된 것처럼 우쭐해지는 기분도 좋았다. 시사회도 오고, 혼자서도 영화를 보러 자주 왔던 극장인데 폐관한다고 했을 때는 어쩐지 한 시대가 완전히 접혀버리는 것 같았다.

2016년 1월 「러브레터」가 리마스터링 버전으로 재개봉했을 때 서울극장에 갔었다. 퇴근 후 영화를 보러 갔던 터라 상영이 끝난 후 극장은 문닫을 준비를 하고 있었다. 오징어와 군밤을 팔던 노점들 불도 꺼져 있고, 어둑해진 극장 앞 거리에 흰 눈만 고요히 흩날렸다. 엔딩 크레딧은 올라갔지만 영화가 아직 끝나지 않은 것 같아 OST를 들으며 가만히 서 있었던 기억이 있다. 폐관된다는 소식을 듣고 이 풍경이 떠올랐다. 물건은 아니지만 마음 속에 소중히 간직하고 있는 서울극장의 굿즈다.

영화 건축 여행

「접속」처럼 건물과 공간이 단순 배경이 아니라 주요한 상징으로 나온다면 그곳을 따라 걷는 여행도 건축 여행이고, 영화 역시 건축 영화라고 생각한다. 비슷한 예시로 또 다른 영화가 있다. 1971년 개봉한 김기영 감독, 윤여정 주연 영화 「화녀」다.

건축가 김중업이 설계한 삼일빌딩이 영화의 또 다른 주연으로 등장한다. 삼일빌딩은 1970년 완공됐는데, 당시 서울에서 가장 높은 건물이었다. 1971년에 개봉한 이 영화에서 도시의 상징으로 사용되며, 영화 초반과 마지막에 등장한다. 「화녀」는 같은 감독 작품인 흑백 영화 「하녀」의 확장판이라고 생각하는데, 컬러 영화인 데다가 윤여정 배우의 연기까지 더해져서 「하녀」보다 훨씬 그로테스크하다. 1970년대 도시화의 배경을 끌고 와서 이야기가 더 잔혹하게 느껴지는데 그 속에서 이제 막 지어진 삼일빌딩이 번쩍이고 있다.

이야기와 의도가 담긴 건물

사전적으로 건축은 건물을 만드는 과정이고, 건물은 그렇게 완성된 집을 통칭하는 말이다. 건물과 건축, 비슷한 말일 수도 있겠으나 나는 해석과 스토리텔링이 가능한지 여부로 두 단어를 구분한다.

이야기가 있는, 건축가의 의도가 깃든 것이 건축이다. 건축 여행은 이야기를 만나고 발굴해 나가는 과정이다. 역사나 실화뿐만 아니라 영화나 콘텐츠 속 로케이션, 해석과 이야기가 있는 장소를 찾아가는 것도 포함이다. 콘텐츠 속 주인공들과 함께 공유하는 도시 서울에서 건물은 이야기를 덧입어가며 단단한 '건축'이 된다.

7   삼일빌딩 (1970)

소설가 김중혁은 "배우 한 사람이 어떤 역할을 연기한다면, 그건 우리나라의 인구가 한 명 더 늘어나는 것"이라고 했다. 「접속」 마지막에 두 주인공이 만날 때 울려퍼지는 영화 OST 「A Lover's Concerto」를 들으며 과거 피카디리 극장과 종로 일대를 걸어본다. 같은 서울에 있지만 얼굴을 알기 전까지 서로를 몰라봤던 영화 속 주인공들처럼, 오늘 우리는 서울에 살면서도 픽션 세계에 사는 수많은 인물들을 스쳤을지도 모른다.

18　구 동부극장

단관극장과 동네 영화관의 시절

　멀티플렉스가 생기면서 '영화관'은 대기업의 자본을 바탕으로 호화로워져 왔다. 이어서 유료 영화 채널과 IPTV 영화 서비스가 시작되면서 우리는 거실에 TV 한 대만으로 사적인 영화관을 갖게 됐다. 그러는 동안 서울 곳곳에 있던 작은 극장들이 사라져갔다. 상영관이 한 개여도 각자 이름으로 또렷이 불리던 단관극장, 2000년대에 상영관을 3개까지 갖고 있던 동네 영화관들은 모두 멀티플렉스 영화관의 반대말이 되었다.

　현재 서울에는 시네마테크*인 서울아트시네마나 필름포럼, 더숲아트시네마 같은 독립예술영화관 외에는 소수 상영관을 운영하는 곳이 남아있지 않은 상황이다. 2012년 서대문 화양극장이 문을 닫으면서 단관극장은 이 도시에서 멸종되었다. 그런데 여전히 '극장'으로 검색되는 건물이 있다. 광진구 화양사거리에 있었던 동부극장이다.

* 영화 관련 자료를 보존하고, 이를 일반인에게 공개하기 위해
  영화를 상영하는 영화관

198

서울 변두리의 작은 영화관

1949년 경기도에서 서울 성동구로 편입되며 화양리에서 화양동으로 이름이 바뀌었지만, 사람들은 여전히 화양동을 '화양리'라고 부른다. 화양동이 광진구가 된 것은 1995년으로 광진구가 성동구에서 분리된 해였다. 유흥가가 들어서 있던 이곳에 먹자골목이 조성되었다. 1996년 7호선 건대입구역 개통, 2000년 7호선 전체 구간 개통 이후 건대입구역으로 상권이 옮겨갔으나, 이전까지 '화양리'라고 하면 화양시장 주변을 말할 정도로 사람들로 붐비던 동네였다.

동부극장 건물은 그 화양동 사거리에 위치해 있다. 이 극장에 대한 정보는 많지 않다. 1986년 서울극장에서 일했던 영화감독 이준익 인터뷰에 따르면 단관극장에게 1000석은 상징적인 숫자였다. 1980년대 당시 종로 3대 극장인 피카디리극장, 단성사, 서울극장이 1000석 초반을 갖고 있었고, 충무로의 스카라극장이나 서대문 화양극장이 600석에서 700석 사이였다고 하니 동부극장의 좌석 수는 그보다 훨씬 적었을 것이다.

화양리 동부극장을 검색해 보면 블로그에 아주 드물게 이 극장에서 영화를 봤었다는 관객들의 소싯적 추억이 남아 있다. 2015년 4월 『영화천국』에도 『씨네21』 이화정 기자가 동부극장에 대해 쓴 글이 있다. 학창시절 시험이 끝나면 영

1 2 구 동부극장 입구

3   매표소였을 흔적

화를 보러 갔던 일, 누리단원으로서 영화관을 청소했던 기억 등이다.

흩어져 있는 증언들을 모아보면, 건물에는 동부극장이라는 글씨와 영화 간판이 달려 있었다. 이전 극장들이 그러했듯 손으로 직접 그린 그림이었을 것이다. 이 극장은 영화표 하나로 두 개 영화를 볼 수 있는 동시상영관이었다.

OTT나 IPTV에서 영화를 결제해서 볼 때 개봉 직후가 가장 비싸고, 그 후 천천히 가격이 떨어지는 것처럼 당시는 극장 종류에 따라 구간이 나뉘어졌다. 서울 중심에 있는 큰 극장에서 개봉한 영화들이 시간이 지나면 서울 변두리에 있는 재개봉관, 그 이후는 동시상영관으로 간다.

필름으로 영화를 상영하던 시대이니 동시상영관으로 갈수록 화질은 급격히 떨어졌다. 동네 단관극장들은 동시상영으로 최신작과 B급 영화들을 함께 끼워서 팔았다. 이 모든 사실을 미루어 보아 동부극장은 생각보다도 훨씬 작은 극장이었을 것이다.

사라진 공간을 찾는 여행

이렇게 짜맞춘 극장의 이미지를 품고 직접 주소를 찾아간다. 네이버 지도 어플에 '동부극장(폐관)'으로 검색된다. 주소는 '서울 성동구 광나루로 334'다. 이렇게 정돈되지 않은 사실들을 조합하며 사라진 공간을 만날 때 건축 여행자로서 큰 재미를 느낀다. 도시에서 건물 사이를 헤치며 오지 탐험을 하는 느낌이랄까.

건물 외벽을 살펴본다. 간판을 보니 안경점도 최근에 건물에서 나간 듯 하고, '중화요리', '북경'이라는 글씨가 떼어진 것으로 보아 중국집도 있었던 듯하다. 이런 흔적들을 볼 때마다 과거가 건물에 얼룩진 것 같기도, 지층처럼 겹겹이 쌓인 것 같기도 하다. 지도 어플이 가리키는 '동부극장'이라는 명칭 외에 이곳에 극장이 있었다는 것을 정확하게 말해주는 요소는 없다.

그러나 유일한 흔적이라고 확신하는 것이 있다면 매표소처럼 보이는 창 두 개다. 모바일 티켓이나 영수증으로 예매를 인증하기 전에는 영화관마다 다른 종이 티켓이 있었다. 몇 명이 왔다고 말하면 분명 저 안에 앉아있던 직원이 종이 티켓을 드르륵 뽑아서 건네주었을 것이다.

개성 넘치는 로컬 문화 공간의 기억

단관극장까지는 아니지만 중학생때까지도 상영관이 두세 개 있던 동네 극장들을 자주 다녔다. 영화에 따라 이번에는 이곳으로, 다음에는 저곳으로 찾아가 받은 종이 티켓은 소중히 모아 보관했다. 이런 기억 때문인지 영화관이라는 장소가 영영 사라진 게 아닌데도 작은 영화관이 그립다.

　미국에 1년 동안 산 적이 있다. 주마다, 동네마다 개성 넘치는 영화관이 많아서 일부러 단관극장, 동네 극장을 찾아다녔다. 그중 메사추세츠 주 브룩라인에 있는 쿨리지 코너 극장Coolidge Corner Theatre이 가장 기억에 남는다. 내부는 초록색 벽에 복도와 상영관 곳곳에 뭔가 예술적으로 보이는 무늬가 그려져 있고, 무대를 겸하는 스크린 쪽에는 빨간 커튼이 쳐져 있었다. 비오는 날 트램을 타고 가서 낭만적이기도 했고, 이날 본 영화 「매직 인 더 문라이트」 속 세트장처럼 영화관이 예쁘기도 했지만 그보다 더 인상적이었던 것은 영화관 프로그램이었다.

　주제에 맞게 프로그래밍한 영화들을 틀어준다거나 영화 관련 강의를 개최하는 등 시네마테크 역할도 하고 있었다. 더 놀라웠던 건 쿨리지 어워드라는 영화관 자체 영화제였다. 2006년 수상자 배우 메릴 스트립은 이 영화제에 직접 방문하기까지 했다. 영화제를 여는 영화관이라니. 지역 주민에게 문화를 제공하는 역할을 넘어 능동적인 영화관으로서 지역 문화를 이끄는 역할을 하고 있었다.

　이곳에도 한차례 큰 위기가 있었다. 1980년대에 유료 TV와 비디오테이프 등 미디어를 소비하는 새로운 방식이 생기며 영화관 운영이 어려워진 것이다. 이로 인해 영화관이 폐관되

4 쿨리지 코너 극장(1933)
5 쿨리지 코너 극장 상영관

고 건물은 매각될 위기에 놓였으나 1988년 지역에 있던 영화 선생님이 극장 살리기 운동을 주도한다. 1933년부터 오랫동안 동네를 지켜온 극장을 잃어서는 안된다는 것이었다. 이 운동으로 비영리단체 쿨리지 코너 파운데이션이 만들어지고 건물을 사기 위한 캠페인이 시작된다. 당시 지역 주민 400여명이 건물을 껴안고 있던 사진은 영화관 홈페이지에서 찾아볼 수 있다.

한국에도 비슷한 동네 극장이 있었다. 1963년 개관한 원주 아카데미극장이다. 다른 점이 있다면, 이 극장은 2023년 11월 철거되었다는 것이다. 지역 주민과 인근 상인뿐만 아니라 감독, 배우 등 영화 관계자부터 교수와 연구진 233명은 보존 지지 서명을 하며 철거에 반대했다. 주차장과 야외 무대를 만들기 위해서 60년 된 지역문화재를 없앤다는 것에 공감하지 못했기 때문이다. 극장이 갖고 있는 역사성을 지키기 위해 많은 이들이 노력했지만, 극장은 졸속으로 철거됐다. 천장이 무너져 내린 극장 내부에는 빨간색 의자와 영사실이 고스란히 드러났다.

원주 아카데미극장이 유지되기를 지지하는 온라인 서명을 하면서 쿨리지 코너 극장이 떠올랐다. 쿨리지 코너 극장이 위기에 처했을 때 동네 사람들 400여 명이 건물을 껴안았던 마음이, 우리가 원주 아카데미극장을 지키고 싶었던 이

유와 같았을 것이다.

우리 동네에만 있는 극장

현재 국내 단관극장은 1935년에 개관한 광주극장이 유일하다. 동두천 동광극장과 문화극장, 강릉 사람들의 오랜 약속 장소였던 신영극장 등 여전히 운영 중인 동네 극장도 남아있다.

그렇다면 서울은 어떤가? 동부극장이 있었던 건물을 사진으로 담으면서 문득 여기서 일했던 영사기사님이 궁금해진다. 낡은 필름을 상영해야 하는 동시극장이었던 만큼 위기 대처 능력과 영사기를 다루는 기술이 수준급이었을 것이다. 지금 뭘 하고 계실까.

요즘 어떤 영화를 소개할 때 '이건 꼭 극장에서 봐야 해'라고 표현한다. 여기엔 아이맥스IMAX로 봐야 한다거나, 좋은 스피커로 들어야 한다는 뜻이 숨어있다. 깊이 들여다보면 영화관의 의미가 그저 '집보다 큰 화면이 있는 공간'으로 축소되었다는 증거 같기도 하다. 스크린에서 TV, 태블릿과 휴대폰으로 영화를 소비하는 데 필요한 공간이 점점 더 작아지면서 영화관이 갖고 있던 정체성은 점점 흔들렸다.

이럴 때일수록 작은 단위의 개성 있는 영화관이 절실하게 필요한 건 아닐까. 문화적인 허브 역할을 하는 극장. 지역에 사는 예술가들와 주민들에게 열려 있는 극장. 예술을 즐기는 방식을 제안하고 지역 문화를 한데 모으는 극장 말이다. 본래 영화관은 영화만 감상하는 장소가 아니라 사람을 만나는 장소였다. 종이 티켓을 주고받는 그 순간부터 말이다.

우리에겐 익숙한 장소가 필요하다

누군가는 너무 영화 같은 이야기 아니냐고 물을 것이다. 쿨리지 코너 극장 이야기를 마저 하며 여행을 마무리해야겠다. 주민들이 노력했지만 모금은 충분하지 않았다. 그때 젊은 시절부터 이 극장을 사랑했던 부동산 업자가 건물을 사서 99년 동안 쿨리지 코너 파운데이션에게 임대하기로 한다. 극장은 1989년 11월에 다시 문을 열고 지금까지 영화 상영을 멈추지 않고 있다.

빠르게 변하는 영화 소비 방식만큼이나 서울은 변화무쌍한 도시다. 그렇기에 더욱 익숙한 장소가 사라지는 게 결코 당연한 일이 아니라고 여기는 태도가 필요한 건 아닐까. 외관부터 고풍스러웠던 국도극장, 우리나라 최초의 극장 단성사, 원형으로 돌출된 건물이 독특했던 스카라극장을 포함해 서울에 있던 수많은 영화관을 잃은 것이 못내 아까워 동부극장 주변을 한 동안 서성여 본다.

미술

1 마당 안 풍경. 창덕궁 궁궐의 숲이 이 집 것만 같다.

⟨20⟩ 고희동미술관

창덕궁 서쪽, 목련꽃 피는 집

창덕궁 서쪽에 있는 마을이라 '원서동'이라고 불리는 종로구의 한 동네에 담장이 남아있는 한옥 한 채가 있다. 자연석으로 몇 단을 쌓고 그 위에 벽돌을 올린 담장이다. 맨 윗부분에는 십자무늬를 넣었다. 한옥에서나 볼 법한 담장과 근대식 벽돌 담장의 조화가 이채롭다.

대문 안에 들어가면 자연석으로 쌓은 단은 보이지 않고 벽돌담만 보인다. 지대를 올려 지었기 때문이다. 그 덕에 옆집 지붕이 이 집 담장 위로 또 하나의 담처럼 쌓인다. 갈색 벽돌과 검정 기와, 녹색 숲과 푸른 하늘이 차곡차곡 쌓여 마당 안에서 그림 같은 풍경을 이룬다. 숲에서 나는 새소리가 마치 이 집 것인 듯 어우러진다. 가정집의 아담함과 궁궐의 울창함이 공존하는 마당이다.

대문 옆 목련 나무에게 그동안 잘 지냈는지 안부를 묻는다. 2018년 봄, 처음 이곳에 왔을 때는 골목 끝에 가로등이 환

2 고희동미술관 전경

하게 켜진 것처럼 목련이 만개해 있었다. 마당 안에 자리잡고 있는 은행나무와 대문 옆 목련나무가 계절과 계절을 이어주는 듯하다. 그 사이에 고희동미술관이 자리 잡고 있다.

화가가 설계한 집

고희동미술관은 우리나라 최초의 서양화가로 불리는 춘곡 고희동이 살던 집이다. 1918년에 지어진 근대식 한옥으로, 고희동이 일본에서 돌아온 후 직접 설계했다. 1959년 제기동으로 이주하기 전까지 이곳에서 41년 동안 살았다. 화가가 직접 설계해서 그런지 집에 거주자의 개성과 삶이 잘 묻어난다.

우선 마당에서 제일 먼저 보이는 베란다 같은 공간이 눈에 띈다. 앞으로 돌출되어 있는 툇마루인데 근대 한옥에서도 이런 공간은 생소하다.

집 옆면에 난 미닫이문을 열고 들어가면 현관이 나온다. 들어가자마자 직선으로 복도가 있고 왼쪽으로는 마당에서 본 돌출형 베란다가 있는 방이 있다. 직선 복도로 더 직진하면 안채로 이어진다. 입구에서 오른쪽에 있는 다른 복도를 따라가면 화실과 사랑방이 나온다. 집은 가운데에 마당을 둔 한옥의 ㅁ자 구조를 기반으로 만들어졌다.

실제로는 집 세 채가 복도로 연결되어 있는 구조라 완전

3 유리문 달린 복도와 마름모 창.

4 2018년 찍은 화실. 현재는 체험실로 운영 중이다.

히 ㅁ자로 연결되어 있지는 않다. 이 집에서 고희동과 아들, 손자까지 3대가 함께 살았다. 이 점을 염두에 두고 보면, 각자 사생활을 존중하기 위한 구조로 이해된다. 이런 구조를 갖기까지 여러 번 증축을 거쳤다. 현재의 화실은 나중에 만들어진 것이다.

복도 끝, 건물 밖 곳곳에 난 마름모 창에도 눈길이 간다. 유리창이 달린 복도와 잘 어울려서 근대 한옥 중에서도 더욱 현대적인 느낌이 든다.

긴 세월 끝에 집을 완성했는데도 마치 한번에 지은 듯 통일성을 유지했다. 그림을 그리는 과정처럼 아주 치밀하게 오래도록 고민하지 않고서야 이렇게 지을 수 있을까. 급하게 짓고 삶을 끼워맞추는 방식이 아니라 이 곳에서 삶을 꾸리면서 집을 조금씩 바꾼 것이라고 생각하니 집과 삶에 대한 주인의 태도가 엿보인다.

사실적인 풍경을 담은 동양화를 그리는 화가

고희동은 한국 최초의 서양화가라고도 불리지만 최종적으로는 동양화가로 남았다. 10년 동안 서양화 활동을 하다 동양화가로 전향했기 때문이다.

고희동 작품 중 「정자관을 쓴 자화상」(1915)이 유명하다. 도쿄미술대학교 졸업작품으로, 정자관을 쓰고 한복을 입고 있는 민족적인 자신을 유화로 표현했다. 이 작품을 두고 화가는 '내가 그린 서양화는 이것 하나'라고 말했다. 이 말과 동양화가로 전향한 행보에서 정체성에 대한 자부심과 결의가 느껴지는 듯 하다.

강단 있는 성격과 독특한 이력은 고희동 인생 곳곳에 묻어난다. 역관의 아들로 태어나서 관립 한성법어학교에 입학해서 프랑스어를 공부한 것, 궁에서 프랑스 통번역 관직을 맡았는데 을사조약을 계기로 그만둔 것, 1933년 조선 최초로 도안 저작권 소송을 제기했던 것, 1960년 민주당 소속으로 출마해 참의원으로 당선되었던 것 등이 그렇다.

고희동 작품은 서양화를 접목한 동양화로 독특한 화풍이 특징이다. 먹을 덜고 색을 두드러지게 써서 수채화 같은 분위기를 자아낸다. 관념적인 산수화가 아니라 사실적인 풍경을 그리는 것도 동양화로서 특이한 점이다. 작품을 두고 하는 말이지만 이것들이 고희동 집에 대한 설명 같기도 하고, 그의 삶 같다는 생각도 든다.

화가가 방금 떠난 듯한 화실과 사랑방

여행 중 호텔에서 누리는 새것만큼 기분 좋은 것은 없을 것이다. 빳빳한 호텔 침구, 깨끗한 식당에 갓 차려진 조식, 언제나 치워져 있는 방처럼 말이다. 반대로 건축 여행에서는 공간에 사용감이 많이 남아 있을 때 즐겁다. 비록 연출이라도 말이다.

2018년 처음 이곳에 왔을 때 강렬하게 남은 두 가지 풍경이 있다. 하나는 대문 앞에 피어 있던 하얀 목련, 다른 하나가 집 안에 있던 고희동의 화실과 사랑방이다.

화실은 현관으로 들어와 오른쪽 복도 끝에 있는 빛이 잘 드는 방이었다. 현재 화실은 체험실로 운영되고 있어서 엽서에 색을 칠하거나 와펜 등을 만들 수 있도록 꾸며 두었다. 2018년에는 고희동이 쓰던 붓이나 도자기 물통 같은 소품을 활용해 화실처럼 꾸며 뒀었다. 이곳을 보자마자 미술 대학 친구들 실기실에서 맡았던 시큼한 유화물감의 향과 진한 먹 향이 느껴지는 듯 했다. 문 앞에서만 볼 수 있었는데도 실제로 한번도 본 적 없는 화가 가까이 확 다가가는 느낌이었다.

화실 옆에는 사랑방이 붙어있어서 좌식 책상과 솜이 두툼하게 들어간 비단 방석, 고가구 같은 것들이 놓여 있었다. ㅁ자 한옥 구조 때문에 조금 높이 지어진 건너편 건물 복도에서는 사랑방 안과 작업실 일부가 내려다보였다. '고희동을 바라보는 가족들의 시점이 이러지 않았을까?' 하고 상상해 봤다. 사랑방은 현재 화가에 대한 설명이 담긴 영상을 볼 수 있는 영상실로 운영 중이다.

근대 한국 미술사의 배경이 되는 곳

화실과 사랑방은 항상 미술인들로 북적였다. 고희동은 증축되기 전 사랑채에서 학생들에게 목탄화와 석고 데생을 지도했다. 1918년엔 우리나라 최초의 민간 미술인단체인 서화협회 총무직을 맡으며 화단을 이끌기도 했다. 서화협회는 1921년 우리나라 첫 근대 미술 전시로 꼽히는 '서화협회전'을 개최한 단체다. 1923년엔 협회 부설 서화학원을 설립했다. 화가이자 미술행정가인 고희동에게 집은 작업실이자 사무실이었다.

책 『우리 근대미술 뒷이야기』에 2003년 복원되기 전 고희동 가옥 모습이 남아 있다. 기와 위에는 풀이 무성하게 자라 있고, 미닫이 유리문은 사라져 있다. 마당은 풀과 폐목재로 가득하다. 2002년 대기업이 매입해서 철거하려던 것을 시민단체와 주민들이 반대하여 지켜낸 뒤에 찍은 것으로 보인다. 다 쓰러져가는 모습이지만, 안도하며 들여다보는 사진이다. 하마터면 근대 한국 미술사의 배경이었던 장소를 잃을 뻔했으니 말이다.

건축 여행 사이의 연결고리

이 집을 드나든 수많은 미술계 인사들 중 수집가 전형필도 있었다. 일제강점기 시절 사람들이 이런 게 다 무슨 소용이냐며 가보를 불태우고, 보물을 일본으로 팔아넘길 때 사비를 들여 작품을 구매하고 사립미술관을 지은 분이다. 그곳이 바로 간송미술관이다.

고희동은 휘문고등학교 미술교사 시절, 야구부 학생인 전형필을 만나게 된다. 책 『간송 전형필』에 보면 간송미술관 개관 때 찍은 사진 한 장이 실려 있다. 사진 속에는 전형필과 함께 12화에 나왔던 심우장의 현판을 써준 서예가이자 독립운동가 오세창, 그리고 고희동이 앉아있다. 전형필은 오세창을 스승으로 부르는데, 이 두 사람을 소개해준 사람이 고희동이었다. 고희동과 오세창의 아버지는 역관, 전형필 아버지는 의관으로 모두 중인 신분 출신의 자식들이라는 것이 공교롭다.

앞서 홍건익 가옥(3화)을 역관의 집터에 세워진 상인의 집으로 소개했다. 책 『춘곡 고희동』에는 홍건익 가옥과 고희동에 관련한 재미있는 사실이 실려 있다. 고희동의 큰아버지인 고영주가 소유한 지번에 지어진 집이 현재 홍건익 가옥이라는 것이다. 홍건익 가옥에 가는 길이 고희동이 어린 시절 큰댁을 오가며 봤을 곳이라고 생각하면 인물이 조금 더 입체적으로 느껴진다.

5 6 원서동 74-1번지에 남아 있는 대문 한 쪽

고희동미술관 주변에 남아있는 것

고희동미술관 주변에는 빨래터도 있고, 중앙고등학교 건물도 있다. 드라마 『도깨비』 촬영지로 유명한 중앙고등학교는 고려대학교 본관을 설계한 민족건축가 박동진의 작품이다.

과거와 현재를 오가는 드라마 『도깨비』 속 장소 같은 곳을 하나 소개하고 싶다. 고희동 가옥 근처에 있는 대문 한 쪽이다. 한자로 주소가 선명하게 남아 있다. 사라진 오른편 대문에는 분명 집주인 이름이 써 있었을 것이다. 건물도, 사람도 모든 것이 사라졌지만 대문의 주소(서울특별시 종로구 원서동 74-1)만은 옛날 그대로다. 저 곳 너머에 어떤 집이 있었을까.

1 빌라들 틈에 남아있는 벽수산장 정문 흔적. 멀리 인왕산이 보인다.
2 벽수산장 정문 흔적

옥인동, 담의 흔적

종로구 옥인동에도 앞서 언급한 대문 한 쪽과 비슷한 흔적이 있다. 빌라 사이에 어울리지 않는 거대한 석등 같은 돌이다. 옆에는 아치형으로 쌓은 벽돌 담이 있다. 이곳은 일제강점기 윤덕영의 저택이었던 '벽수산장' 정문이다. (서울특별시 종로구 옥인동 47-615) 많은 사람들은 '친일파' 하면 이완용을 떠올리지만, 역사학자들은 그보다 더한 부를 누리고, 친일을 행한 인물로 윤덕영을 꼽는다.

옥인동 일대가 벽수산장 담 안에 있었다. 건물은 600여 평, 대지를 포함하면 1만 평 규모였다고 한다. 주변에 본처, 첩실, 딸의 집이 들어서 있어서 말그대로 궁궐 같은 집이었다. 1954년부터 UNCURK(언커크, 국제연합한국통일부흥위원회) 본부로 쓰이다가 화재를 입고, 1973년 도로 정비 사업이 진행되며 완전히 철거되었다. 본 건물은 진즉 사라졌지만 서촌 곳곳에는 대저택의 흔적이 여전히 남아 있다. 박노수미술

3 박노수미술관

관도 그 중 하나다.

건축가 1세대가 설계한 작지만 실용적인 집

박노수미술관은 원래 벽수산장 주인인 윤덕영이 딸을 위해 지은 집이었다. 1937년경 건축가 박길룡이 설계했는데, 당시 제일 잘 나가던 건축가에게 집을 의뢰한 데서 끔찍한 딸 사랑이 느껴진다. 대문에서 살짝 올려다 보는 집은 동화 속 그림 같다. 서까래가 노출된 지붕, 붉은색으로 칠해진 창문, 곡선으로 멋을 낸 포치porch 현관 등 세세한 부분에 공을 들인 것이 마치 작지만 비싼 보석 같다. 외관에서 알 수 있듯 한식과 양식이 절충된 문화주택이다. 1층은 온돌방과 마루, 2층은 마루로 다락방을 포함하고 있다.

마냥 예쁘기만 한 집은 아니다. 1930년대 기준으로 비싼 집은 맞지만 부잣집 딸이 살던 곳치고는 아담한데, 이 점을 수납과 개방으로 보완하고 있다. 집을 둘러보면 곳곳에 수납장이 눈에 띈다. 부엌에 있는 벽장, 1층과 2층 벽난로 옆에 있는 매립형 선반이 그 예다. 2층 맨 끝방에는 창문쪽이 평상처럼 한단 올라가 있는데, 밑에 마치 요즘 수납형 침대처럼 서랍장을 만들어 두었다.

1층에는 어디서든 밖으로 나갈 수 있게 현관, 복도 끝, 집 뒤쪽에 문을 두었다. 창문도 많이 내서 개방감을 더했다. 집

4 박노수미술관 정원

에 처음 들어가면 정원 쪽에 있는 작은 방으로 안내된다. 왼쪽으로 벽난로가 보인다. 작은 방이지만 창이 많아서 빛이 가득하다.

묵직한 계단 손잡이를 잡고 반질거리는 마루를 따라 계단을 오르면 2층에 현대식 욕실이 있다. 이곳 역시 벽장과 함께 많은 창을 두어 환하다. 건물 뒤쪽으로 난 공간도 이런데, 창문이 다 노출되면 얼마나 환할까. 전시 공간으로 사용하기 위해 가벽을 세워 집 전체가 어두침침한 느낌이 들지만, 원래는 빛이 가득해서 훨씬 더 넓어 보였을 것이다.

집 안 창문 위에 곡선을 내어 깎아 만든 커튼대가 있는데 간결하긴 하지만 한옥 공포*를 떠올리게 한다. 1층 방문마다 한옥 창호 무늬가 있는 유리 창문이 설치되어 있다. 특히 1층 오른쪽 두 방은 방 사이에 네 쪽짜리 미닫이문이 설치되어 있는데 전통적 요소와 벽난로의 조화가 새롭다. 가정집이지만 마치 작품처럼 양식에 한식을 구석구석 녹인 요소를 찾는 게 이 집을 구경할 때의 재미다.

예술가가 불어넣은 새로운 의미

남정 박노수는 동양화가로서 전통적인 주제를 취하되 간결한 운필, 강렬한 색감, 대담한 터치를 사용한 걸로 유명하다. 이 집에서 1973년부터 40년을 살고 2011년 집을 종로구

* 처마 무게를 떠받치기 위해 기둥과 지붕 사이에 짜넣는 구성물

에 기증했다. 박노수미술관이 개관한 것은 2013년 9월이다. 화가가 작고한 지 몇 달 뒤였다.

친일파가 만든 집이지만 박노수는 이 집을 박길룡의 작품이자 자신의 작품이라고 생각하고 가꾼 것 같다. 박노수는 대한민국미술전람회에 1회부터 30회까지 꾸준히 참여했다. 그 성실함이 정원에서 느껴진다. 정원은 박노수가 심은 식물들과 돌 조각, 수석 작품들로 가득하다. 박노수미술관 대문에도 '정원의 꽃과 나무, 돌도 모두 작가 작품'이라고 써 있다.

전시를 다 보고 밖으로 나와 정원을 거닐면 작가가 그린 작품으로 들어와 있는 느낌을 받게 된다. 먹으로 그린 듯 자연스러운 정원과 유리 온실, 집 앞면 별무늬 창문이 묘한 충돌을 일으키며 새로운 분위기를 자아낸다. 집 옆에는 금붕어가 사는 작은 연못이 있다. 이런 점은 물을 반드시 두는 일본식 정원 같기도 한데, 집 뒤 계단 중간마다 놓여진 돌 조각을 보면 한국식인가 싶기도 하다.

작은 정원에 사람들이 끊이지 않고 오간다. 조금 더 조용한 곳을 찾아 집 뒤에 있는 낮은 동산으로 발길을 돌린다. 박노수미술관은 2013년 개관 3개월 만에 3만 5000명이 방문했다고 한다. 미술관으로 개방된 순간부터 많은 사람들이 궁금해하고 들어가보고 싶어했다. 오랜 시간이 흘렀음에도 사람들이 끊이지 않고 오가며 이제는 종로구를 대표하는 미술관이 되었다. 언덕 위에 굴뚝이 세 개 난 지붕을 바라보며 많은 사람들이 왜 박노수미술관을 사랑하는지 물음표를 던져본다.

이 집에 쌓인 시간 중 어느 것 하나 없이는 박노수미술관이 아니다. 박길룡이 설계하고, 박노수가 마지막 주인으로 가꾸며 다양한 시간이 그대로 축적된 걸 느낄 수 있어 더 사랑받는 것 아닐까. 시간이 모여서 하나의 작품이 되었다고 생각하니 이곳이 갖고 있는 아름다움이 어디서 온 것인지 구분하는 게 소용 없음을 깨닫는다.

함께 가보면 좋을 곳: 옥인동 윤씨 가옥

박노수미술관에서 걸어나와 윤씨 가옥(서울특별시 종로구 옥인동 47-133)을 걷는다. 윤씨 가옥은 벽수산장의 주인인 윤덕영의 첩이 살던 한옥이다. 문화재로 지정되었다가 보존 상태가 좋지 않아서 해제되었고 남산골 한옥마을에 복제본으로 새로 지어졌다. 그러나 100년 된 집이 갖고 있는 위용을 느끼려면 옥인동에 있는 '원본' 윤씨 가옥에 와야 한다.

보존이 잘 안되었다고 해도 원본은 원본이다. 구석구석 둘러보면 가파른 계단과 근대 건축에서 많이 보이는 십자벽돌쌓기가 인상적이다. 2015년『한겨레』기사에 따르면 한국전쟁 이후 주인이 바뀌었고, 기사 작성 당시까지도 이 한

5 윤씨가옥 입구
6 윤씨가옥 현관 앞. 멀리 나무전봇대가 보인다.

옥을 나눠 7가구가 살고 있었다고 한다. 지금은 문이 굳게 닫힌 상태로 집 앞 나무 전봇대만이 홀로 남아있다.

벽수산장과 박노수미술관의 시간

벽수산장의 원래 모습은 영화 「서울의 휴일」(1956)에 그대로 남아있다. 서울에 저런 건물이 있었나 싶을 정도로 비교할 만한 대상이 떠오르지 않는 규모다. 프랑스 어딘가의 성을 보는 것 같다. 심윤경의 『영원한 유산』은 이 집을 소재로 쓴 소설이다. 1960년대 벽수산장이 UNCURK 건물로 쓰일 당시를 배경으로 하고 있다.

벽수산장을 중심에 두고 전체를 아우르며 건축을 상상하고 구경하면 지금의 박노수미술관이 가진 역사성을 조망할 수 있다. 한 집안에서 비슷한 시기에 지은 집들이지만 각기 다른 결말로 살아남았고, 사라졌고, 잊혀졌다.

이 집이 어떤 역사 속에서 지어졌는지도 물론 중요하다. 그러나 시간이 지나면서 사람들이 건물에 어떤 의미를 부여하고, 어떻게 가꾸는지가 얼마나 중요한지 되새겨본다. 옥인동 일대를 걸으며 벽수산장부터 화가 박노수가 서촌에 살았던 시간까지 영상처럼 한 번에 느껴 보면 더욱 와닿을 것이다. 박노수미술관이 더욱 소중하게 느껴지는 이유다.

1 권진규 아틀리에 작업실

권진규 아틀리에

22

성북구 동소문로26마길 2-15

2022년 여름 필즈상을 수상한 수학자 허준이 교수의 인터뷰 기사•를 읽다가 흥미로운 부분을 발견했다. 할머니가 근대 조각가 권진규의 여동생이셔서 집안 곳곳에 테라코타 상이 있었다는 것이다. 권경숙 여사의 인생 일부를 이렇게 엿보게 될 줄은 몰랐다. 권진규가 세상을 떠난 뒤, 수소문해서 일본까지 건너가 1953년작 「기사」를 가져올 정도로 오빠가 만든 작품을 자식처럼 여겼던 분이다.

'조각들 때문에 어린 시절 화장실에 갈 때 너무 무서웠다'는 허준이 교수의 짧은 회상 사이로 권진규 아틀리에에서 느꼈던 전율이 다시 밀려오는 듯했다. 텅 빈 공간이지만 예술가의 고뇌와 혼으로 가득 찬 곳이었다. 그 이후 우리나라 근대 조각가들이 더욱 궁금해져서 전시를 종종 갔었지만, 그때마다 권진규라는 이름을 떠올렸던 건 이 공간이 준 강렬한 심상 때문이었다.

• 김미리, 「"인생도, 수학도 성급히 결론 내지 마세요"」, 『조선일보』, 2022. 8. 15.

2 권진규 아틀리에 가는 길
3 아틀리에 대문

언덕 위 아틀리에

권진규 아틀리에는 성북구 동선동 언덕 위에 있다. 성신여자대학 담벼락 아래 닿아 있는 언덕 마지막 집인데, 가는 길에 있는 다른 몇 집은 이미 오래전 풀에 잡아먹힌 폐가다.

권진규 아틀리에를 2018년과 2023년, 두 번 방문했다. 잡초 하나 달라지지 않은 모습에 처음 이 언덕에 왔던 기억이 떠올랐다. 조각에 관심도 없었고, 권진규라는 이름도 몰랐지만 '아틀리에'라는 말에 이끌려 예약을 했었다. 아틀리에라고 해서 세련되고, 경치 좋은 곳을 기대했다. 그런데 웬걸. 점점 사람 한 명 없는 외딴 길로 가야 하는 것이 아닌가. 아틀리에를 다녀오고 난 뒤에는 그때의 당황스러움이 감탄으로 바뀌었다. 외딴 골목, 쉽게 구할 수 있는 시멘트와 나무로 지은 작업실이 흙으로 영혼을 표현하려 했던 작가와 닮아 있었기 때문이다.

권진규는 일본에서 1959년 귀국 후 직접 이 집을 설계하고 지었다. 무사시노미술대학교에서 조각을 전공해 인정받고 있었고, 같은 대학교에서 만난 일본인 아내 도모도 있었다. 한국에 온 것은 어머니와 여동생을 돌봐야 하는 책임감으로 한 임시적인 선택이었다고 한다. 아버지와 형이 모두 사망해서 가족들에게 자신이 필요하다고 생각한 것이다. 자리가 잡히면 아내를 데려올 계획이었으나 생각보다 시간이 지체되며 1965년 이혼한다. 1973년 영면하기 전까지 이 집에서 이렇게 오래 살 줄은 권진규도 아마 예상치 못했을 것이다.

오래도록 남은 예술가의 숨결

빛이 바랜 언덕 위의 환한 보라색 대문이 권진규 아틀리에 입구다. 보수하면서 새것으로 교체되었지만 본래 의미대로 대문은 작은 문과 큰 문, 두 개로 나뉘어져 있다. 지금은 문 사이에 있던 담을 허물어 트인 마당이 되었으나 큰 문은 살림채로 통하고, 작은 문은 작업실과 이어져 있었다고 한다. 작은 집이지만 작업실과 살림 공간을 엄격히 구분해 둔 데서 권진규가 조각에 어떤 태도로 임했는지 알 수 있다.

권진규 아틀리에에는 예약을 통해 방문할 수 있다. 권진규의 여동생 권경숙 여사가 집을 내셔널트러스트 문화유산기금에 기증해 아틀리에가 보존되며 운영될 수 있었다. 살림채는 작가들의 창작지원실이나 기획전시실로 운영되고 있다. 실제로 볼 수 있는 공간은 권진규의 작업실과 그 옆에 붙어 있던 방 한 칸이다. 설명을 듣고 한번 더 둘러봐도 20분 남짓이면 관람이 끝난다. 그러나 한 사람이 오래 머물던 공간에 만큼은 숨결이 영원할 수 있음을 느낄 수 있어서 매우 가치 있다.

흙과 불이 사라진 작업실

문을 열고 들어오면 오른쪽으로 넓은 작업실이 있다. 높이가 4미터 정도 되는데 거대한 조형물 의뢰가 들어올 것을 고려해 지었다고 한다. 내부는 복층 구조다. 권진규는 작품을 항상 3개씩 만들었다. 하나는 본인이 소장하고, 두 개는 판매와 전시를 하기 위해서다. 이런 이유로 복도부터 2층 선반까지 모두 조각 작품으로 가득했다. 작은 우물, 오브제를 구울 용도로 만든 작은 가마, 작업실 입구 오른쪽 구석에 흙을 보관하던 얕은 지하실까지 필요한 것은 다 갖춘 작업실이다.

다시 와본 작업실은 좋은 쪽으로 달라져 있었다. 2018년에는 가구만 있었다면, 2023년에는 권진규가 살아있을 때처럼 재현해 둔 상태였다. 커튼도 달고, 권진규가 직접 만든 책상 위에 조각가의 유품도 더 가져다 두어 구경하는 재미가 있었다. 홈페이지에 있는 실제 권진규의 작업실 사진과 엇비슷할 정도다. 작업실 벽에 권진규가 쓴 글씨가 남아있다. 작품 의뢰를 받고 쓴 전화번호일까. 연필로 벽에 글씨를 남기던 순간을 상상해 본다. 조각 작품과 흙냄새가 가득했을 것이고, 천장이 높아서 그가 좋아하던 클래식 음악이 웅장하게 울려퍼지고 있었을 것이다.

흙과 불이 사라진 작업실은 낙엽이 지고 있는 초겨울 같다. 그가 직접 디자인했다는 테이블이며 의자, 사용했던 가구들은 가지가 앙상한 나무처럼 보인다. 깨끗한 바닥이지만 발을 떼는 순간마다 낙엽이 바스러지는 듯하다. 권진규는 뒷마당에 있던 큰 가마를 없애고 이 작업실에서 생을 마감했다. 1973년 5월 3일, 고려대학교 박물관 현대미술실 개막식에서 자신의 작품들을 본 다음 날이었다. 계단에는 유서와 작품을 팔고 받은 돈 30만 원이 놓여 있었다고 한다.

이 곳에서 권진규는 건칠기법*을 탄생시켰고, 한국적 리얼리즘 조각이라고 평가받는 「지원의 얼굴」, 「영희」, 「마두」 같은 작품들을 만들었다. 얼마나 많은 부침과 고뇌가 있었을까. 아틀리에는 이리도 큰데, 옆에 붙어 있는 권진규의 방은 한 평도 안 된다. 그 곳에 여러 밤 눕혔을 한 예술가의 영혼을 생각해 본다.

십자가 위 그리스도

권진규의 조각 작품 중 어깨 모양을 무너트리고 모델의 얼굴만을 조각한 여인상이 유명하다. 내가 가장 좋아하는 작품은 1970년작 「십자가 위 그리스도」다. 교회 목사에게 의뢰받아 만들었지만 흉하다는 이유로 거부당하고 작업실 왼쪽 창 옆에 걸어 두었다고 한다.

서양 로마네스크 시대 양식과 동양 불상 제작 방법 중 하

* 석고를 내벽에 옻칠한 삼베를 겹겹이 붙여 조각을 만드는 방식.
  본래 불상에서 쓰던 기법이다.

나인 건칠을 이용한 작품으로 동서양의 특징이 함께 나타나는 작품으로 평가받는다. 이런 기술적인 면보다도 허름한 교회일수록 잘 어울렸을 조각이라는 점이 예수를 잘 표현한 것 같아 자꾸 들여다보게 된다. 바다 깊숙한 곳에서 건져낸 부식된 고대 유물처럼 성스럽다.

작품은 권진규의 창작물이기도 하지만 생의 마지막 순간을 본 목격자이기도 하고, 잠든 그를 위로할 신이기도 하다. 권진규가 마지막으로 작업실에 들어왔을 때도 이 조각이 벽에 걸려 있었을 것이다.

함께 가보면 좋을 곳

미술관 서울시립미술관 남서울미술관

2023년 6월 권진규 작고 50주기를 맞아 서울시립미술관 남서울미술관 1층에 권진규 상설전시실이 마련됐다. 권진규기념사업회와 유족이 많은 사람들이 작품을 감상하길 바라는 마음으로 작품을 기증했다고 한다. 작업실 가득 놓여 있었을 총 141여점의 작품을 한 군데서 볼 수 있어서 의미 있다. 남서울미술관은 벨기에대사관으로 쓰였던 건물이다. 1905년 회현동에 지어진 것을 1983년에 해체하여 현재 위치인 관악구 남현동으로 옮겼다.

4 혜화동성당 전면 부조 작품

성당 혜화동성당

권진규 아틀리에의 부엌터에는 십장생 부조가 걸려있다. 동생 권경숙을 위해 작업한 것으로, 삼성미술관에 기증된 것을 복제한 작품이다. 집 벽에 부조 작품을 둔 모습은 어땠을까. 부조 작품이 있는 건물을 보고 싶다면 혜화동성당을 추천한다. 국립극장(1973), 국립경주박물관(1974)를 설계한 건축가 이희태가 설계한 곳이다. 혜화동 성당 건물 정면에 성경 내용을 담은 전면 부조가 있는데, 조각가 김세중의 작품이다. 모더니즘 건축으로 꼽히는 만큼 성당 내부의 스테인드글라스와 성당 안팎에 설치된 조각 작품도 아름답다.

'조각가'의 탄생과 최만린

우리나라에 조각이 들어온 것은 20세기였다. 『한국미술 1900-2020』에 따르면 19세기까지 조각은 불상이나 무덤 주변의 석물 정도였고, 조각가는 장인의 영역에 있던 사람이었다. 해방 후 한국에 세워진 대학 출신 조각가들이 활동을 하며 1950년 중반부터 '조각계'가 생기기 시작한다. 22화에서 소개한 혜화동 성당을 제작한 김세중이 부조를 제작할 때 함께 작업하던 동료들과 찍은 사진에는 우리나라에서 교육받은 1세대 조각가들 대부분이 등장한다. 여기에 최만린도 있다.

미술가의 작업실이었던 주택

성북구립 최만린미술관은 1970년대에 지어진 집이다. 지상 2층, 지하 1층의 개인 주택으로, 최만린이 1988년 구입했다. 그 이후 작고하기 전까지 작품 활동 및 개인 공간으로 30년간 사용했다. 2020년, 미술관이 개관했다는 소식을 들었을 때는 그와 작품에 대해 자세히 알지는 못했다. 한국 근대 조각에 관심이 있긴 했지만 조각보다 미술관 건물, 1970년에 지어진 정릉동 2층집에 대한 호기심이 더 컸다. 성북구 골목을 다닐 때마다 이 집을 한 번쯤 들어가보고 싶었기 때문이다.

아치형 대문을 넘어 곧장 현관 문으로 들어간다. 현관이 이중이라 내부로 들어가려면 대문부터 총 세 개의 문을 지나야 한다. 짧은 동선이지만 육중한 문 때문에 깊숙한 곳으로 들어가는 느낌이 든다. 내부는 시야에 걸리는 것 없이 탁 트여 있다. 여기서 어떻게 살았을지 상상이 되지 않을 정도로 원래부터 갤러리 같다. 큰 조각을 제작하기 쉬울 것만 고려해 집을 샀다고 해도 믿을 정도로 천장이 높은 복층 구조다.

1층에는 폭이 좁은 아치형 문이 세 개 있다. 두 개는 수장고로 운영되어 작품을 가까이 볼 수 있다. 1층 전체가 통창이라 정원이 한눈에 보인다. 정원을 바라보는 구석 한 켠에 조각가가 쓰던 물품과 함께 작업공간이 전시되어 있다. 2층 벽을 철거하고 통유리로 터서 1층에서 봤을 때 시원한 느낌을 준다. 이 건물은 2019년 EMA건축사사무소가 리모델링했다. 미술관으로서 공간에 변화를 주되 외관, 골격, 나무 계단과 나무 천장 등 원형을 최대한 작가의 흔적을 보존했다고 한다. 최만린도 생전에 자신의 숨결이 담긴 작품 126점을, 유족도 그의 작품 443점을 기증했다.

1 곡선형 대문
2 1층 수장고의 곡선 문과 드로잉 액자

244

계단: 리듬감과 아슬아슬함

사람들에게 어떤 건축 요소를 좋아하는지 물으면 문, 창문, 벽... 다양한 대답이 나올 것 같다. 나는 계단을 좋아한다. 계단은 아래에서 볼 때는 미지로 향하는 설렘, 위에서 보면 떨어질 수도 있다는 아슬아슬함이 공존한다. 평평한 공간에 계단 몇 단만 쌓아도 걸음걸이에 리듬감이 생긴다. 밟고 올라설 수만 있다면 계단이라고 부를 수 있는 단순함 때문에 형태는 다양하게 변형할 수 있다. 곡선으로 만들 수도 있고, 난간과 층계에 최소한의 선만 사용해 조형적으로 만들어 장식으로 활용할 수도 있다. '오르내린다'는 표현이 주는 상징성 때문에 문학 작품과 영화나 드라마에도 계단이 잘 활용된다.

이런 취향 때문에 건축여행을 하며 효자동 아파트나 서강대학교 본관처럼 일부러 아름다운 계단을 찾아다니기도 한다. 많은 예시를 보았다고 생각했는데도 내부로 들어가자마자 계단을 보고 '와' 소리가 나온다.

최만린 미술관은 나무 마루로 시공한 듯한 천장이 특징이다. 천장과 계단을 집 안에서 제일 짙은 색이 덮고 있으니 안 그래도 높은 천장이 더 멀게 느껴진다. 트여 있지만 무게감이 느껴지는 난간과 반듯한 층계가 인상적이다. 그 아래 있는 추상적인 조각과 직선적 계단이 대비되어 각자의 특징

3 1층에서 본 계단. 2020년 개관기념전 「흙의 숨결」 전시 당시 촬영.

4 2층에서 본 계단

5 자료실. 잡지뿐만 아니라 최만린 관련 책도 전시되어 있다.

이 더 잘 드러난다. 2층에서 보는 천장과 계단은 또 다른 느낌을 준다. 천장마루가 서로 맞대며 만든 사선의 방향과 계단이 반대로 퍼져나간다. 소리가 울려 퍼지듯 공명하는 아름다움이다.

오픈 아카이빙실

최만린은 서예와 천자문에서 받은 영감으로 추상적인 조각을 추구한다. 형태를 파괴한 독보적인 작품 세계를 보면 대단하다는 생각이 든다. 특히 초창기 작품인 「이브 58-1」과 유명한 「태胎」, 「0zero」 시리즈는 '한국적 조각'을 추구한 조각가의 고뇌가 전달되는 듯했다.

하지만 건축 여행을 하며 인물을 만날 때 반하는 순간은 따로 있다. 그가 남긴 작품이나 업적보다도 평소 생활이 엿보이는 작은 부분이다.

2층에는 최만린의 방이 있다. 그가 쓰던 책상과 물건들이 소소하게 전시되어 있는 공간이다. 그 옆에 오픈 아카이빙실이 있는데, 최만린이 어떤 인물인지 느낄 수 있어서 전시보다 좋았다. 아카이빙실에는 『서울미술대전』, 『계간 조각』, 건축 잡지 『공간』 같은 방대한 잡지들이 꽂혀 있다. 조각가가 직접 자신이 나온 기사를 따로 표시했다.

잡지뿐만 아니라 작품 활동에 대한 내용을 스크랩북에

깔끔히 정리했다. 총 100권이 넘는 양이다. 조각 활동을 하면서 자료까지 정리한 성실함에 감탄하지 않을 수 없었다. 오랜 시간동안 꼼꼼하게 모은 자료라서 들춰보는 것만으로도 현대 미술계 흐름을 파악할 수 있을 정도다. 60년 동안 흙을 매만진 손으로 모은 것들이라고 생각하니 이 역시 작품처럼 느껴져서 오래 앉아 구경했다. 70년대부터 90년대까지 예전 미술 혹은 건축 잡지가 보고 싶을 때면 이따금씩 이곳이 떠오를 정도로 기억에 남는다.

골목에 남은 시간

마당에 있는 작품까지 보고 나와서 아쉬운 마음에 주변을 걷다가 미술관에서 길 하나를 건너면 있는 골목까지 들어간다. 1970년대에 지어진 작은 집들이 모여 있는 동네다. 미술관 주변 주택들과 비슷한 시기에 생긴 곳이지만 언덕을 따라 지어진 슬레이트 지붕이 주는 느낌은 전혀 다르다. 어떤 시점에 멈춰버린 듯 하지만, 여전히 삶이 지속되고 있는 동네다.

여름이 덜 가신 계절 끝에 최만린 미술관과 동네를 걸으며 봤던 정릉 풍경을 생각한다. 다가올 새 계절엔 오래된 시간과 매번 바뀌는 계절을 함께 느낄 수 있는 정릉으로 떠나보는 건 어떨까.

예술가를 기억하는 공간 표석

동대문구 창신동, 동대문역과 동묘역 사이. 여러 시장으로 둘러싸인 동네라 그런지 신호등 색깔이 달라질 때마다 흑백 아스팔트 도로 위로 사람들과 오토바이가 분주하게 오간다. 검정색 길 옆, 색이 바랜 보도블록을 따라 걷다 보면 알록달록한 옷을 입은 길 하나를 만난다. 옛날 TV 화면 조정 시간에 뜨던 무지개 같기도 하다. 그 길을 따라 걸어 골목으로 진입하면 한번 더 같은 장면을 만나는데, 여기가 바로 백남준기념관이다.

백남준기념관은 백남준이 유년기를 보냈던 집터에 남아 있는 1960년대의 한옥을 매입해 만든 곳이다. 리모델링을 거쳐 2017년 전시 공간으로 거듭났다. 생가도 아니고, 실제 작품이 있는 것도 아니지만 예술가를 기억하기 위한 장소라는 게 거대한 공간 표석처럼 느껴진다.

1 　백남준기념관 가는 길, TV 조정화면처럼 칠해져 있는 도로.
2 　백남준기념관 마당

백남준을 기억하는 집

'백남준을 기억하는 집'이라고 써있는 대문에 들어가면 중정이 나온다. 대문 안쪽에는 모니터 여러 대가 달려 있는데 백남준 작품은 정확히 몰라도 미디어 아티스트 백남준을 상징한다는 것을 단박에 알아차릴 수 있다. 중정에는 「다다익선」을 오마주한 조형물이 설치되어 있다. 흙 하나 없는 곳이지만 진한 분홍색 때문에 진달래가 만개해 있는 정원 같다.

중정을 중심으로 주민들이 운영하는 카페와 전시관이 나뉘어 있다. 카페에는 백남준 관련 책들이 꽂혀 있고, 주민들이 운영한다. 큰 시장이 있어서 늘 북적이는 동네의 소음이 이곳으로는 들어오지 못한다. 예술가를 위한 기념관이라기보다 갤러리가 있는 한옥 카페에 온 것 같다.

전시장은 통창으로 내부가 다 보이도록 해놓은 ㄱ자 한옥이다. 백남준 생에 대한 설명과 책상, TV, 재봉틀기 같은 물건들이 놓여 있다. 백남준 작품을 오마주하거나 백남준 인생을 설명해주는 다른 예술가들의 작품이다. 예술가들이 재해석한 백남준을 만나는 것이니만큼 백남준에 대한 사전 지식이 있다면 훨씬 재미있게 구경할 수 있다.

큰대문집 터에 남은 기억

전시를 둘러보고 나오면 백남준이 실제 살았던 집은 어

3 백남준 집 터에 있던 한옥을 매입해서 기념관으로 만들었다.

땠을지 궁금해진다. 백남준 말에 의하면 대문이 커서 '큰대문집'으로 불렸다. 외무대신이 살았던 한옥 집인데, 이것을 백남준 아버지 백낙승이 매입하였다. 백낙승은 직물공장을 갖고 있던 엄청난 부자였다. 지금으로 말하면 패션 대기업을 소유한 셈이다.

'큰대문집'은 3000평이 넘는 으리으리한 규모였다. 백남준 친구 이경희가 쓴 책 『백남준, 나의 유치원 친구』에 이 집에 대한 내용이 있다. '그 집은 마당이 넓고 뒤쪽에는 동산이 있었고, 일본출판사 고단샤의 그림책을 볼 수 있어서 매일 놀러갔다'는 것이다. 백남준은 5살때부터 13년동안 큰대문집에서 살았다.

1950년 6.25전쟁이 나던 해에 백남준은 해외로 유학을 갔고, 서울에 다시 오기까지는 35년이 걸렸다. 한국전쟁이 벌어지고 백낙승이 사망하면서 큰대문집은 사라졌다. 백남준기념관이 1960년대에 지어진 한옥이니 그 즈음 백남준 집 터가 쪼개지면서 많은 집들이 들어선 것으로 보인다. 일대에 그때 들어선 도시형 한옥도 있지만 이후 새로 지어진 빌라, 빌딩도 섞여 있어서 큰대문집의 흔적은 더 이상 찾아볼 수 없다.

집이 아니라, 백남준 작품의 배경이 사라졌다

백남준은 어린 시절 경험에서 영감을 얻었다. 매년 어머니가 마당에서 벌리던 굿판에서 피아노나 바이올린을 파괴하는 퍼포먼스가 탄생했다. 자동차를 타고 학교를 다니던 기억은 32대의 자동차를 늘어놓은 설치 작품이 되었다. 바쁘고 정신없는 동대문 상인들의 풍경, 을지로에서 동대문을 오가던 전차, 집안 풍경까지. 어린시절 창신동에서 본 모든 것들이 백남준의 예술적 영감이었다.

책 『백남준, 나의 유치원 친구』에서 중년이 된 백남준이 서울에 돌아와 '집은 사라졌지만 대문만큼은 문화재로라도 지정되었으면 좋겠다'고 말한 대목도 있다. 진심이라기보다는 그만큼 집이 그립다는 의미로 해석된다.

1992년 서울에 돌아온 백남준이 실제로 이 일대에 와서 방송 촬영을 하기도 했다. 어떤 이유에서인지 다른 집들이 들어오고, 일부는 주차장이 된 집터에 대문만 헐리지 않고 남아있었다. 그러나 매우 낡은 상태라 그곳에 엄청난 규모의 집이 있었다는 것은 상상하기 힘들 정도였다. 쓰러지기 직전인 한옥식 대문과 주차장 앞에서 갓을 쓰고 한복을 입은 백남준이 웃고 있다. 마치 미디어아트 퍼포먼스처럼 말이다.

최소한 대문만이라도 남아있었다면 어땠을까. 이곳에서 나고 자란 백남준이 유명한 예술가가 되어 다시 찾아왔었다는 서사까지 더해져서, 그 자체로 설치 미술 작품처럼 보였을 것 같다. 백남준이 만든 모든 작품들을 연결해주는 상징물이자 예술관이 시작되는 곳으로 의미가 있었을 것이다. 그 주변에 백남준 작품과 미디어아트를 하는 후배 예술가들이 만든 것까지 더해졌다면 더욱 감동적이지 않았을까.

박수근 집터와 사라진 예술가의 흔적

창신동을 여행할 때 채석장, 가수 김광석이 살던 빌라와 함께 사람들이 꼭 들리는 곳이 화가 박수근의 집터다. 백남준기념관은 동묘역 8번 출구와 가깝고, 박수근 집터는 동묘역 6번 출구 앞이라 오가기도 편하다. 동묘시장 건너편에 위치한 화가의 집은 집 일부가 도로로 편입되며 사라졌다. 집 주소에 위치한 건물은 식당이 되었다. 골목 안 박수근을 보러 왔던 사람들이 쓴 낙서만 그리움처럼 남겨져 있다. 박수근은 전농동으로 이사를 갔고, 그곳에서 고인이 됐다. 전농동 집도 재개발로 없어져서 찾아갈 수 없다.

박수근은 1952년부터 1963년까지 창신동에서 살며 이웃들의 삶과 동네 풍경을 캔버스에 담았다. 길가에 세워진 박수근 집터 안내판에는 화가가 생전에 창신동 집 마루에서 찍은 사진이 담겨있다. 사진 속 벽에는 캔버스가 가득하다. 아침마다 마루를 닦으며 하루를 시작했다는 박수근에게 이 공간은 작업실이고, 화랑이고, 개인전 중인 미술관이었을 것이다.

4 박수근 집터 안내판에 있는 사진. 창신동 집 마루에서.

한국전쟁 중 미군 PX에서 박수근을 만나 친분을 쌓았던 한 사람이 있었다. PX일을 그만두고 주부로 살다가 박수근 유작전을 보고 충격을 받았다. 자신이 알던 박수근과 그가 그린 작품이 부딪치며 '무언가 하지 않으면 안될 것 같은 마음'이 생겼다. 박수근에 대한 이야기를 증언할 마음으로 처음 소설을 쓰는데, 그 작품으로 등단을 하게 된다. 소설가 박완서 이야기다. 등단작 『나목』은 박수근 작품과 동명의 소설이다. 『그 산이 거기 정말 있었을까』, 『그 남자네 집』에도 박수근이 나온다. 한 명의 예술가가 주는 영향력이 얼마나 큰지 실감하게 된다.

작품이 만들어진 배경, 예술가가 작업하고 살았던 공간은 작품만큼이나 중요하다. 사람들은 오베르 성당이나 밀밭을 보기 위해 고흐 마을을 가고, 모네의 정원을 보기 위해 모네가 살던 집에 간다. 예술가가 보고 느꼈던 모든 것에 가까이 다가가고 싶은 마음에서 찾는 여행지일 것이다. 서울은 어떤가. 창신동에서 예술가들의 흔적을 따라 조금 더 걷고 싶은데, 금방 갈 길을 잃고 말았다.

건축

1 김중업건축문화의 집 전경
2 2층 실내 풍경

김중업건축문화의 집

질문하는 건축가

건축가가 쓴 글이나 인터뷰를 찾아보는 것을 좋아한다. 건물을 설계하며 의도하고 꿈꾼 것, 그 과정에서 얻게 된 삶과 인간에 대한 생각이 궁금하다. 건축가를 예술가로 생각한다거나, 건축에 특별한 관심이 있어서는 아니다. 세상에 없던 세계를 만들어 체험하게 해주는 것이 건축이라고 생각하기 때문이다. 건축가의 말이 소설가의 북토크나 영화감독의 GV처럼 느껴지는 이유다.

건축가 김중업은 일본을 통해 접하던 서양의 '건축'이라는 개념을 직접 들여온 사람으로 평가받는다. 그는 프랑스에 있던 현대 건축의 거장으로 불리는 건축가 르 코르뷔지에의 사무실에서 근무했다. 스위스 롱샹성당, 인도 찬디가르 행정청사 도면을 그리며 현대 건축을 경험한 김중업은 1956년 서울에 건축연구소를 개소한다.

그는 1922년 일제강점기에 태어나서 한국 전쟁을 겪었다. 불안정한 국내 상황으로 외국으로 나가 봐야 일본 유학이던 세상이었다. 그럼에도 보지 못한 것을 보고 싶어했고, 경험을 통해 자신만의 독창성을 추구했다. 건축을 통해 아름다움은 무엇인지, 인간은 무엇인지 질문하고 말하고 싶어했다. 과연 시인을 꿈꾸던 건축가답다.

"건축은 인간을 위한 찬가다" - 김중업

누구나 아름다운 집에 살아야 한다

서울에 남아있는 김중업의 대표작으로 프랑스대사관, 올림픽공원 조형물, 태양의 집 등이 있다. 모두 멋진 작품들이지만, 김중업 건축 투어를 한다면 집에서 시작하는 것이 좋겠다. 무엇보다 김중업은 '누구나 일생동안 자신의 자화상을 그릴 뿐'이라고 말했다. 자신이 설계한 건축을 설명하기 위한 말이었겠지만, 그가 인간을 바라보는 관점이기도 하다.

모두가 각자 자신의 '작품'을 완성해나가는 것이 삶이라는 뜻으로 읽힌다. 이런 인간관에서 건물은 단순한 부동산일 수 없다. 건축가 김중업은 누구나 아름다운 집, 살고 싶은 집을 가져야 한다고 말했다.

건축가에게 집은 작지만 기본적인 건축 단위다. 김중업이 설계한 집에는 그가 생각한 건축의 의미와 아름다움이 담겨 있다. 크기가 작더라도 연못이나 어항이 있는 정원, 스테인드글라스, 곡선, 유리 온실 등이 있는 것이 대표적인 특징이다. 성북구 장위동에 있는 김중업건축문화의 집에서도 김중업의 건축 언어를 확인할 수 있다.

석계역에서 탄 버스가 구불구불 언덕을 따라 올라가다 정류장에 멈춘다. 정류장 앞 한 전자제품 수리점 간판에 '동방전자'라고 써있다. 동방주택단지였던 이 동네 역사가 담긴 흔적이다. 동방주택단지는 1960년대 동방생명보험 주식회사(현 삼성생명)가 직원들을 위해 조성한 주택단지였다. 1970년대 초까지 조성된 대규모 주택단지 내에 김중업건축문화의 집이 있다.

이 집은 동방주택단지 내에 지어진 집을 1980년대에 리모델링한 것이다. 리모델링 과정에서 김중업의 건축 언어가 담겼다.* 2층 규모의 집으로, 김중업 주택의 특징적인 요소를 확인할 수 있다. 곳곳에 한옥에서 볼 수 있는 요소를 심어둔 것도 재미있다. 특히 2층 천장에 한옥 창살 무늬로 설치된 광창, 서까래처럼 노출시킨 나무 기둥이 있다. 1층 바닥에는 한옥 대청마루에 있을 법한 우물마루를 깔아두었다.

화장실: 그 시대의 우아함

이 집에 있는 또 다른 포인트는 안방에 붙어 있는 프랑스

---

* 건축가 김중업 혹은 김중업건축연구소가 직접 관여했는지 여부는 현재 연구 중에 있다. 그러나 리모델링 과정에서 김중업의 건축적 특성이 담겼음은 분명하다. 성북구가 전 소유주로부터 주택을 매입해 김중업건축문화의 집으로 조성했다.

3   화장실 등
4   주택에 딸린 유리온실은 김중업 건축의 큰 특징이다.
5   김중업건축문화의 집 현관에 있는 스테인드 글라스

식 화장실이다. 방만큼 넓은 화장실 왼쪽은 샤워실, 오른쪽은 드레스룸이다. 당시 이런 구조의 화장실이 유행이었다고 한다. 공간 전체를 옥색이 덮고 있다. 간간이 낡은 싱크대나 오래된 골목 담에서 볼 수 있는 그 옥이다. 낡고 촌스러운 색으로 인식되어 요즘 인테리어에 잘 쓰지 않지만, 원래는 이런 대규모 주택에 쓰이던 고급스러운 색이었다는 것이 재미있다.

방과 거실 곳곳에 있는 샹들리에와 천장 조명 하나도 평범해 보이는 게 없다. 요즘 집에서 자주 보이는 디자인이 아니라서 더 특별하게 보인다. 화장실 벽도 그렇다. 곡선 장식과 조개모양 조명이 우아한 분위기를 연출한다. 볼 때마다 어디서 구하신 건지 궁금하다. 분명 수입품일 것이다.

김중업의 집들

서울에 건축연구소를 개소한 김중업은 1950년대 부산대학교와 건국대학교 본관, 원자력 연구소 등 큼지막한 건물들을 설계하게 된다. 현재 안양 김중업건축박물관으로 쓰이고 있는 유유산업 공장도 이 시기에 지어졌다.

1960년대 군사정권 시절, 정부의 도시개발을 비판하며 불편한 관계가 된 김중업은 공공건축물보다 주택 설계를 많이 맡게 된다. 1971년 프랑스로 강제 출국하게 되는데 그때까지 25채의 주택을 설계했고, 15채가 지어졌다.

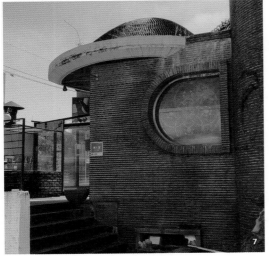

6 사직동 주택에 있는 유리온실
7 연희동 주택 현관 스테인드글라스. 장위동 집 것과 똑같다.

1979년 다시 서울에 돌아온 김중업은 1980년대에도 주택을 여러차례 설계했다. 이 시기에 리모델링된 장위동 김중업건축문화의 집과 1980년대에 김중업이 설계한 집들 사이에서 공통점을 쉽게 찾을 수 있다. 1983년에 지어진 사직동 주택*에는 장위동 집처럼 유리 온실이 있다. 두 집 모두 유리 온실을 정원과 집 내부에서 들어갈 수 있도록 설계했다. 1984년에 지어진 연희동 주택** 현관에 있는 스테인드글라스는 아예 똑같은 모양이다. 마치 건축가의 서명처럼 말이다.

도시와 건축에 대한 질문

김중업은 1950년대 초 한국 전쟁 중 임시 수도였던 부산에 머물던 시기에 화가 김환기, 이중섭, 시인 조병화 등과 친분을 나누게 된다. 그 영향이었을까. 김중업은 건축 예술인으로 불리기 원했다. 자신의 직업에 대해서, 본인이 설계한 건물에 대해서도 그런 대우를 바랐다.

예술가로서 자의식이 있던 김중업에게 건축은 신중하게 지어야 하는 대상이었다. 도시 계획 역시 철저한 조사를 바탕으로 진행해야 하는 프로젝트였다. 그는 도시가 급속도로 팽창하는 것에 부작용이 따른다는 것을 알고 있었고, 여기에 질문을 던지는 것을 서슴지 않았다. 현재의 서울에도 유효한 물음표다.

* 종로구 사직로7길 14-3. 2021년 오픈하우스 서울 기간 중 개방됐다.
** 서대문구 연희맛로 17-3. 과거에 카페로 운영됐다.

장위동 산책코스 01. 동방주택단지

총 거리 1.6km, 30~35분 소요

- 김중업건축문화의집 출발
- 가파른 계단을 따라 지어진 주택: 다양한 박공 지붕, 벽난로 굴뚝을 볼 수 있다.
- 장위1동 향나무: 약 300년 된 동네 수호 나무(서울시 보호수 지정)
- 블루아트빌 주차장(장위로 10길 36): 동방주택 경계의 축대를 한눈에 볼 수 있다
- 동방어린이공원
- 장위로13길: 신축 빌라 뒷편, 다양한 난간 장식을 볼 수 있다.
- 거북선집(장위로13길 6): 해군 장성, 배우 문희가 살던 집. 2층 외벽에 거북선 장식이 있다.
- 장위로: 장위동에서 가장 오래된 약국이 있다.
- 덩쿨집(장위로11길 10): 알자스 지방에서 볼 법한 박공 지붕
- 불란서주택(장위로13길 동방어린이공원 부근): 다양한 처마 장식, 난간 장식, 돌출창
- 김중업건축문화의 집 도착

장위동 산책코스 02. 부흥주택으로 시간여행

총 거리 2.5km, 1시간~1시간 30분 소요

- 김중업건축문화의집 출발
- 사자머리집(장위로21길 27): 불란서주택의 다양한 장식 요소를 볼 수 있다.
- 장위1동 치안센터: 장위로를 따라 지어진 오래된 상가 건물을 만날 수 있다.
- 장위로28길: 빨간 벽돌로 지어진 불란서주택이 대거 모여 있다. 아치형 굴뚝, 시멘트 난간, 엽전 손잡이 대문, 다양한 크기의 돌출창을 볼 수 있다.
- CU 장위베스트점: 벽돌 굴뚝, 박공 지붕을 볼 수 있다.
- 화랑로19가길 부흥주택단지: 시멘트와 돌을 이용한 외벽 장식, 아기자기한 대문, 난간 장식을 볼 수 있다. 목조 건물의 뼈대가 그대로 남아 있는 주택도 있다.
- 장위전통시장
- 김중업건축문화의 집 도착

처음에는 김중업이 설계한 건물의 곡선에 반했다. 나중에는 그가 했던 도시에 대한 고민, 건축에 대한 생각이 공감이 됐다. 지금은 그가 꿈꾸고 바라던 서울이 어떤 풍경이었을지 궁금하다. 김중업이 자화상으로 남기고 싶어했던 건축은 어떤 것이었을까. 이것만으로도 서울에서 김중업을 여행할 이유는 충분할 것이다.

함께 가보면 좋을 곳: 동방주택단지 걷기

김중업건축문화의 집을 지형과 위치로 이해해 보기 위해 이 일대를 걸어보면 좋다. 1970년까지 조성된 동방주택단지는 규모가 큰 저택이 많아서 연예인이나 기업인도 다수 살았다고 한다.

김중업건축문화의 집 1층에는 주황색과 파란색 지도가 비치되어 있다. 두 지도 모두 출발지는 김중업건축문화의 집이다. 파란색 지도는 장위전통시장을 지나 부흥주택단지•까지 둘러볼 수 있는 경로다. 주황색 지도는 출발지 일대인 동방주택단지를 집중적으로 둘러볼 수 있도록 한다. 두 지도에 담긴 모든 것들을 보지 못하더라도, 김중업건축문화의 집 주변인 동방주택단지의 경계와 1960~1970년대 활동한 배우 문희가 살았던 거북선집 등 특징적인 곳은 둘러보길 추천한다. 장위동에 남아있는 1970년대 서울을 느낄 수 있다.

• 1958년 경춘철도주식회사 부지였던 곳에 들어선 주택단지.
  정부 주도로 공급되었다.

26 아라리오뮤지엄 인 스페이스
(구 공간 사옥)

서울에서 건축가 김수근 투어를 한다면, 출발지는 종로구 원서동의 아라리오 뮤지엄 인 스페이스일 것이다. 그가 대표로 있던 건축사무소 '공간' 사옥으로 설계한 건물로 1971년 착공해 같은 해 구관의 골조 공사를 완성했고, 1977년에 신관까지 준공했다. 김중업의 프랑스 대사관과 함께 한국 현대건축에서 의미 있는 작품으로 꼽힌다.

사옥이 지어진 시기는 건축가 김수근의 활동 중반기다. 국립부여박물관(1967), 세운상가(1968) 같이 규모 있는 건물 설계를 몇 번 해본 경력이 있었던 데다 1966년 월간『공간』을 발행하며 건축계에서도 입지가 있던 상황이었다. 그때 지은 사옥이라 건축가의 개성은 물론, 건축적으로 지향하고 싶은 바가 잘 녹아 있다.

외관: 한옥과 어울리는 푸른 넝쿨과 검정 벽돌
'공간 사옥'의 대표적 이미지는 한자와 영어로 된 건물 이름과 푸른 넝쿨이 뒤덮고 있는 검정 벽돌 건물이다. 안국역에서 내리자마자 조금 걸으면 큼지막하게 보이는 글자는 이제 이 주변을 이루는 하나의 요소가 되었다. 건물은 경사진 언덕 지형을 그대로 살려 지었다. 사옥 내부에 한옥을 떠올릴 만한 요소가 많다. 전통 마루, 미닫이 문, 대들보를 상징하는 듯한 천장 나무기둥 등이다. 그 중에서도 지대를 자연스럽게 활용한 것이 가장 '한국적'이다.

건축가 김수근은 한옥의 요소를 현대 건축에 녹이기 위해 다양한 시도를 했다. 근대와 현대 사이에 있던 건축가들에게 '한국적인 것은 무엇인가'에 대한 질문, '전통을 어떻게 현대적으로 해석할 것인가'에 답하는 일은 숙명이었던 듯 하다. 건축가 김수근은 책 『무량수전 배흘림기둥에 기대서서』를 쓴 것으로 유명한 미술사학자 최순우와 전국을 다니며 한국 전통 건축을 보았다고 한다. 이런 경험과 고민 끝에 공간 사옥의 검정 벽돌이 나왔을 것이다.

1972년 경 찍힌 사옥 전경을 보면 주변에 ㄱ자, ㄷ자 한옥이 빽빽하게 들어서 있다. 건물에 딱 붙어있다고 느껴질 정도다. 근처의 창경궁까지 있는 풍경을 상상해 보면 검정 벽돌과 한옥 기와가 조화로웠을 것이다. 공간건축의 1대 대표 김수근이 설계한 이 건물은 2대 대표 건축가 장세양이 설계한 유리 사옥, 3대 대표인 건축가 이상림이 개축한 한옥과

1 공간 사옥 전경
2 구 공간 사옥 입구

함께 마당을 두고 서있다.

언덕을 올라 미술관 입구 쪽으로 가기 위해 몇 계단을 내려간다. 계단 옆 벽 양쪽으로 구멍이 두 개씩 있다. 제주도 전통 민가의 대문처럼 긴 막대기를 꽂을 수 있도록 했던 흔적이다. 계단을 내려오면 물결무늬로 돌이 깔려 있는 아늑한 마당을 마주한다. 오른쪽에는 저 너머 마당에 있는 탑이 건물 벽을 액자 삼아 그림처럼 담긴다. 왼쪽에 현재 미술관인 아라리오 뮤지엄 앤 스페이스 입구가 있다.

내부: 한국적인 공간 구조

문을 열고 내부로 들어오면 미술관 매표소와 굿즈 숍이 있다. 원래는 사내 카페가 있던 공간이다. 1층에 사내 카페가 있었고, 건물 지하에는 예술가들이 교류할 수 있는 소극장인 '공간 사랑'이 있었다. 출입이 쉬운 곳에 공용공간을 배치한 것이 한옥의 사랑방을 연상시킨다.

'공간'이라는 김수근의 회사 이름처럼 사옥은 내부에도 한국적인 공간 구조를 반영하기 위해 고민한 흔적이 보인다. 현대적인 외관이지만 내부는 마치 여러 개의 다른 방이 하나로 연결된 한옥처럼 이어져 있다. 60년대에 한국적인 요소를 외관에 녹이는 것에서 한 단계 더 나아간 작품이라 평가받는 이유다.

건물은 구관과 신관으로 나눠 지어졌다. 돌아다니면서도 몇 층인지 모를 정도로 복잡한 구조 탓에 구관과 신관을 구분하는 것이 무의미하다. 설계실로 쓰이던 3층은 천장에서 자연광이 바로 떨어지도록 터놓았다. 어두운 내부와 좁은 계단이 이곳과 대비를 이뤄 더욱 극적이다. 4층에서 내려다볼 수 있는 이 곳은 마치 ㅁ자 한옥에서 볼 수 있는 중정 역할을 하고 있는 듯하다.

미로 같은 계단은 4층에서 5층으로 가는 사이 반으로 좁아져 막다른 골목에 닿게 한다. 4층 공간은 같은 층에서 높이 차이를 두었다. 사무실이던 시절엔 막혀 있었지만, 미술관으로 용도가 변경된 후엔 하나의 공간처럼 트여 있다. 구조가 바뀌긴 했지만 단 차이를 이용한 것이 김수근이 설계한 불광동 성당(52화)을 연상시킨다. 3층과 4층은 복층처럼 구성되어 있다. 4층 사무실 끝에 서서 보면 단 차이와 내려다보이는 3층으로 인해 시각적인 재미가 있다. 5층은 온돌이 깔려 있어서 지친 직원들의 안식처 같은 역할을 했다고 한다.

도로 쪽 4층 방으로 들어가면 한옥에서 날 법한 나무향이 확 밀려온다. 바닥은 대청마루처럼 한옥식 마루가 깔려있고, 천장은 대들보처럼 나무 보가 노출되어 있다. 이곳은 김수근이 문방*으로 활용하던 곳이었다. 이전 사진을 보면 바닥에

* 서적을 갖춰 두고 책을 읽거나 글을 쓰는 방

도톰한 전통 방석이 깔려있고, 벽에는 병풍이 있다. 전통가구를 두어서 현대적인 공간 안에 한옥을 연출했던 것이다.

불편한 아름다움

김수근은 누이 김순자로부터 집을 지어 달라는 부탁을 받았을 때 '내가 설계하면 불편할 것'이라고 말했다고 한다. 김수근이 추구한 공간은 편안하고 단순한 것이 아니었다. 공간 사옥 역시 한옥적인 분절 구조를 추구하지만 편리함과는 거리가 멀다. 공간 사옥에는 계단이 두 개 있다. 둘 다 폭이 좁지만 하나는 미로 속으로 빨려갈 것 같은 세모난 계단이고, 다른 것은 창도 없이 비좁은 공간에 난 원형 계단이다. 이 두 계단을 통해 공간은 반복적으로 연결되고 쪼개진다.

조금 불편해도 지켜야 하는 것이 전통이라는 걸 건축으로 말하고 싶었던 걸까. 건축 역시 그런 개념을 갖고 있어야 한다고 생각했던 것인지 추측해 본다. 김수근의 대표작으로 경동교회(1981), 불광동 성당(1986), 아르코미술관(1979)과 아르코예술극장(1981)을 꼽는다. 모두 벽돌 건물이다. 그 작품들을 설계하기 전인 1970년대에 이 건물을 지은 것이 일종의 건축적인 명함이자 선언처럼 느껴진다. 자신의 회사와 이름을 보여주는 사옥으로 '저는 이런 사람입니다'라고 소개하는 것처럼 말이다.

3 세모 모양 계단
4 나선형 계단

공간 사옥은 공간그룹이 법정관리에 들어가면서 2013년 갤러리를 운영하는 아라리오에 매각됐다. 공간 사옥은 김수근이 만든 작품이자 자신이 직접 사용하기 위해 지었던 건물이다. 아라리오가 공간 사옥을 매입해 미술관으로 개관한 것은 건물이 갖고 있는 이러한 가치 때문이었다. 기업은 김수근의 작품을 훼손하지 않는다는 계약 조건과 대중의 염원을 엄중하게 여겼다. 덕분에 구 공간 사옥 건물은 현재까지도 큰 리모델링 없이 원형을 유지하고 있다. 건물은 2014년 등록문화재로 지정되었다.

미궁의 설계자

사무실로 쓰이던 당시 공간 사옥 내부 사진을 보면 세련된 가구에 가장 먼저 눈이 간다. 건축가들이 작업 중인 도면과 쌓여 있는 자료마저도 인테리어 같다. 벽 곳곳에 설치된 선반에는 책이 가득 꽂혀 있다. 과거와 현재를 비교해 보면 여백만 남은 지금이 이 건물의 진짜 모습 같기도 하다. 분위기를 만들어 내던 모든 것이 사라진 공간은 건축가가 치밀하게 짜 넣은 아름다움만 뚜렷하다.

한편으로는 건물에서 긴장감이 느껴진다. 내부에 있는 컴컴한 원형 계단이 김수근의 또다른 작품인 남영동 대공분실(1976)을 떠올리게 하기 때문이다. 남영동 대공분실은

5 구 공간 사옥 내부에서 본 돌출창
6 남영동 대공분실의 창문
7 남영동 대공분실 외벽. 현재 민주인권기념관으로 리모델링 공사 중.

지상5층 건물로 국제해양연구소로 알려져 있다가 1987년 박종철 고문치사 사건으로 인해 정체가 드러났다. 이 건물에 끌려오면 뒷문을 통해 내부로 들어가게 되는데, 창도 없는 좁은 계단을 따라 원을 그리며 올라가서 몇 층으로 가는지 알 수 없었다고 한다.

2023년 초「미궁의 설계자」라는 연극이 무대에 올랐다. 김수근이 설계한 남영동 대공분실을 소재로 한 연극이다. 극장에 나선형 계단을 설치해 공연이 끝난 뒤 관객이 극장 로비로 나올 때 연극의 여운을 느끼게 했다고 한다. 건축가 김수근이 남영동 대공분실을 설계할 때 용도를 알았는지, 몰랐는지에 대해 정확히 알려진 바는 없다. 다만 넝쿨에 가려진 공간 사옥의 검은 벽돌, 돌출되어 있는 창문, 나선형 계단을 보면서 대공분실 역시 그의 작품인 것을 새삼 상기해 볼 뿐이다.

건축가의 책임과 인간의 복잡성

TVN 프로그램『알쓸별잡』에서 천문학자 심채경은 영화감독 크리스토퍼 놀란에게 이런 질문을 한다. '인간은 하나로 분류할 수 없는 복잡한 존재인데 그 복잡성을 어떻게 이해하고 있고, 어떻게 표현하고자 하는가?'

답도 필요 없이 공감되는 문장이었다. 서울 곳곳에서 건축가 김수근이 설계한 작품을 마주할 때마다 건축가로서 이 사람을 어떻게 바라봐야 하는지 딜레마를 느낀다. 이런 복잡한 마음은 건축가의 직업적 윤리, 건물에 대한 책임 범위와 관련된 생각으로 이어진다.

건축가는 무엇을 하는 사람일까? 건축가 김중업은 정치인 김종필에게 워커힐 호텔 설계를 제안받았을 때 '건축가는 그런 거 짓는 사람이 아닙니다'라며 거절했다고 한다. 워커힐 호텔은 1964년 김수근이 설계하게 됐다. 두 사람의 선택 중 무엇이 정답인지 가릴 수 없다. 결론적으로 김수근은 김종필과 인연을 맺고 다양한 국가 프로젝트를 수행하게 된다.

건축가 김수근의 업적은 뚜렷하다. 현대 서울을 만든 사람이자 한국의 전통을 바탕으로 공간에 대한 개념을 제안했다. 그의 건축사무소에서 유명한 건축가들이 배출되었다. 1966년 처음 발행된 건축잡지 월간 『공간』은 여전히 발행 중이다. 국립미술관부터 대학교, 체육관까지 설계한 건물도 다양하다.

건축가 김수근의 작품을 잘 이해하기 위해, 그가 세운 공을 정확하게 짚기 위해서라도 건축가가 설계한 남영동 대공분실은 공간 사옥과 함께 둘러봐야 한다. 건축가에 대해 단순히 나쁜 점만 말하거나, 좋은 점만 보며 감탄하는 것은 아쉬운 감상법이다.

김수근은 2000년대의 계획까지 미리 구상해 놓을 정도로 의욕적인 건축가였다. 그가 더 많은 작품을 남겼다면, 더 많은 말과 글을 남겼더라면 다른 평가를 해볼 수도 있었을 것이다. 하지만 김수근은 1986년 55세의 나이로 작고했다. 아쉽지만 이렇게나마 작품을 중심으로 여러 논의를 해보는 것이 건강한 건축 여행 방법이자 그가 남긴 건축에 대한 존중이라고 믿는다.

1 2 3 구 간조 경성지점(1926)

282

건물 좋아한다고 소문이라도 났는지 SNS에 종종 부동산 계정이 뜬다. 지방 부동산 블로그는 일부러 검색해서 보기도 한다. 소위 '적산가옥' 매물이 종종 나오기도 하고, 과거에 집을 팔기 위해 사진을 찍어 올렸던 기록이 있어서 꽤 좋은 건축 아카이빙 자료실이기 때문이다. 궁금했던 곳을 부동산 블로그에서 찾아보기도 하고, 블로그에서 주소를 찾아 지도 어플 거리뷰로 보며 온택트 건축 여행에 도움을 받을 때가 있다.

　　알고리즘에 뜬 한 부동산 게시글•이 눈을 사로잡았다. 타일로 마감된 외벽, 끝이 반원으로 되어 있는 긴 창문, '1926년 준공, 일본 건설사 시공'이라는 설명까지. 용산역 근처에 있는 일제강점기 건축사무소, 간조 경성지점 건물이었다.

일제강점기의 토목 회사, 간조

　　간조는 일제강점기 대표적인 건설토목회사였다. 1903년 경 조선에 영업소를 차려서 일제 식민지배를 효율적으로 돕

•　@archi_r_e, instagram
　https://www.instagram.com/reel/Cvqph4qJzCX/

4 입구. 각기 다른 모양의 타일과 벽돌로 공을 들였다.

기 위한 도로와 철도, 군 시설 등을 건축한다. 경부선 철도, 노량진과 용산을 잇는 한강대교의 전신인 한강인도교, 조선과 만주를 연결했던 압록강 철교, 북한 평안북도에 있는 수풍댐도 간조에서 시공했다.

간조가 경성지점을 신축한 것은 1926년이었다. 1914년 일본영업부와 조선영업부가 분리되며 지은 목조건물이 있었다. 그 건물이 1925년 을축년 대홍수때 피해를 입고, 그 다음 해에 2층 건물을 지은 것이 현재 모습이다.

모자이크하듯 쌓아올린 벽돌 건물

건물은 용산역 주변 골목에 위치해 있다. 길에 들어서면 연한 갈색에 주변 건물들과 다른 외형 때문에 눈에 띈다. 자세히 보면 각기 다른 모양의 타일과 벽돌로 모자이크하듯 외벽을 꾸며두었다. 처음 지어질 당시에는 2층에 발코니 공간이 있었지만 증축하면서 사라졌다. 그 외에 페인트 칠을 했다거나, 새로운 재료를 덧바른 흔적 없이 옛날 외관 모습 그대로여서 근대 건축을 답사하는 사람들이 좋아하는 장소 중 하나다.

순댓국집, 닭한마리집, 편의점 등이 들어선 먹자골목에 이런 고풍스러운 느낌이 오히려 튀어 보이기도 한다. 일제강점기에 이 건물이 지어질 당시 용산역 주변은 철도공장, 철도관사, 병원, 부대 등이 있던 조선총독부의 전략적 요충지였다. 위치만으로 이 건축사무소가 우리 땅에 어떤 일을 했는지 설명해주는 듯하다.

정성스레 지은 건물이 지나온 역사

처음에 이 곳에 갔을 때는 내부가 너무 궁금해서 잠긴 문 앞에 얼굴을 붙이고 들여다봤다. 정면에는 건물 이력이 붙어있다. 시공자에는 1899년 창립된 '간조(하자마)'가 써있다. 1926년에 지어진 이 건물은 1945년 해방 이후 미군정이 용산기지 부속 건물로 썼고, 1950년 6.25 전쟁 당시 북한군이 주둔지로 사용하기도 했다. 현재 이 건물을 쓰고 있는 회사 '광일'이 입주한 것은 1983년이다. 부동산에 건물을 내놓았으니 이 이력에 또 다른 이름이 추가될 것이다.

현관 바닥에도 작은 타일로 모자이크처럼 무늬를 냈고, 1시 방향으로 턱을 한 칸 냈는데 2층으로 계단이 있는 게 보였다. 계단에도 얼마나 공을 들였는지 돌로 된 난간 가운데에 창살처럼 구불구불한 무늬를 내었다. 현관 유리에 대고 봤을 때 자세히 안보여서 답답했는데, 부동산 계정에서 모양과 색깔을 확인하고 얼마나 속이 시원했는지 모른다. 계단이 시작되는 난간 머리 부분에도 네모로 무늬를 새긴 것을 보며 정성을 들였다는 감상과 동시에 이 회사가 조선을 수탈해서 얼만큼의 부를 쌓았는지 그려지는 듯 했다.

남겨질 유산과 남겨지지 못할 유산

건물만 두고 봤을 때 100년이 넘은 것치고는 꽤나 보존이 잘 된 건축물이다. 그런데 왜 문화재로 지정되지 못한 걸까. 가장 큰 이유는 조선을 더 빠르게 수탈하기 위해 인프라를 만든 전범 기업의 건물이었기 때문일 것이다.

경기도 고양시 화전동 화전동공동묘지에는 무연고 시신을 합장한 묘가 있다. 조선총독부는 어마어마하게 증가한 철도 수요를 감당하기 위해 1940년, 고양시 수색동에 조차장을 만들 계획을 세운다. 수색 조차장은 완성되기도 전에 부산과 평양에 생길 곳과 더불어 '3대 조차장'으로 불렸다. 1940년 1월 동아일보 기사에 따르면 수색 조차장 예산만 1300만원이었다. 1945년 광복을 맞으며 미완성으로 남았지만 공사기간 동안 많은 조선인이 희생되었다. 화전동 무연고 시신 합장 묘는 그때 만들어진 것으로 파악되고 있다. 이 프로젝트를 맡았던 건축사무소가 간조 경성지점이다.

간조 경성지점이 거대한 토목건축 사업을 맡을 때마다 조선인이 강제동원됐다. 그 피해 건수는 1226건에 이른다. 이런 역사 때문에 아무리 오래된 건물이도 이곳을 문화재로 여기는 인식과 대중적 공감을 얻을 수 없었다.

그렇다면 문화재는 어떤 기준으로 지정되는 것일까? 건물은 어떤 이유로 인해 문화재가 될 수 있을까? 책『사라진 근대 건축』에 일본이 지은 건물과 서양 국가가 지은 건물을 연대기로 세워두고 철거 이력을 명시한 표가 있다. 비슷한 시기에 지어졌지만 비일본국가가 지은 건물은 아직까지 사용하고 있고, 일본이 지은 건물은 꽤 많이 사라졌다.

이것을 통해 작가는 근대 건축에 대해 '안전하지 않아서 철거한다'는 이유가 모순적임을 지적한다. 구세군 중앙회관(현재 정동1928 아트센터), 이화학당(현재 이화여자고등학교 심슨기념관), 배재학당(현재 배재학당역사박물관) 등 정동길에 있는 근대 건축물이 어떤 배경에서 남겨지게 되었는지 납득이 되는 설명이다. 더 나아가 근대에 지어져 서울 곳곳에 남아있는 건물들이 왜 그저 '낡은 것'으로 취급되는지 이해할 수 있었다.

식민지 시대에 지어진 건물이어도 국가에 대한 호감도가 있으면 남겨진다. 오래되었어도 말이다. 그 예로 대만 타이페이와 한국 서울을 비교해볼 수 있겠다. 타이페이에 여행을 가면 오래된 건물이 새로운 건물들과 조화를 이루고 있는 도시 경관을 볼 수 있다. 어떤 건물은 서울에 남겨진 근대 건축과 비슷하다. 대만은 한국과 비슷한 시기에 일제 강점기를 겪었다. 그럼에도 2022년 기사에 따르면 과반수 이상 대만인들이 일본을 호감국가로 꼽았다. 우리나라와 대만 사이에 차이가 있다면, 대만은 여러 시기에 외세로부터 식민지를 겪은 역사가 있다는 것이다.

우리도 과거를 받아들이고 '대만처럼 일제강점기에 세워진 건물들을 보존하자'는 말은 아니다. 서로 다른 역사를 갖고 있기 때문에 과거를 대하는 태도는 분명히 다를 수 밖에 없다. 그것이 옳다. 다만, 간조 경성지점 건물이 없다면 그 끔찍한 역사를 말할 수 있을지 묻고 싶다. 건물 없이 한강 인도교와 수색 조차장과 수풍댐의 공통점을 어떻게 찾을 수 있을까. 강제 노역을 했던 수많은 조선인들의 이름은 다시 허공으로 흩어지는 것만 같다.

알고리즘에 어쩌다 걸린 부동산 게시물을 통해 건물 내부를 구경하면서 복잡한 마음이 든다. 매각을 기다리고 있는 이 100년 된 건물의 다음은 어떤 모습일까. 과거를 기억하는 소극적인 방법으로나마 관심을 갖고 지켜볼 일이다.

한편 경성에 지점을 세워 활동했던 토목건축회사 간조는 2013년 안도건설주식회사와 합병하여 여전히 운영 중이다. 2023년 4월 기준 직원 수 3332명, 이름은 하자마 안도 코퍼레이션.

공평동 9번지

시카고에서 온 경성의 건축가

앞서 우리나라 1세대 건축가로 불리는 사람들로 박노수 미술관을 설계한 박길룡, 경교장을 설계한 김세연, 남대문교회와 중앙고등학교 본관을 설계한 박동진, 북촌 윤치왕 주택을 설계한 박인준을 소개했다. 그 중 박인준은 미국에서 건축 교육을 받은 유일한 사람이었다. 일제강점기 당시 건축가들 대부분이 조선총독부가 만든 교육기관(경성고등공업학교)을 졸업한 것과 다른 이력이다.

주로 일본으로 유학가던 분위기와 다르게 미국에서 유학한 것도 특이하다. 그가 처음부터 유학을 가려던 것은 아니었다. 박인준은 연희전문학교에 다니던 중 항일 운동에 가담해 일본에 쫓기는 처지에 놓인다. 그런 상황에서 상하이로, 그곳에서 다시 미국으로 향한 것이었다.

1917년 샌프란시스코에 도착한 박인준은 1923년에 루이스공과대학 기계공학과를 졸업했다. 그후 다시 미네소타 주립대학교 건축학과에 들어가 1927년에 졸업했다. 시카고에 있는 건축사무소에서 일하다가 경성에 돌아와 건축사무소를 차린 것이 1933년이었다. 그보다 조금 더 일찍 조선에 돌아왔다고 가정해도 미국 체류 기간이 못해도 약 15년이다.

박인준이 조국에 다시 돌아왔을 때는 많은 것이 바뀌어 있었다. 일제강점기 초기에 나라를 떠나 15년 만에 돌아왔는데 얼마나 낯설었을까. 3.1운동이 일어난 해가 1919년이었고, 조선총독부가 완공된 것이 1926년이었는데 모두 박인준이 미국에 있을 때 일어난 사건이었다. 실제로 그는 일본어를 잘하지 못했다고 한다.

공평동 9번지, 박인준 건축사무소

1933년 박인준이 경성에 건축사무소를 차렸다. 공평동 9번지 건물의 2층이었다. 1920년대 중반쯤 지어졌을 것으로 추측되는 건물인데, 여전히 옛날 모습 그대로 남아있다. 건축사무소가 있던 2층은 현재 '재미사랑'이라는 호프집이 장사를 하고 있다.

가게 안은 어두컴컴하고 각종 집기들로 가득 차 있었다. 박인준 건축사무소 이후에 '일조각'이라는 출판사가 사용하기도 했기 때문에, 건축가가 남긴 흔적이라고 할 만한 것을 찾아볼 수는 없는 상태다. 가게로 들어가는 계단 입구 벽에

1 공평동 9번지. 이 건물 2층에 박인준 건축사무소가 있었다.
2 2층으로 올라가는 계단

사각형으로 무늬가 있는 것이 재미있다. 두들겨 보니 벽돌이 아니라 합판을 대어 둔 것처럼 가벼운 소리가 난다. 박인준이 출근할 때마다 보던 것인지 모르겠지만, 여기를 오르내리던 것은 확실하다. 잠시 1930년대 중반, 한 건축가의 출근길을 상상해 본다.

종각역 3번 출구에 붙어있는, 현 종로타워 자리에 있던 화신백화점을 보며 사무실 쪽으로 오지 않았을까. 박길룡이 설계한 화신백화점이 1937년 지어졌으니 박인준은 이 길을 오가며 백화점이 지어지고, 처음 문을 여는 순간을 모두 보았을 것이다. 박인준 건축사무소 근처인 관훈동 197번지에 박길룡 건축사무소가 있었다. 그곳은 경성공업전문학교와 조선총독부에서 인연을 맺어온 선후배 건축가들과 의뢰인들로 항상 북적였다고 한다. 경교장을 설계한 건축가 김세연도 박길룡 건축사무소에서 구도 계산 일을 했었으니 이 근대 건축가들은 사무실을 오가며 서로 한 번쯤은 마주쳤을 것이다.

화신백화점 쪽에서 사무실이 있는 건물에 도착한 박인준은 1층에 있는 가게에 있는 사람들과 눈짓으로 인사를 나눴을 것이다. 공평동 9번지에 있는 건물 1층에는 수입품점인 남계양행이 있었다. 남계양행 사장은 윤치창으로, 박인준이 주택을 설계해줬던 북촌 윤씨 형제 중 한 사람이다.(6화 참고) 1933년 박인준이 이 건물 2층에 건축사무소를 차렸고,

다음 해에 윤치창이 수입품점 '남계양행'의 문을 열었다고 알려져 있다.

윤치창은 박인준이 졸업했던 루이스 공과대학 상과 출신인 것, 박인준의 외조카 손진실과 결혼한 것으로 남다른 인연이 있었다. 부인 손진실의 동생, 손원일은 윤치창과 함께 5년간 남계양행에서 일하기도 했다. 공평동 9번지 이 건물에 가족끼리 모여 있었던 것이다.

계단을 따라 2층 건축사무실로 올라간 박인준은 직원들과도 인사를 나눴을 것이다. 책 『경성의 건축가들』에 따르면 박인준 건축사무소는 직원 두세 명을 두고 아틀리에 방식으로 운영되었다고 한다. 학연도, 지연도 없는 그가 주로 맡아 설계했던 것은 개인 주택이었다.

라디오 회사 구미양행

현재 건물 1층에는 테이크아웃 카페 '브루다 인사동'이 있다. 키오스크로 음료 한 잔을 주문해 놓고 기다리며 천장을 둘러본다. 1966년부터 꽤 오랜 시간 동안 자리를 지켰던 '동헌필방'이라는 붓가게가 폐점하고, 이 카페가 입점했다. 그때 내부를 리모델링하면서 천장을 터서 목조 구조가 그대로 노출되어 있다. 덕분에 커피 한잔으로 100년 된 건물의 진짜 내부를 구경할 수 있게 되었다.

건물 1층에는 이 카페뿐만 아니라 여성복과 남성복 옷가게, 두 곳이 있다. 언제부터 1층을 쪼개 쓴 건지 알 수 없지만, 1934년 남계양행이 들어오기 전 이 건물에 자리를 잡고 있던 가게가 있었다. 1926년 설립된, 라디오를 판매하던 구미양행이다. 1935년 가게가 찍힌 우편엽서에 '공평동 9번지'라는 주소가 선명하다. 구미양행이 언제까지 이 건물에 있었는지, 남계양행과 함께 있었던 것인지는 정확하지 않다. 옛날 신문과 자료들을 대조해 봤지만 서로 겹치는 시기도 있었다.

다만 확실한 것은 1930년대에 공평동 9번지 이 건물에 건축사무소와 첨단 기계인 라디오, 수입양품을 파는 가게 등이 입점해 있었다는 것이다. 지금에야 빌딩들 사이에 놓여진 오래된 작은 건물이지만, 경성을 살던 사람들에게는 꽤나 '하이테크' 기업이 있는 건물처럼 보이지 않았을까.

박인준이 본 시카고

박인준이 살았던 1920년대 미국은 호황기였다. 경제뿐만 아니라 영화, 음악, 산업 모든 것들이 활기를 띠었다. 『위대한 개츠비』가 동시대를 배경으로 한 작품인 점을 생각해 본다면 더욱 실감난다.

그가 미국의 여러 도시 중 시카고에서 건축 일을 했다는 것도 흥미롭다. 시카고는 1871년 대화재를 입고 도시 3분의

1이 불에 타고 만다. 그러나 이를 전화위복 삼아 최신식 건축자재로 초고층 빌딩을 지어 새로운 도시로 탈바꿈했다. 시카고에는 도시를 재건한 자신들의 역사를 활용한 다양한 건축투어 프로그램이 있다. 가격이 천차만별이긴 하지만 도보, 세그웨이, 보트, 헬리콥터 등 여러 방법으로 도시를 구경하고, 건축을 통해 역사를 알아갈 수 있다.

2014년 건축가 프랭크 로이드 라이트의 집에 가보기 위해 시카고를 간 적이 있다. 한적한 동네에 있던 건축가의 집이자 스튜디오는 작품 같았다. 미국 3대 미술관으로 불리는 시카고 미술관에는 유명한 예술품이 가득했다. 물론 한 입물면 치즈가 쏟아져내리는 시카고 피자도 맛있었다. 이 모든 것들을 제치고 가장 감동적이었던 것은 시카고의 건축 투어 프로그램이었다.

우연히 선셋 크루즈 투어를 발견했다. 배를 타고 전문가 설명 없이 도시를 구경하고, 노을을 보는 것이었다. 시카고에 대한 사전 지식도 없었을 뿐더러, 전망대에서 도시 경관을 구경하는 정도를 예상했다. 하얀 2층 배는 빌딩 숲 사이를 흐르는 좁은 물길을 따라 미시간호까지 나갔다. 바다처럼 지평선이 있는 커다란 호수 가운데서 본 시카고는 오색 찬란한 빛깔의 하늘과 까맣게 보이는 빌딩 숲으로 자신을 소개하고 있었다. 그때 이 도시가 여행자들에게 건축 투어를 제공하는 것이 대단한 자신감과 자부심이라는 생각이 들었다. 위기를 극복한 자신들을 건물로 소개한다는 게 과거를 대하는 태도 같기도 했다.

건축가 박인준을 생각할 때마다 나는 미시간호에서 보았던 노을 지는 시카고를 떠올린다. 대화재가 일어나고 15년이 지난 뒤에는 그 흔적을 찾아 보기 힘들었다고 하니, 박인준은 지어진 지 몇십 년 안된 시카고의 번쩍이는 빌딩 사이를 분주히 누비는 조선인이었을 것이다. 시카고에서 경성으로 돌아올 때 박인준은 어떤 포부를 품고 있었을까.

그가 어떤 건축사무소에서 일했는지, 건축학과를 다닐 때는 학교에서 어떤 모습이었는지 궁금하다. 미국 대학교 홈페이지부터 여러 곳을 뒤져봤지만 명쾌한 단서를 찾기 어려웠다. 서울에서 발행된 북미 학생총회 기관지 『우라끼』와 1920년대 신문에 실렸던 북미 유학생들 관련 기사 몇 개 속 '박인준朴仁俊'이라는 이름이 전부였다. 그나마 신문에 실린 유학생 시절 사진 한 장은 단체사진이었다.

함께 가보면 좋을 곳: 구 조선일보, 조선중앙일보 사옥

사무실로 출근해서 직원들과 인사를 나누고 자리에 앉은 박인준을 다시 상상해 본다. 그는 2층 창문으로 거리를 한번 내려다보고 자리에 앉았을 것이다. 창 밖은 일과를 시작하는

3 구 조선일보, 조선중앙일보 사옥
4 길 건너편에서 본 두 건물

사람들로 점점 분주해지고 있었을 테다. 출근 중인 사람들 중 옆 건물의 신문사 사람들도 있었겠다.

공평동 9번지 바로 옆 건물(종로구 우정국로 38/ 종로구 견지동 111)은 1926년 조선일보 사옥으로 지어졌다. 신문사가 종로구 연건동으로 이전하고, 1933년부터 1937년까지 조선중앙일보가 사옥으로 사용한다. 조선중앙일보는 일제강점기에 민간 3대 신문 중 하나였다. 1933년 신문사 사장으로 독립운동가 여운형이 취임했으니, 박인준과 서로 만난 적은 없더라도 아주 가까운 곳에 있던 사이라고 할 수 있다. 이렇게 생각하니 건축가 박인준의 출근길이 훨씬 더 생생하게 느껴진다.

조선중앙일보는 1936년 8월, 베를린 올림픽 마라톤 금메달리스트 손기정의 사진 속 일장기를 지운 사건으로 인해 1937년 폐간되었다. 1960년대는 자유당 중앙당사, 1970년부터는 농협중앙회 사옥으로 사용되다가 현재는 NH농협 종로지점이 되었다.

바로 옆 건물인데 공평동과 견지동으로 주소가 서로 다른 것이 새삼 신기하다. 조선중앙일보가 있던 이 건물은 공평동 9번지 건물과 비슷한 시기에 지어지기도 했고, 박인준 건축사무소가 들어올 당시에 신문사가 새로 들어오기도 해서 묘한 평행이론을 이룬다. 길 건너편에서 두 건물을 풍경

삼아 바쁘게 오가는 사람들을 가만히 구경한다. 1930년대 경성도 분명 이런 모습이었을 것이다.

29 구 조선총독부
중앙시험소 청사

일제강점기 초기 목조건물

동네마다 잘 있는지 확인하는 건물이 있다. 대학로에 오면 이 하늘색 건물을 꼭 들여다보게 된다. 현재는 방송통신대학교 역사관이 있는 '구 조선총독부 중앙시험소 청사'다.

종로구 동숭동에 있는 이곳은 2층 목조 건물이다. 르네상스풍으로 건축해서 대리석으로 지은 건물만큼이나 화려하다. 외벽은 독일식 나무 비늘판*을 붙여서 시공했다. 각기 다른 폭과 넓이를 가진 나무 조각을 붙여 만들어서 자세히 보면 정교한 공예품 같다.

난간, 문과 창문마다 조각처럼 무늬를 새겨넣은 것도 눈에 띈다. 건물 꼭대기에 탑을 세워 중심을 잡아주고, 양쪽으로 대칭을 이루고 있다. 좌우 1층에 아치형 창이 있는데, 이것 역시 나무로 반원을 깎아 덧대어 붙였다. 엄청난 솜씨라는 생각이 든다. 일제 강점기 시기에 지어진 건물 중 남겨진 규모 있는 목조건물이라 역사적으로 의미 있지만, 여전히 깔

* 비늘처럼 널의 한옆을 조금 겹쳐 대어 빗물이 흘러내리게 붙이는 벽널.

1 구 조선총독부 중앙시험소 청사 전경
2 원형 창문. 나무를 조각조각 붙여 만들었다.
3 건물 입구

끔한 외관을 보면 과연 공대 건물다운 인상을 풍긴다. 건물 뒷편으로는 하늘다리가 놓여 있다. 신건물과 붙어있는 목재 다리라는 것이 흥미롭다.

공업 전문대였던 시간, 건물을 오간 사람들

건물의 이름은 '구 중앙시험소 청사'이지만 실제로 건물을 오간 사람들의 다수는 학생이었다. 조금은 복잡한 역사적 배경이 있다. 공산품과 기계장치, 재료 등을 테스트하는 중앙시험소 청사는 1912년 건립됐다. 건립 부지는 1909년 설립된 국내 최초의 전문학교였던 공업전습소 건물을 허문 자리였다. 갈 곳 잃은 공업전습소는 중앙시험소 청사를 함께 썼다. 1916년엔 공업 전습소가 경성공업전문학교로 승격되면서 건물 전체를 사용하게 됐다.

1세대 건축가이자 박노수미술관(21화), 화신백화점을 설계한 박길룡이 경성공업전문학교 졸업생이다. 이 학교는 1922년 경성고등공업학교로 개편됐다. '고등'이라는 말 때문에 고등학교로 오해할 수 있지만, 3년제 전문대학교였다. 1926년 이 학교에 입학했던 학생 중 시인 이상도 있었다.

건축학도 이상이 다닌 복도와 계단

시인 이상 하면 이상의 집이 있는 서촌보다 대학로가 먼

4 현 방송통신대학교 역사관 옆면. 건물 한쪽을 우체국이 쓰고 있다.

저 생각난다. 이상이 찍힌 사진 중 경성고등공업학교 졸업식 사진을 좋아하기 때문일 것이다. 위트 있는 코스프레로 해마다 화제가 되는 의정부고등학교 졸업사진처럼 사진 속 남학생들은 공통점 없이 다 다른 복장을 하고 앉아있다. 신여성, 나무꾼, 중국전통복식 등 여러 옷을 입고 있는 사람들 중 맨 첫줄에 전통 여성 한복을 입고 앉아있는 이상이 있다.

이상은 보성보통고등학교를 졸업한 뒤 1926년 경성공업고등학교에 입학했다. 미술을 공부하고 싶었지만, '기술을 배워야 한다'는 큰아버지의 권유 때문이었다. 내키지 않는 선택이었어도 성적은 좋았다. 1929년 졸업하던 해 이상은 건축과 졸업생 12명 중 유일한 한국인이자 수석이었다.

경성고등공업학교는 입학부터 어려웠던 특수한 학교였다. 전문 기술을 배우는 곳이기에 건축학과 졸업생들은 조선총독부 소속 건축기사로 일하게 됐다. 한국인과 일본인 모두 이 학교에서 같은 과정을 거쳤으니 동일한 대우를 받을 것 같지만, 직장 내 차별이 있었다. 이상은 상사와 불화를 겪었다. 거기에 건강 문제까지 겹쳐서 이 젊은 건축가는 금세 일을 그만두게 된다.

현재 건물 1층은 우체국, 역사기록관과 수장고, 회의실 등으로 사용되고 있다. 2층은 대학 내 조직 사무실과 세미나실이 있다. 역사기록관 문 앞에 코로나 팬데믹 이후로 잠겨

5 구 서울대학교 본관 전경
6 당시 서울대 풍경을 담은 설치물

있다는 공지가 붙어있다. 두 쪽의 나무문 앞에 서있는 것으로 만족해야 했지만, 이곳을 드나들었던 조선인 건축학도들과 청년 이상이 보았던 건물 구조, 계단, 바닥을 보았다고 생각하니 작은 것에도 의미가 생기는 듯하다.

그 순간 눈앞에 본관 문을 열고 키 178센티의 호리호리한 건축학도 이상이 들어오는 것만 같다. 시인 김기림이 회고록에 쓴 청년 이상은 '흰 피부에 긴 눈, 짙은 눈썹, 덥수룩한 머리'를 하고 다녔다. 건축학과 실기실에서 찍힌 사진과 비슷한 묘사다. 김기림이 보았던 이상보다 건축학도 시절은 더 어렸으니 얼굴은 앳되고 눈에는 반항기가 조금 더 서려 있었을 것이다. 오가는 학생들과 일본어로 시끄러운 복도를 아주 무심한 표정으로 서있다가 삐그덕대는 마룻바닥 위를 큰 키로 저벅저벅 걸어갔을 이상을 그려 본다.

함께 가보면 좋을 곳: 구 서울대학교 본관

방송통신대학교 역사관 건물 옆에 서울대학교의 옛 본관 건물이 있다. 1931년에 경성제국대학교 본관으로 설계된 건물이다. 1945년 광복 이후에는 서울대학교 본관으로 사용하다가 학교가 1972년에 관악 캠퍼스로 이전한 뒤에는 문화예술진흥원 청사로 사용했다. 현재는 '예술가의 집'으로 공연과 전시를 여는 문화공간이자 1층에 카페를 두어 개방된 장소로 활용하고 있다.

구 서울대학교 본관은 마로니에 공원을 바라보고 있다. 공원 한켠에 있는 표지석과 당시 학교 건물 풍경을 담은 설치물이 서울대학교 터였음을 설명해주고 있다. 공원은 현대 건축가 김수근이 설계한 아르코미술관과 아르코예술극장이 둘러싸고 있다. 근대 건축가와 현대 건축가의 작품이 공원을 가운데에 두고 마주보고 있다고 생각하니 시대를 뛰어넘어 두 사람이 함께 서있는 듯 하다.

정문에 서서 건물을 보면 경성재판소였던 현재 덕수궁 옆 서울시립미술관과 비슷한 외관이다. 경성재판소는 1928년에 지어졌다. 이 건물이 1931년에 지어진 것과 비교해 보면 그곳이 갖고 있던 위엄이나 상징 같은 것을 이으려고 했던 것은 아닌지 추측해 본다.

건물은 지하 1층, 지상 3층이다. 내부로 들어가면 높은 천장 위에 특이한 디자인의 샹들리에가 달려있다. 왼쪽에 대리석 계단이 있는데, 층계가 끝나는 넓은 면에 육각타일을 깐, 흔치 않은 조합이다. 손잡이는 각 없이 매끈한 곡선에 나무 재질이다. 벽에 난 아치형 창과 어우러져 현대적인 느낌을 준다.

근대 조선은 기술에 대한 인식이 변하고 있었다. 수탈의 목적을 이루고자 기술자들을 양성하려 했던 조선총독부의

야욕과 맞물려 상황은 급물살을 타고 있었다. 이런 상황은 근대 여러 학교들이 통폐합되었던 것을 보면 확인할 수 있다. 자연스럽게 다음 여행지는 학교로 이어진다.

학교

涵碧亭 址

출처 사진으로 보는 ○○○일
1900년대 용산신학교 정문에 보이는 '함벽정'○○권

1 구 용산신학교 대신학교 건물(1911)
2 교문에 붙어있는 옛 신학교 모습

근대 조선의 변화, 신학교의 등장

2010년대에 지어진 용산구 아모레퍼시픽 사옥 앞에서 버스를 탔다. 지난 세월을 10배속으로 되감기하는 것처럼, 버스는 1980년대에 세워져 현재는 철거를 기다리고 있는 전자상가 건물을 빠르게 스쳐간다. 길은 점점 좁아지며 더 먼 과거로 향해서 1900년대에 도착한다. 이번 여행지가 있는 용산구 원효로에 있는 성심여자중고등학교 교문 앞이다. 교문 너머로 여행자를 반기는 듯 예수성심성당(1902) 앞 예수 성심상이 팔을 벌리고 있다.

1880년대 근대 교육이 보급되며 근대식 학교가 세워지기 시작했다. 1883년 원산학사, 1885년 배재학당, 1886년 이화학당 등이다. 이 무렵인 1886년 파리 외방전교회도 신학교 건물을 짓기 위해 서울 용산 일대 땅을 매입한다. 1892년에 완공된 학교의 정식 명칭은 예수성심신학교다. 신학교의 등장은 근대 조선의 변화를 상징하는 사건이기도 했다.

한강이 보이는 언덕에 세워진 신학교

교문 오른쪽 한켠에 옛날 신학교 교문 사진이 있다. 사진 속 교문에는 '함벽정'이라는 한자가 벽돌에 새겨져 있고, 문 꼭대기에 십자가가 달린 고풍스러운 철제문이 설치되어 있다. 함벽정은 한강을 바라보는 언덕 위에 세워진 정자 이름이다. 성심신학교가 그 터에 자리를 잡으면서 교문에 이름을 새겨둔 것이다.

이 학교는 1855년 충북 제천에서 개교했다. 천주교 활동이 자유롭지 못하던 시기였다. 1886년 조불수호조약을 통해 종교 활동이 자유로워지기 전까지 학교는 약 30년 동안 병인박해를 겪고, 경기도 여주로 이전하는 등 어려움이 많았다. 종교 활동이 자유로워지고 난 후 비로소 신학교를 서울에 입성시키며 어디에 터를 잡을지 고민이 많았을 것이다.

옛 교문 사진 옆에는 '교황청 승인' 천주교 서울순례길 코스가 붙어있다. 지도를 자세히 보면 성심신학교는 당고개 순교성지와 새남터 순교성지 중간에 위치하고 있다. 함벽정은 순교지가 보이는 언덕에 위치해 있었다. 지리적인 역사성을 고려해 이곳에 터를 잡은 것이다.

학교와 성당 설계는 코스트 신부가 맡았다. 그가 설계한 대표작으로 서울 명동성당(1898), 약현성당(1892)과 인천 답동성당(1897)이 꼽힌다. 신학교를 서울로 이전하며 건물뿐만 아니라 학교 이름도 '예수성심신학교'로 새로 지었다. 천주교 활동의 새로운 시대를 열겠다는 포부와 다짐이 엿보인다.

현재 성심여자중고등학교 안에 남아있는 건물은 1902년에 건축된 예수성심성당, 1911년 신축한 성심신학교의 대신학교 교사다. 1892년에 지어진 신학교의 첫 건물과 1914년에 지어진 소신학교 건물은 1960년대에 철거되었다. 그 자리에 성심여자고등학교와 성심여자중학교가 세워졌다.

대신학교(성심기념관): 아치 모양 창문이 있는 언덕 위 건물

성심신학교는 소신학교와 대신학교로 구성돼 있었다. 각각 6년 과정으로 소신학교에서는 라틴어를 가르치며 초, 중등학교 역할을 했다. 대신학교에서 비로소 신학과 철학을 배울 수 있었고 당시 기준으로 고등학교, 현재로는 신학대학 역할을 했다. 현재 성심기념관으로 사용하고 있는 건물이 대신학교 건물이다. 이 건물은 1911년에 지어져 약 30년간 학교 건물로 사용된다. 성심신학교는 1942년 일제에 의해 강제 폐교됐다. 조선에 있는 모든 무허가 학교를 폐쇄한다는 이유였다. 종교를 중심으로 조선인들이 자꾸 한데 모이는 것이 불만이었을 것이다. 한국전쟁 이후인 1956년부터는 성심수녀회가 이 건물을 사용했다. 현재 1층은 성심수녀회 전시 공간과 회의실로, 2층은 사무실로 사용하고 있다.

3   성심기념관 복도에서. 성심성당 지붕이 보인다.

성심기념관은 언덕 끝에 위치해 있다. 성심성당과 성심 여자중학교 사이에 있는데, 언덕을 살려 지은 건물이라 반지 하1층, 지상2층 구조를 갖고 있다. 직사각형 모양이지만 둥 근 아치형 창이 건물을 가득 메우고 있어서 단조롭지 않다. 옛날 사진을 보면 사라진 건물들을 포함해 이 건물에도 기 와 지붕이 올려져 있었다. 지금은 현대식 지붕으로 바뀌었 다. 현관 위에 있는 캐노피와 삼각형 지붕도 원래는 없던 것 이다.

현관 좌우로 나있는 계단을 올라서 나무문을 열고 내부 로 들어간다. 성심기념관은 평일에만 문을 연다. 1층에는 성 심수녀회의 역사와 활동 내용, 수녀들의 옛날 물건이 전시되 어 있다.

정오에 갔더니 아치형 창문으로 햇볕이 쏟아져 복도를 채운다. 창문 밖에는 학교 운동장과 함께 성심예수성당 뒷모 습이 보인다. 쉬는 시간인지 같은 교문을 사용하는 성심여중 고 학생들이 꺄르르 웃으며 지나간다.

옛 모습을 상상하며 복도를 천천히 거닌다. 건물 내부가 일부 수리되기도 하고, 바깥 풍경이 달라졌지만 복도 가득한 햇살만큼은 100년 전 그대로다. 이런 생각하니 1910년대의 신학교 학생이 된 것 같기도 하고, 1950년대 성심수녀원에 속한 수녀가 된 것 같기도 하다. 내부를 걸으며 천장, 창틀,

마룻바닥 구석구석을 둘러본다. 건물 안에서 생활하던 사람들의 시선에 내 시선을 맞춰볼 때 그 어떤 전시품보다 과거를 생생히 느낄 수 있다.

성심신학교와 장면의 인연

앞서 장면가옥(2화)을 소개했다. 운석 장면은 정치에 입문하기 전 교사로 일했다. 교사 초임 시절인 1918년 4월 그는 이 학교에서 신학과 영어를 가르쳤다. 그가 이 건물을 드나들던 100년 전, 현재 운동장 위치에는 기와집과 초가집이 즐비했다. 성당 앞으로는 사라진 신학교 건물 두 채가 보였을 것이다.

이 건물 복도를 지나다니던 학생들 중에는 노기남이라는 사람도 있었다. 장면이 가르쳤던 학생으로 한국인 최초로 대주교가 된 인물이다. 운석 장면이 동성상업학교*(현재 동성고등학교) 3대 교장으로 재임하던 중 재학생 명단에 김수환 추기경이 있었다는 것도 흥미롭다. 장면 역시 천주교인이었다는 것을 생각하면, 한 인물이 겪은 한국 초기 천주교 역사가 실감나게 그려진다. 건축을 통해 사건과 인물을 바라보면 과거는 더욱 선명해진다. 사람과 계절이 느껴질 때 비로소 공간도 읽힌다. 계속해서 연도와 시대를 엮어서 건축을 소개하는 이유다.

* 성심신학교의 소신학교가 1928년말 분리되어 남대문상업학교로 편입되고, 남대문상업학교가 혜화동으로 이전하면서 동성상업학교가 되었다.

예수성심성당:

단단하고 정교한 건물과 시대를 넘나든 스테인드글라스

예수성심성당은 1902년에 신학교 안에서 두 번째로 세워졌던 건물이다. 언덕 지형을 살려 지어서 이 건물 역시 성심기념관처럼 1층 본당이 마치 2층에 있는 듯한 형태다. 성심기념관에서 나와 성당 옆 문으로 들어가면 계단이 나온다. 나선형 나무 계단인데, 만듦새가 단단하고 정교해서 보고만 있어도 흐뭇하다.

성심성당은 코스트 신부가 설계한 서울 중구 중림동의 약현성당과 비슷하다. 아담한 크기의 건물 뒷모습이 닮기도 했지만, 스테인드글라스 때문이기도 하다. 약현성당의 스테인드글라스는 1974년, 성심성당의 스테인드글라스는 1985년에 새로 설치되었다. 두 성당 안에 설치된 작품 모두 이남규 작가의 것이다.

성심성당은 입구 기준으로 정면은 십자가를 상징하는 듯한 주황빛으로, 옆면은 푸른빛으로 장식되어 있다. 재미있는 것은 정면과 옆면을 작업한 작가가 다르다는 것이다. 정면 스테인드글라스는 1985년 이남규 작품, 옆면 스테인드글라스는 2015년 마르크 수사 작품이다.

두 사람이 한 성당의 스테인드글라스를 작업했다는 것이 감동적이다. 30년이라는 세월을 두고 성당이 갖는 의미와

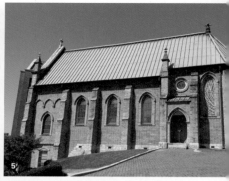

4 교문에서 본 성심성당

5 성당 옆면

6 내부 계단

7 성심성당 내부

스테인드글라스가 갖는 통일성을 신중하게 고려했을 테니 말이다. 이 성당을 사람들이 어떻게 보존하고, 관리하는지도 느낄 수 있다.

원래 스테인드글라스 모습은 1902년 성당 봉헌식 사진에서 볼 수 있다. 흐릿하긴 하지만, 가운데에 예수님을 두고 주변에 사도들이 있는 중세풍이었다. 1950년 6.25전쟁 당시 훼손되었는데, 원래 모습과 완전히 다른 현대적인 느낌으로 복원해 새로운 의미를 부여한 것도 흥미로운 접근이다.

중구의 약현성당에 갔을 때도 아름다우면서 현대적인 스테인드글라스가 옛 건물과 조화를 이루고 있는 것에 감명받았다. 우리나라 최초의 성당이라는 역사적인 의미 위에 한국 작가에 의해 유럽 스테인드글라스 양식인 달드베르 기법•작품이 최초로 만들어졌다는 건축적 의미까지 더해졌다. 원래대로 조악하게 하는 복원보다 현대적으로 새롭게 해석한 복원이 훨씬 의미 있다는 것을 새로 깨닫기도 했다. 사라진 예전 모습을 떠올리며 현재 입혀진 종교적 의미를 한꺼번에 되새길 수 있으니 말이다.

한편 약현성당은 1999년 화재를 입었는데, 1974년에 작업된 이남규의 스테인드글라스는 훼손되지 않았다. 오히려 열로 인해 미세한 균열이 생겨 반사되는 빛이 더욱 아름다워졌다는 평가를 받는다.

• 2~5cm 정도 두께의 평판 색유리를 원하는 크기로 자르고 망치를 이용해 절단 모서리를 커팅한 뒤 시멘트나 합성수지로 접합하는 기법. 1920년대 프랑스에서 처음 선보였다.

폐교 이틀 전, 서품식

성심신학교의 역사는 곧 한국의 근대사였다. 조선시대 사대문 저 멀리에 세워서 조용히 신학생들을 양성했던 이 학교가 조불수호조약 이후 서울로 들어와 터를 잡고, 다시 일본에 의해 폐교되고 전쟁을 겪으며 건물이 훼손되었으니 말이다.

폐교 이틀 전인 1942년 2월 14일 성심신학교에서 서품식[*]이 진행되었다. 서품을 받은 신부들과 학생들, 교사들이 함께 학교 앞에서 사진 찍은 사진이 남아있다. 슬퍼보이거나 침울해하는 기색 없이 의연하고 담담한 모습이다. 가지런히 모은 손이 마치 신께 기도를 하고 있는 것 같다.

조상이 믿어 본 적 없는 종교를 믿고 따르겠다는 것은 당시로서 엄청난 결심이었을 것이다. 어떤 다짐이었을까. 대체 무엇을 믿고 선택했을까. 한국 초기 기독교나 천주교 역사를 들여다볼 때마다 나는 종교란 무엇인가, 교육은 무엇인가, 삶은 무엇인가에 대한 근본적인 물음 앞에 선다. 무엇을 남기는 삶을 살 것인지에 대한 질문이기도 하다.

[*] 교회 신도에게 교직을 수여하는 절차

가을이 되자 갑자기 하늘이 높아진다. 청명한 하늘을 보니 어디론가 떠나고 싶어졌다. 어디를 갈지 고민하다가 시립대학교 박물관을 찾았다. 서울과 한국의 옛 모습을 주제로 꾸준히 기획전을 여는 곳이다. 매번 전시 주제가 흥미로운데, 2023년 10월에는 「지리학자 Dege의 카메라」라는 전시를 하고 있었다.

이 전시는 독일 지리학자인 에카르트 데게가 찍은 70년대 서울 풍경 사진 2만 2000장을 기증 받아 열게 되었다고 한다. 교수 데게는 2013년 서울시립대학교 박물관에서 했던 「1950s, 서울의 기억」 전시를 인상깊게 봤는데, 그 계기로 사진을 서울시립대학교에 기증하기로 한 것이다. 어떤 마음인지 이해가 됐다. 나 역시 몇 년 전에 본 박물관 전시를 통해서 이 학교를 좋아하게 되었기 때문이다.

서울시립대학교 정문을 통과하면 1시 방향으로 나지막한 건물 세 개가 모여 있다. 박물관(옛 강의실), 경농관(옛 본

1 (좌)서울시립대 박물관, (우)경농관 뒷편. 모두 1937년에 세워졌다.

2 박물관 입구에서 무료 배포 중인 자료집

3 서울에 대한 자료집으로 가득한 박물관 책장 일부

관), 자작마루다. 건물 사이에 있는 정원에는 작은 석상들이 놓여 있다. 세 건물은 단층인 데다 단순한 형태라 뭐가 그리 대단한가 싶지만, 모두 1937년에 지어진 오래된 건물이다.

경성공립농업학교 강의실(서울시립대학교 박물관): 방대한 자료가 있는 전시실과 책장

서울시립대학교의 전신인 경성공립농업학교는 1918년 개교했다. 1937년에 현재 부지에 새로 학교 건물을 짓게 되었다. 건물 대부분이 사라지고 세 개 동이 남았는데 그 중 하나가 경성공립농업학교 강의실 건물이었던 현재 서울시립대학교 박물관이다. 이 건물은 본래 지금보다 훨씬 긴 형태로 규모가 컸지만, 현재 반쪽만 남아 있다.

이 건물이 박물관으로 개관한 것은 1984년이었다. 2005년 경농관으로 학예실과 수장고를 이전하고, 2012년 건물 리모델링 작업을 거치면서 박물관은 전시실 역할만 하게 됐다.

서울시립대학교에 처음 간 것은 2021년 봄이었다. 박물관에서 하는 「평양의 시간」이라는 전시를 보기 위해서였다. 평일만 문을 열기 때문에 맞춰 가는 것이 쉽진 않았지만, 가보고 나서는 깜짝 놀랐다. 전시 공간이 엄청나게 크지 않은데도 근현대 평양 사진과 자료가 가득 전시되어 있었다.

서울의 시립대인 만큼 서울과 관련된 역사 연구를 하는

연구소 활동과 전시 기획이 활발하다는 것이 새삼 와닿았다. 2023년 봄에는 경복궁 앞 광화문 복원 사업 중 발굴된 일제가 놓은 전차 철도를 시민들에 공개하는 프로그램이 있었다. 그때 해설을 맡았던 분도 서울시립대학교 국사학과 신희권 교수였다.

오랜만에 다시 찾은 박물관은 그대로였다. 입구에는 이전 전시 도록을 무료 배포하고 있다. 사고 싶어도 못 사는 자료인데, 무료로 주신다니 그저 감사하며 챙길 수밖에! 박물관에서 가장 좋아하는 장소는 입구에 들어가자마자 양쪽에 놓여 있는 커다란 책장이다. 책장에는 서울역사박물관에서 출판한 비매품 자료집을 포함해 서울과 한국 근현대 관련 책이 가득 꽂혀있다. 서울 역사에 특화된 도서관이라고 봐도 좋을 정도다. 멀리 가지 않고 한 자리에서 이런 자료들을 본다는 것이 감격스러워서 처음 박물관에 왔을 때는 전시만큼이나 오래 앉아서 구경하기도 했다.

경성공립농업학교 본관(서울시립대학교 경농관):
높은 천장과 목조가 드러난 건물

강당인 자작마루는 외부인이 출입하지 못하므로 박물관 외에 들어가볼 수 있는 건물은 경농관이다. 1937년 건립 당시 본관으로 사용하던 경농관은 서울학연구소, 수장고, 전시실 등으로 구성되어 있다. 전시실을 개방하지 않는 것을 보면 옆 건물인 박물관을 주로 이용하는 듯하다.

박물관과 붙어있는 쪽이 후면이고, 바퀴가 드나들 수 있도록 양 옆으로 오르막길을 둔 쪽이 건물의 정면이다. 서울시립대학교 본관으로도 사용했던 만큼 건물 앞에 정문이 일부 남아있다. 다른 꾸밈이나 위치 변경 없이 그대로 둔 모습이 인상적이다.

내부로 들어가면 높은 천장에 압도된다. 밖에서 보면 이렇게 높은 건물이었나 싶을 정도다. 양쪽으로는 수장고와 연구실이 있는데 외부인이 진입할 수 없다. 복도에서 천장을 보는 것으로 만족해야 하지만 목조 건물의 형태를 볼 수 있어 의미 있다. 벽 한켠에는 넓은 천장을 이용해 1994년 서울학연구소에서 제작한 옛 서울 모형이 붙어있다.

벽에는 이전에 전시했던 서울 옛 사진 자료도 걸려 있다. 이것만으로도 서울 건축 여행에 도움이 된다. 손님으로서 유일하게 들어가볼 수 있는 또 다른 공간이 있다면 화장실이다. 그대로 남겨둔 교문 일부처럼, 화장실도 별도의 내부 인테리어 없이 벽돌과 천장을 그대로 노출시켰다.

건물의 가치가 드러나는 솔직한 리모델링

경농관, 박물관, 자작마루는 2012년 건축학부 이충기 교

4 경농관 앞면. 2023년 여름
5 경농관 현관 기둥. 2021년 봄.
6 경농관 내부. 공사하며 나온 벽돌을 무심히 둔 게 재미있다.

수가 리모델링했다. 건축도시연구소가 발행하고 이충기 교수가 남긴 자료*에 따르면 원래 세 건물 지붕은 철재 단열 패널로, 천장은 석고보드와 와이어 메시 틀로, 벽체는 내단열을 하고 석고보드를 붙인 후 페인트 마감을 하기로 되어 있었다. 이미 설계가 완료된 상태였지만, 건축가는 옛 건물의 가치가 잘 드러나는 쪽으로 리모델링을 제안했다.

그대로 노출된 내부 벽돌과 천장은 이렇게 탄생했다. 불필요한 것들을 걷어낸 내부는 벽체와 마감 재료의 변형이 있었지만 그대로 두었다. 건축가 이충기는 TBS 방송 인터뷰를 통해 '변형된 것까지 포함한 건물의 솔직한 부분을 드러내고 싶었다'고 말했다.

단순히 건물의 옛 모습을 보존하고 보여주는 것만이 목표는 아니었다. 건물 내부 벽과 천장을 가볍게 만들어서 구조적 안정성과 안전을 확보하기 위한 것이기도 했다. 특히 천장에는 지나치게 많은 조명, 냉난방기구, 전시용 철제 조형물들이 있어서 무게가 상당했다고 한다.

일제강점기의 학교 건물이자 서울시립대학교의 전신인 건물의 근현대 건축사적 역사성을 발굴하면서도 안전, 편의를 고려한 복원 사례로 꼽힌다. 이런 노력이 인정되어 이 세 건물들은 2013년 서울시 건축상 최우수상을 수상했다.

• 「오래된 현재, 서울시립대학교 선벽원(경농관·박물관·자작마루) 리모델링」, 『건축과 도시공간』 n.12 (2013년 2월)

7   옛 강당 건물. 현재 자작마루 강당

일상 속에서 사용하는 복원

전시를 보고 나와 옛 벽돌 건물을 둘러보고 잠시 경농관 앞쪽에 있는 벤치에 앉아본다. 9월을 맞아 개강한 학교는 학생들로 북적인다. 건축가 이충기는 '대학은 공간 주체에 의해서 끊임없이 생성, 변형, 소멸되는 사회적 공간'이라고 말했다. 경농관, 박물관, 자작마루가 전시, 연극, 세미나, 공연 등을 담는 문화공간으로서 사용되기를 바라는 맥락에서 한 말이다.

건물을 보면 이 말이 더 와닿는다. 복원은 무엇일까. 어떻게 지난 모습을 보존하고, 사용해야 할까. 이 질문에 건축가는 옛 모습을 드러내는 것에 그치는 것이 아니라 일상 안에서 사용하며 시간을 느낄 수 있어야 한다고 건물을 통해 답한 것 같다. 멀끔한 모습으로 영원히 박제되는 게 아니라, 여전한 이용을 위한 단장. 이 공간에서 내일을 계획할 수 있다는 미래지향적인 의미가 대학교와 잘 어울린다.

1   현 서울과학기술대학교 대륙관

2   현 서울과학기술대학교 대륙관 본관 정면

3   현 서울과학기술대학교 대륙관 건물 좌우 연결 통로

일제강점기에 세워진 서울의 캠퍼스 내 건물들

시립대학교 박물관을 방문한 계기로 근대에 지어진 학교 건물들에 관심이 생겼다. 연세대학교나 이화여자대학교처럼 외국인 선교사들이 지은 학교들은 익히 알고 있었지만, 일제강점기에 일본이 세운 학교는 잘 몰랐다는 것을 깨달았기 때문이다.

서울 속 대학교 내에 있는, 미처 알지 못했던 근대 건물을 찾아보기 시작했다. 노원구 공릉동의 서울과학기술대학교도 그때 가게 되었다. 대학생 때 7호선을 타고 다니며 '공릉역'이라는 역명 옆 괄호에 써있던 학교 이름을 자주 봤지만, 가봐야겠다는 생각을 한 적은 없었다. 근대 건축, 그것도 이공계열 학교 건물들이 서울과학기술대학교에 있었다는 건 내게 놀라운 일이었다.

대학을 방문한 건 4월 첫날이었다. 마침 교정에는 벚꽃이 만개해 있었다. 새내기들이 입학하는 계절이라 학교는 살짝 들떠 있었다. 대학교 교정을 지칭하는 '캠퍼스'는 들판을 뜻하는 라틴어다. 대학을 졸업한 지 오래돼서인지 학교보다는 너른 공원에 와있는 기분이었다.

대륙관: 일제강점기의 경성광산전문학교

서울과학기술대학교 대륙관은 1942년 경성광산전문학교의 건물로 지어졌다. 광복 후에는 이 학교가 서울대학교 공과대학교 광산학과가 되면서 건물을 사용했다. 이런 이유로 건물의 정식명칭은 '서울대학교 구 공과대학 광산학과 교사'다. 현재는 서울과학기술대학교 토목학과 학생들이 사용한다.

중앙에 탑과 돌출된 현관이 있는 2층짜리 본관이 있고 양 옆에 단층 건물이 하나씩 놓여 있다. 건물들은 지붕이 있는 통로를 두어 하나의 건물처럼 연결시켰다. 2층인 건물 외부는 투박하고 단단해 보인다. 본관으로 들어가는 현관 앞에만 벚꽃이 아닌 푸르고 높은 나무가 심어져 있다. 규모가 작은 건물이지만 시선이 중앙에 집중되어 만만하게 보이지 않는다.

경성광산전문학교의 전신은 1916년 경성공업전문학교 광산과다. 경성공업전문학교는 1922년 경성고등공업학교로 개편되었다. 29화에서 언급한, 이상이 졸업한 건축학과가 바로 이 학교다. 1939년 광산학과가 분리되어 경성광산전문학교가 되었다. 학과가 전문학교로 분리되었지만, 한동안 경성고등공업학교와 같은 건물을 사용했다.

1940년에 들어서면서 조선총독부는 학교를 별도로 설립하기로 결정한다. 1941년 태평양전쟁으로 광물 수요가 급격히 증가했기 때문이다. 이런 배경에서 1942년 학교가 현재 위치로 이전하며 새로운 학교 건물을 짓게 되었다. 그것이 현재 서울과학기술대학교 대륙관이다.

황금광 시대의 경성광산전문학교

일제강점기 광물 수탈과 골드 러시를 생각해 보면, 경성광산전문학교의 의미를 더욱 깊이 알 수 있다. 1934년 잡지 『삼천리』에 실린 목병정의 글은 당시를 황금광 시대로 지칭한다.

"양복쟁이, 상추쟁이, 어른, 어린애 할 것 없이 눈코 박힌 사람들이 두셋만 모여 앉은 자리에서 금광 이야기 나오지 않는 곳이 없으리만치 금광열이 뻗치었다." - 목병정

1920년부터 1930년을 휩쓴 황금 열풍은 터무니없는 허상을 근거로 한 것은 아니었다. 실제로 금광으로 떼돈을 번 사람들이 등장했기 때문이다. 경교장을 지은 친일파 최창학

도 1920년대에 금광업으로 부를 일군 사람이었다. 1933년 조선일보를 인수한 방응모 역시 1920년대에 금광에서 떼돈을 벌었다. 우리가 잘 아는 소설가 채만식과 김유정도 광맥을 찾아 헤맸다. 이런 경험으로 김유정이 쓴 소설이 1930년대 금광 열풍을 배경으로 한『금 따는 콩밭』이다.

이토록 과열된 사회적 분위기 속에서 경성광산전문학교가 국가가 운영하는 전문학교로서 얼마나 인기 있었을지 쉽게 상상할 수 있다. 실제로 졸업하면 국영광산에 취업할 수 있어서 경쟁률이 높았다고 한다. 1942년 새롭게 학교 건물을 지으며 아마도 조선총독부는 이 영광이 영원하리라고 생각했을 것이다.

다산관과 창학관: 경성제국대학교 이공학부

서울과학기술대학교 정문으로 들어가면 정면으로 왼쪽에 다산관, 오른쪽에 창학관이 있다. 1942년에 지어진 경성제국대학교 이공학부 건물들이다. 두 건물 모두 ㅁ자 구조인데 다산관은 학부의 본관으로, 창학관은 강의동으로 지어졌다. 이 학부는 광복 후에 경성광산전문대학과 경성고등공업학교와 통합해 서울대학교 공과대학이 되었다. 이런 이유로 이 건물들의 정식 명칭은 '공릉동 서울대학교 구 공과대학'이다. 서울대학교 공과대학은 1980년 관악 캠퍼스로 이전하기 전까지 이 건물을 사용했다.

창학관과 다산관 두 건물은 생각보다 말끔한 모습이어서 놀랐다. 물론 내부 리모델링을 거친 듯하지만 외관은 오래 전에 지어졌다는 생각이 들지 않을 정도다. 다산관은 규모가 크고 현관이 높아 웅장한 느낌을 준다. 중앙에 탑처럼 우뚝 솟아있는 구조를 갖고 있는데, 도쿄대학교(1877년 설립)의 도쿄대학대강당(1925) 건물이 떠오르기도 한다. 경성제국대학교는 도쿄, 교토, 도호쿠, 규슈, 홋카이도에 이어 6번째로 설립된 제국대학이었다. 일본 본토 외 식민지 국가에는 처음으로 설치된 제국대학이었기 때문에 조선총독부의 자부심이기도 했다.

책『조선이 만난 아인슈타인』에 따르면 경성제국대학교 이공학부 본관(현 다산관)은 단일 건축물로는 동양 대학교 중 최대 규모였다. 현재 창학관인 강의동에는 군함 1척을 만들 수 있는 철재가 사용되었다고 한다. 경성제국대학교는 식민지 수탈을 위해 필요한 엘리트 인재를 양성하는 학교였다. 조선총독부가 이곳을 중요하게 얼마나 중요하게 여겼을지 건물 규모로 짐작해본다. 그렇기 때문에 더더욱 기술자를 키우는 이공학부 건물을 설계할 때 동경제국대학교(현 도쿄대학교)를 참고하지 않았을까. 실제로 이 건물 탑 꼭대기에는 도쿄대학교 대강당 건물처럼 시계가 있었다고 한다. 시계는

4 현 서울과학기술대학교 다산관

5 현 서울과학기술대학교 창학관

6 창학관 내부 중앙계단

2008년 철거되었다.

　경성제국대학교 공과대학교 본관 옆 강의실로 지어진 창학관은 앞서 설명한 건물들보다 단조롭다. 내부로 들어가자마자 중앙계단이 있고 양쪽으로 갈라지는데, 이는 대륙관도 마찬가지다. 이 세 건물을 지을 때는 조형미를 고려하기보다는 최대한 많은 인원과 장비를 수용할 수 있도록 크게 짓는 것에 중점을 둔 듯하다. 직선으로 딱 떨어지게 지은 것도 일반적인 근대 건축과 다른 느낌이다. 오로지 실용성만 추구한 건물을 통해 조선총독부가 갖고 있던 이공학부 교육의 목적을 엿볼 수 있다.

경성제국대학교가 던지는 질문

　광복 후 1946년 7월, 미군정은 국립종합대학 설치 계획안을 발표한다. 경성대학과 경성의전, 경성광산전문학교, 경성공업전문학교 등 관립 전문학교 9개를 합쳐 종합대학으로 만든다는 계획이었다. 이게 서울대학교의 시작이다.

　그러나 서울대학교 홈페이지 내 대학교 역사에는 경성제국대학교에 대한 내용이 없다. 식민지 시기에 세워진 경성제국대학교와 해방 후 서울대학교가 갖고 있는 인재양성 목적이 다르기 때문이다. 경성제국대학교는 식민지 엘리트를 만들기 위한 기관이기도 했고, 조선에 이민 온 일본인들을 위해 설치된 것이기도 했다. 실제로 조선인보다 조선에 살고 있는 일본인, 일본 땅에서 건너온 일본인 학생이 대부분이었다. 입학 시험은 당연히 일본어로 시행되었고, 독립운동 가담 여부나 집안에 대한 질문 등 사상검증 단계도 거쳤다.

서울대학교 규장각한국학연구원 정준영 교수는 2020년 서울대학교 인문대학 심포지엄에서 경성제국대학교이 어떤 대학이었는지, 아직까지도 어떤 의미를 남기고 있는지 생각해봐야 한다고 말했다. 대학을 최고의 교육기관으로 말하는 것 안에 엘리트 교육의 의미를 갖고 있던 경성제국대학교가 남긴 영향이 있는지 따져 보아야 한다는 맥락에서였다. 대학은 무엇이고, 국가가 운영하는 국립대학교는 어떤 의미를 갖는지 고민해보게 되는 질문이었다. 공교육은 무엇인지, 학교는 무엇인지로 확장되는 의문이기도 하다.

근대기에 학교가 생기고 통폐합되는 과정을 쫓으며 자꾸 만약을 생각해보게 된다. 독립된 국가로서 우리나라가 직접 세운 학교였더라면? 경성제국대학교가 세워지지 않았더라면? 미군정이 들어왔을 때 학교들이 통폐합되지 않았더라면? 역사에 가정법은 없다지만, 사람을 키우는 교육 문제이니만큼 자꾸 만약을 되뇌이게 된다.

33　건국대학교

건축가가 대학생에게 보여주고 싶은 것

르 코르뷔지에 건축사무소에서 3년 반동안 일하며 경험을 쌓은 건축가 김중업은 1956년 귀국했다. 프랑스에서 온 그가 맡은 프로젝트는 대학교 설계였다. 건국대학교 도서관(1958)을 시작으로 이 시기에 부산대학교 본관(1959), 서강대학교 본관(1960)을 남긴다.

이 건물들을 사용하는 사람은 부자도, 고위 간부도, 개인도 아니다. 일제강점기에 태어나 전쟁을 겪고 겨우 살아남아 대학생이 된 청년들이다. 그런 사람들을 위한 공간을 의뢰받았을 때 무엇을 보여주고 싶었을까? 건축가마다 설계를 통해 다른 대답을 할 것이다. 김중업이 내놓은 대답은 조형적 아름다움이었다. 전후 복구 중이었던 당시 상황을 고려하면, 단순히 예쁜 건물을 의미하는 것은 아닐 것이다. 경험해보지 못한 미래를 건축을 통해 보여주고 싶었던 건 아닌지 짐작해본다.

1　건국대학교 구 도서관, 현재 언어교육원
2　건국대학교 구 도서관 입구. 입면에 유리창이 가득하다.
3　현관에서 본 풍경

외관: 우주선을 닮은 도서관

1963년 개봉한 엄앵란, 신성일 주연 영화 「청춘교실」의 배경은 건국대학교다. 1960년대 광진구 화양동과 건국대학교 캠퍼스의 풍경은 높은 건물로 가득한 지금 모습과 비교되어 생경하다. 영화 속에서 학생들은 강의를 듣고, 호수에 빠지고, 호수 앞 쉼터를 오간다.

영화 초반에 건국대학교 구 도서관 건물도 나온다. 언덕 위에 있는 기다란 건물인데, 지붕에 동그란 원반이 있는 모습이 특이하다. 강의를 마친 학생들이 나오는 건물로 등장하기도 하고, 외부 계단에서 학생들이 내려오는 장면도 나온다. 건국대학교 모습을 포함하여 완공된 지 얼마 되지 않은 구 도서관 건물이 담겨 있어서 소중한 기록이다.

1956년에 지어진 도서관 건물은 현재 건국대학교 언어교육원으로 쓰이고 있다. 이 건물을 갈 때 예술대학 옆에 있는 숲을 지나가는 것을 좋아한다. 건물이 도서관이었다는 연관성을 느끼고 싶기 때문이다. 살아있는 나무를 바라보며 죽은 나무로 만들어진 책들을 생각한다. 그렇게 걸어가면 건물용도가 바뀌어 아쉬운 마음이 조금은 사그라지는 듯 하다.

숲에 가려진 이 곡선 건물은 불시착한 우주선 같아 보인다. 실제로 건물에 가득한 곡선과 상향적 이미지로 인해 '우주항공박물관'으로 불려도 어울릴 법하다. 본래 도서관이었던 걸 생각하면, 고요한 서가 사이를 사뿐히 걸어다니는 사람들은 마치 미지의 세계를 탐사하는 우주인 같았을 것이다. 공간이 더욱 시적으로 느껴진다.

설계도면을 보면 건물은 중심에 계단을 두고 Y자 형태, 세 개의 방향으로 곡선을 그리며 뻗어 있다. 입면은 유리창으로 덮여 있다. 파리 유네스코 본부 건물에 영감을 받아 설계한 것으로 알려져 있는데 형태가 다르니 비교해 보아도 재미있다.

경사로: 건축적 산책로

건물은 총 4층이다. 건물 가운데에 있는 나선형 계단을 둘러싸고 있는 원형 공간을 따라 계단 대신 경사로가 만들어져 있다. 이곳을 설계할 때 이 원형 공간인 서고를 중심에 두고 각 방향에 배치된 열람실로 갈 수 있도록 하는 것이 의도였다. 열람실은 1976년에 증축되었다. 1989년 건국대 중앙도서관이 지어지면서는 건물의 용도가 바뀌었다. 현재 열람실로 쓰이던 공간은 강의실, 강사실, 건국대학교 노동조합연맹 사무실 등으로 사용하고 있다. 사무실 창문 위에는 사각형으로 가득한 철제 장식이 붙어있다. 외벽에 있는 유리창과 닮았다. 내부와 외부에 통일성을 부여한 건축가의 섬세함이 엿보인다. 한편으로는 부산대학교 구 본관* 안에 있는 모자이크 창

* 국가등록문화재로 지정되어 있다.

같기도 하다.

바닥에 써있는 숫자로 층을 구별하며 경사 계단을 올라간다. 유리창으로 입면을 최대한 넓게 만든 건물이라 바깥 숲 풍경이 그대로 원형 공간에 들어온다. 해가 기울어져가는 오후 4시쯤에 오면 밖에 있는 나무 그림자가 복도 벽까지 길게 늘어지고, 정오에 오면 숲의 울창함이 더 짙게 보인다. 경사로를 오르며 창, 기둥, 벽이 이어지는 곳마다 있는 곡선을 구경한다. 잘 보이지 않는 천장 위 벽과 벽이 만나는 부분에는 몰딩처럼 무늬를 새겨두었다.

경사로 계단은 르코르뷔지에가 말했던 '건축적 산책로'라는 개념과 닿아있다. 르코르뷔지에는 라로쉬 잔느레 주택 Villas La Roche-Jeanneret에 대해 다음과 같은 설명을 한다.

"제 2의 집은 건축적 산책을 요구하는 것이다. 사람이 실내로 들어가면 건축적인 광경spectacle이 나타난다. 사람의 시선을 끄는 전망이 다양하게 전개된다. 우리는 빛이 실내에 유입되어 벽을 밝게 비추거나 그림자를 만드는 놀이play에 참여한다."*

이 문장에서 건국대학교 구 도서관 속 계단이 주는 감상과 가장 잘 어울리는 단어는 '놀이'다. 빙글빙글 돌면서 가야해서 자칫 난해한 공간이 될 수도 있었지만, 시시때때로 변하는 창 밖 풍경과 빛을 내부로 그대로 끌어오면서 질리지

* 김민서, 「르 코르뷔지에 건축 작품에서 나타나는 운동의 두 가지 양상」, 서울과학기술대학교

4 건물 내부 경사로 계단
5 경사로 계단 천장 모서리마다 새겨진 무늬
6 강사실 창문 일부

않는 신선함을 선사한다. 이 비탈길에서는 앉으면 언덕이고, 움직이면 계단이다. 특히 계단이 3층에서 4층으로 올라가면서 가팔라지는 점이 장난스럽다.

1958년에 지어진 건국대학교 구 도서관은 김중업의 초기작이라 스승의 영향이 많이 묻어난다. 이런 이유로 김중업 작품의 정수를 꼽으라면 한국적인 지붕을 표현한 프랑스 대사관(1962), 착륙하는 비행기 모양을 형상화한 제주대학교 본관(1969) 등이 언급된다.

초기작이라는 단어는 다시 말하면, 건축가의 개성이 확립되기 전 잠재적 건축 요소를 발견할 수 있다는 뜻이다. 타인에게 받는 영향을 완전히 배제하고 개성을 말할 수 있을까? 건국대학교 구 도서관 건물을 통해 김중업이 설계한 이후 작품과 비교하며 건축적 특징을 찾고, 르코르뷔지에의 특징과 비교하면 한 건축가를 더욱 깊이 이해할 수 있을 것이다. 이제 막 한국에 도착한 한 건축가의 포부와 다짐까지 느껴본다면 더욱 의미 있는 건축 여행이 될 것이다.

곡선 계단: 김중업의 서명

내부 중앙에 위치한 나선형 계단은 건물의 클라이맥스다. 2층에서 올려다보면 이제 막 지구를 떠나고 있는 우주선을 보는 듯하다. 현재는 이 나선형 계단을 중심으로 강의실

7 건물 중앙 나선형 계단
8 외부 계단
9 경사로 난간과 벽 사이에 있는 무늬
10 건물 중앙 나선형 계단 공간 벽에 있는 무늬

이 들어서 있다. 가벽을 세워 만든 강의실이다. 원래 이곳은 서고였다고 한다. 본래 목적대로 쓰이고 있다면 어땠을까. 나선형 계단을 오르내리는 사람들과 원형으로 빼곡하게 들어선 책, 다시 그 사이를 둘러싸고 경사로를 따라 오르며 열람실로 가는 사람들을 상상해 본다.

경사로 중간마다 화장실로 쓰이는 둥근 공간이 있는데, 경사로 난간과 만나며 보이지 않는 곡선 사각지대가 있다. 그 틈에 곡선 무늬가 있는데, 똑같은 것이 나선형 계단이 있는 공간 벽에도 있다. 페인트가 덧칠되어 있지만 우아하다. 별자리를 찾듯 발견해보기를 추천한다.

내부뿐만 아니라 외부 계단에도 곡선을 적극 이용했다. 외부 계단은 김중업 건축의 특징 중 하나다. 이 건물에 외부 계단이 두 개인데 앞서 소개한 영화「청춘교실」에 나오는 계단은 현관 정면 기준으로 건물 오른편에 있다. 외부 계단은 1950년대 후반에 지어진 이 도서관 건물을 시작으로 안양 김중업 건축박물관(1960), 제주도 제주대학교 본관(1969), 서울 대림동 태양의 집(1982)까지 꾸준히 나타난다. 김중업의 서명 같은 건축적 특징으로서 점점 더 길어지고 커지는 쪽으로 발전해 나가니 함께 보면 좋을 것이다.

11 도정궁 경원당
12 도정궁 경원당 입구
13 건국대학교 박물관. 1908년 안국동에 지어진 서북학회 회관을 옮겨왔다.

V자 기둥: 김중업의 색깔

초기에는 건물 외부뿐만 아니라 내부에도 V자 기둥이 열람실 곳곳에 있었다. 현재는 강의실로 사용되고 있기 때문에 구경하기가 쉽진 않지만, 1층에 들어가서 오른쪽 휴게 공간에 노출되어 있는 V자 기둥을 보면 어떤 모양인지 이해가 될 것이다. 이런 기둥은 안양시의 김중업 건축박물관 현관에 있는 X자 기둥과 비슷하기도 하다. 이런 특징들이 건축가 활동 말기 쯤에는 경남문화예술회관(1988) 기둥으로 발전된 것이 아닌지 생각해본다.

함께 가보면 좋을 곳: 도정궁 경원당

건국대학교 서쪽에 있는 이과대학으로 가는 길에 한옥 한 채가 있다. 규모는 작지만 단을 높이 쌓아 위엄을 갖춘 것부터 심상치 않아 보인다. ㄱ자 구조인데 입구는 돌출되어 있고, 문이 원형이다. 복도에 유리창이 설치되어 있는데, 유리 모양이 단순하면서도 독특하다. 담장 가까이 있는 맨 끝 방은 유리창을 단 서양식 구조다.

이 곳은 사직동에 있던 왕족 후손이 살던 한옥으로 1979년 소유주가 건국대학교에 기증했다고 한다. 건물 앞에 있는 설명에 따르면 1920년대 전후에 지어진 것으로 추정된다. 평소에는 닫혀 있는데, 박물관에 미리 연락해두면 직접 들어가

볼 수도 있다고 하니 참고하면 좋겠다. 단풍이 든 가을에 가면 훨씬 더 아름답다.

함께 가보면 좋을 곳: 건국대학교 박물관(상허기념관)

종로구 낙원동 낙원상가 뒤에 있는 주차장 부근에는 1908년에 세워진 서북학회 회관이 있었다. 이것을 1946년부터 1959년까지 건국대의 전신인 조선정치학관이 사용했다. 그 역사성을 보존하고자 1985년에 현재 위치(광진구 능동로 120, 건국대학교 내)에 이전해왔다고 한다.

고려대학교의 전신인 보성전문학교, 서북학회가 운영한 서북협성학교도 이 건물을 사용했다. 조선정치학관이 있던 시기 함께 건물을 사용하던 학교 중 단국대학교도 있었다. 이동휘, 안창호 같은 서북학회원들이 애국계몽을 위해 지은 건물이었으니 목적대로 잘 쓰였다고 볼 수 있을 것이다.

건물에 올라가는 길과 건물 좌우에는 석탑, 석조각, 동자석 등이 놓여있다. 박물관은 평일에만 개방하고 있다. 1층에는 건국대학교 설립자 상허 유석창 박사의 소개와 유품이 전시되어 있다. 방문했을 때 2층에서는 문인 오상순에 대한 전시를 하고 있었다. 전시는 방명록 내용과 오상순이 사용하던 물건들로 그의 일생을 소개한다.

공초 오상순은 시인이자 수필가다. 1920년 동인지 『폐허』

에 글을 실으며 시인으로 활동을 시작했지만, 생전에 시집을 낸 적은 없다. 한국전쟁이 끝난 후 1950년대, 그는 당시 예술가들의 아지트였던 명동 청동다방에 앉아서 많은 문인, 학생들과 교류했다. 그때마다 사람들에게 방명록을 남기게 했다고 한다. 건국대학교 박물관은 방명록 195권 중 46권을 기증받아 소장중이다.

방명록에는 그를 만나러 온 학생들이 그린 초상화, 미술학도들이 그린 그림, 편지 같은 것들이 있다. 박경리, 이어령, 펄 벅 등 잘 알려진 사람들이 남긴 글도 담겨있다. 이 방명록을 청동문학이라고 부르는데, 낙서 혹은 편지처럼 남겨진 시대 기록이라는 점이 재미있다. 무엇보다 오상순은 김중업과 친분이 있던 사이기도 하다. 청동다방의 분위기를 상상해보면서 1950년대가 그려졌다.

1 덕성여대 캠퍼스 전경

덕성여자대학교

산자락을 마주본 캠퍼스 안, 김수근의 건물들

벽돌로 지어진 교문을 지나 덕성여자대학교 캠퍼스 안에 들어선다. 탁 트인 잔디 운동장을 가운데에 두고 펼쳐져 있는 학교는 도봉산과 북한산이 이어지는 산자락을 마주보고 있다. 건물 높이를 3층 혹은 4층으로 제한한 덕에 시야에 걸리는 것 하나 없이 사방이 트여 있다. 이런 자연 풍경이 오랜만이라 순간적으로 서울이 아닌 것 같은 착각에 빠진다. 교문뿐만 아니라 거의 모든 학교 건물들을 벽돌로 지은 것이 눈에 띈다. 거대한 마로니에 공원 같은 느낌이다.

도봉구 쌍문동에 있는 덕성여자대학교의 현재 캠퍼스는 1977년 미국 건축가 제임스 패덕이 발표한 마스터플랜을 기반으로 지어졌다. 패덕은 1971년 서울대학교 관악캠퍼스 마스터플랜 자문을 위해 구성된 미국의 캠퍼스용역단에 참여한 사람이다. 이때 패덕은 서울대학교 예술대학을 설계한 건축가 김수근과 인연을 맺고, 김수근이 덕성여자대학교 건축

2 덕성여자대학교 자연관(1974)

3 자연관 필로티

4 자연관이 둘러싸고 있는 비엔나 숲

설계에 참여하게 된다.

덕성여자대학교 쌍문동 캠퍼스에 처음 세워진 건물이 김수근 건축가가 설계한 약학·가정관 건물(현재 자연관)이라는 점이 중요하다. 벽돌로 지어진 건축가의 대표작 아르코예술극장, 아르코미술관, 샘터사옥이 지어지던 시기에 덕성여자대학교 건물들도 함께 지어졌다. 건축가의 무르익은 개성을 볼 수 있다는 점이 의미 있다.

덕성여자대학교 교정 안에 김수근이 설계한 건물은 자연관, 예술관, 도서관이 있다. 이후 지어진 건물인 행정동, 학생회관도 패덕이 세운 마스터플랜과 기본 설계를 바탕으로 김수근의 건축사무소 공간건축에서 보완하며 설계 및 실시되었다. 1990년대에는 서울역사박물관, 남산 힐튼 호텔 등을 설계한 건축가 김종성의 건축사무소 서울건축이 참여하며 캠퍼스를 확장해 간다. 이때 지어진 건물들이 차미리사*관, 언어교육원, 기숙사 등이다. 이 책에선 김수근이 설계한 건물에 한정해 살펴본다.

자연관의 필로티: 공간을 잇고 펼치는 요소

자연관은 1974년에 지어졌다. 가장 먼저 세워진 만큼, 학교의 분위기를 잡아주는 건물이다. 교문에서 들어오며 느꼈던 탁 트인 느낌은 자연관의 필로티를 통해 건물 뒤까지 이

---

* 여성 독립운동가이자 교육자. 덕성여대를 세운 창립자.

어진다. 필로티는 공간 사옥에서도 찾아볼 수 있는 특징이다. 공간 사옥은 구획을 나누는 요소로 필로티를 사용했다면, 덕성여자대학교는 공간을 잇고 펼치는 용도로 사용했다.

자연관은 수락산을 마주보며 앞에는 잔디, 뒤로는 울창한 나무를 두고 있다. 자연관 건물이 안으로 품고 있는 숲은 비엔나 숲이라고 불린다. 김수근은 건물을 설계할 때부터 이곳을 보존하는 것을 염두에 뒀다. 숲은 건물 가운데에 중정처럼 놓여져 있다. 필로티로 인해 이 곳에 있는 나무들은 건물 앞쪽 잔디와 운동장을 지나 수락산까지 시각적으로 이어진다.

공간 사옥이 필로티를 통해 공간을 분절시켜 마당 같은 인상을 주었다면, 덕성여대는 드넓은 대륙에 지어진 건물처럼 탁 트인 개방감을 선사한다. 좌우로 연결되어 있는 학생회관과 예술관을 함께 보면 자연관을 가운데에 두고 필로티가 없는 건물-있는 건물-없는 건물이 이어져 무게 중심을 맞춘 듯한 모습이다. 자연과 어우러지는 설계와 건축의 예술성을 인정받아 1979년 제1회 한국건축가협회상을 수상했다.

예술관의 구름다리: 직선의 리듬감

1982년에 지어진 예술관은 자연관 옆에 붙어있다. 필로티와 구름다리로 비 오는 날 우산 없이도 두 건물을 오갈 수 있다. 이 건물은 혜화동 마로니에 공원이나 아르코미술관,

아르코예술극장을 떠오르게 한다. 광장을 안에 두고 안으로 포용하는 모양과 계단으로 단차를 준 외관 때문일 것이다. 이런 구성은 김수근이 설계한 춘천 어린이회관(1980)과도 닮았다. 그 건물 역시 내부와 외관 모두 벽돌이다. 건물 뒷편으로 공연장을 두었는데, 건물과 객석이 무대를 두고 모이는 형태. 공연장이 김중업 건축의 특징인 중정 역할을 하는 셈이다.

자연관과 이어지는 예술관은 곡선을 사용하지 않았지만 딱딱한 느낌이 없다. 벽돌이라는 재료가 주는 질감과 색 때문에 건물 전체가 아늑하게 보인다. 자세히 보면 리듬감이 느껴지기까지 한다.

예술관 외관 사이사이에는 좁은 창문들이 있는데, 예술관 건물들을 잇는 구름다리와 가로, 세로로 만나면서 시각적 효과를 준다. 수직과 수평은 건물 중앙에 있는 광장 가장자리에 놓여있는 배수로를 막는 덮개 디자인에도 사용되었다. 이런 디테일은 건물을 직선으로 내려오는 배수관 설치를 위해 별도의 자리를 만들어 놓은 것에서도 찾아볼 수 있다. 마치 디자인 가구에서 보일 법한 꼼꼼하고 계획적인 설계에 감탄하게 된다.

외부인 출입금지라고 써있기도 하고, 학생들의 수업 공간이니만큼 학교 내부를 들어가보지는 못했다. 대신 외부를

5   예술관(1982)

6   건물이 구름다리로 연결되어 있다.

7   예술관 벽 일부. 작은 창과 배수구 위치가 디자인되어 있다.

8   벽돌 쌓는 방식을 자세히 보면 다양한 방법을 사용한 걸 알 수 있다.

뜯어보고, 아쉬운 부분은 내부 사진을 찾아보며 상상하는 것
으로 여행을 대신한다.

도서관: 입체적인 건물

"건축은 빛과 벽돌이 짓는 시詩다." - 건축가 김수근

작고 따뜻한 느낌을 주는 붉은 벽돌은 김수근의 건축 언
어였다. 어디서나 찾아볼 수 있는 흔한 재료이면서 사람이
한 장씩 쌓아 올려야 하기 때문에 인간적인 재료라고 생각
했다. 건축 용어 중 '휴먼 스케일'이라는 말이 있다. 인간 체
격을 기준으로 한 척도로, 숫자로 계량되지 못하는 감각적
영역을 일컫는다. 인간의 자세, 동작, 감각을 중심에 두는 개
념이다. 건축가로서 김수근은 서양 벽돌보다 작은 한국 벽돌
을 우리 나라에 어울리는 도시 속 휴먼 스케일을 창조할 수
있는 재료로 생각했던 건 아닌지 추측해 본다.

앞서 둘러본 자연관과 예술관 벽돌 쌓는 방식을 자세히
보면 다양한 방법을 사용한 걸 알 수 있다. 세 개 벽돌의 옆
면을 모아 하나처럼 사용하여 엮어 만든 바닥, 벽돌 옆면의
긴 부분과 작은 부분을 하나씩 이어 붙인 계단, 그 사이를 동
그란 갈색 벽돌로 이어 붙인 모서리 등을 관찰해 보기를 추
천한다. 도시에는 많은 사람들을 수용하기 위한 거대한 건물

9 10 도서관(1984)

이 필연적이다. 그 안에서 '손맛'이 느껴지는 건물을 만나기는 쉽지 않은데 이 점이 건축가 김수근의 강력한 특징이다.

자신의 건축 철학을 이야기하며 벽돌과 함께 '빛'을 언급했던 만큼 김수근은 다채로운 방식으로 빛을 이용한다. 벽돌을 돌출시키거나, 건물 벽과 창틀 주변을 분절시켜 햇빛에 의해 벽돌에 그림자가 지는 방식이 그 예다. 단순한 재료인 벽돌이 김수근이 설계한 건축 안에서 단조로워보이지 않는 까닭은 이 때문이다. 이런 특징은 도서관 건물에서 정확히 느껴볼 수 있다.

도서관은 세 건물 중 가장 나중인 1984년에 지어졌다. 정문과 후문에서 가장 먼저 만나게 되는 건물이다. 4층 규모인데 언덕을 살려서 내부로 들어가는 층이 다양해 입체적이다. 운동장에서 자연관을 오른쪽에 두고 도서관으로 가면 2층으로 진입하게 된다. 필로티와 세워진 기둥 옆으로 그림자가 대각선을 만들어내고, 2층부터 4층까지 벽면에 세로로 길게 돌출된 벽돌 장식 아래로 짙은 그림자 꼬리가 늘어서 있다.

건물을 따라 둘러진 길을 따라 2층 창문 옆으로 걸으면 아래로 지면과 붙은 1층이 내려다보인다. 반지층처럼 내려앉아 있는 1층은 2층과 평행을 이루다 방향이 바뀌는 지점이 생긴다. 2층부터 4층까지 건물 방향이 틀어지기 때문이다. 이 부근에서 2층부터 4층 건물의 벽이 분절되기도 하면서 빛이 닿는 부분과 그림자가 생기는 부분이 선명한 색 차이를 만든다. 날씨 좋은 정오, 외벽에 음영이 선명해지며 매력을 드러내는 대학로의 아르코예술극장을 좋아한다면 이 건물과 비교해보시면 좋겠다. 극장과 대학 도서관이라는 용도 차이 안에서 건축가가 어떤 말투로 이야기를 걸고 있는지, 변하지 않은 목소리는 어떤 것인지 느낄 수 있을 것이다.

중정을 두고 ㅁ자 형태로 건물이 연결된 구조가 구 공간 사옥 3층에 복층 구조로 뚫려 있던 설계실을 연상케 한다. 도서관에서 보니 산이 더욱 가까이 보인다. 건물 안에서 보면 층마다 보이는 산 능선의 모습이 모두 다를 것이다.

자연관, 예술관과 더불어 도서관도 서울미래유산에 등록되었다. '건축가 김수근이 서울대학교 예술대학에 적용시킨 프로토타입을 응용하되 단점을 보완하여 설계한 건물'이라고 평가했다. 2020년 덕성 창학 100주년 기념 우표에 실렸을 만큼 학교에서 상징적으로 여기는 곳이다.

함께 가보면 좋을 곳

대학교 서울대학교 예술관

관악구 신림동에 있는 서울대학교 예술관(미술대학, 음악대학)은 1974년에 설계되었다.(1980년 준공) 이곳도 중정을 두고 각 건물들이 마주보고 있는 모습이다. 연결을 강조한 덕성여자대학교 건물과 다른 점이 있지만 건축가 김수근이 최초로 맡게 된 캠퍼스 건물이기도 하고, 이후 설계된 덕성 여자대학교와 건물의 특징을 비교해볼 수 있기 때문에 다음 여행지로 이어가도 좋겠다.

유적 운현궁 양관

종로구 운니동에 위치한 덕성여자대학교 종로운현캠퍼스에 운현궁 양관이 있다. 하얀색 2층 양옥으로 근대 건축 양식의 화려하고 규모 있는 외관이다. 『궁』, 『도깨비』 등 드라마 촬영지로 인기가 많은 곳이다. 1912년쯤에 지어진 것으로 추정되는데, 조선 이우 왕자가 소유하기도 했고 해방 후 김구가 이끄는 단체가 사용하기도 했다. 1948년 매물로 나온 것을 덕성학원이 매입해 현재 덕성여자대학교 종로운현캠퍼스 안에 두게 되었다. 외부인을 엄격하게 통제해서 구경하기가 쉽지 않다. 학교에 행사가 있던 2018년 봄에 우연히 들어가본 것이 유일한 기억이다.

한옥 덕우당

덕성여대 쌍문동 캠퍼스에는 근대 한옥이 있다. 상담실로 운영하고 있는 덕우당이다. '덕이 있는 벗들이 모이는 곳'이라는 뜻으로 2009년에 새로 붙인 이름이다. 학생들의 기

11 종로운현캠퍼스 내에 있는 운현궁 양관

12 덕우당

13 덕우당 뒷편에 있는 한옥

숙사, 생활관으로 사용했던 건물로 본래는 종로구 관훈동에 있었으나 1998년 쌍문동으로 이전했다. 2층 한옥식 벽돌 건물 뒤에 전통 한옥이 놓여 있다. 관훈동 본래 위치에 있을 때 2층 한옥 상가 뒤로 사랑채, 안채, 문간방이 10여칸씩 있었던 구조를 그대로 옮긴 것이다.

건물 앞 설명에 '2층 한옥 상가'라는 단어에 눈길이 갔다. 붉은 벽돌로 지어 한옥 지붕을 올린 '한옥 상가'는 서울에 남아있는 건물이 많지 않은 것으로 알려져 있다. 중구 남대문로 11에 있는 건물을 서울에 남은 유일한 2층 한옥 상가라고 말한다. 그만큼 희귀한 양식인데 위치가 달라지고, 모습이 변하긴 했지만 이렇게나마 다른 예시를 보게 되어 반가웠다. 이 건물 뒤에 있는 한옥은 만듦새가 좋아 보인다. 특히 창살이 단아해서 살림집이던 시절 어떤 모습이었을지 더욱 궁금해진다. 한옥은 2002년까지 덕성여대 구성원들의 연구, 사무공간으로 쓰다가 현재는 상담센터로 사용하고 있다.

박물관

35 육군사관학교 육군박물관

의외의 건축 여행지, 육군사관학교

육군사관학교라고 크게 쓰여 있는 한옥식 정문으로 들어가 신분증을 교환하고 방문자 패찰을 받았다. 육군박물관은 최소 3일 전에 홈페이지를 통해 예약하고, 방문할 때는 군부대에 출입하는 것처럼 신분증을 지참해야 한다. 코로나 시기때 사전 정보 없이 들렀다가 들어가지 못했고, 신분증을 잊어서 오지 못했으니 세 번째 시도 만에 입장이었다.

노원구 공릉동에 있는 육군사관학교는 건축 여행을 하기에 좋은 곳이다. 김중업의 육군박물관, 김수근의 육사기념관, 김종성의 도서관, 이광노의 학교본부, 강석원의 화랑대성당, 양수인의 원불교 화랑대교 등. 우리나라의 유명한 현대 건축가들 작품이 모여 있기 때문이다. 한 자리에서 여러건축가들 작품을 구경할 수 있어서 오픈하우스 서울*이나한국건축가협회에서 건축 투어 행사를 열기도 했다.

학교 홈페이지에서 방문 투어를 신청하면 육군박물관과

* 도시를 둘러싼 환경, 건축, 장소와 예술을 담은 공간을 개방하는 도시건축축제. 오픈하우스월드와이드에 가입되어 전세계 50개 도시와 연계하고 있다. 매년 10월, 서울과 인근 곳곳의 한국을 대표하는 근현대 건축물의 문을 여는 행사를 진행한다.

기념관을 둘러볼 수 있다. 코스에는 조선말 군사기관 삼군부 청사인 한옥 청헌당*, 화랑연병장, 야외무기전시장 등이 포함되어 있다. 내가 갔을 때는 견학차 방문한 군부대 병사들과 함께 둘러보았기 때문에 전쟁 관련 유물과 육군사관학교 역사를 집중적으로 보느라 박물관과 기념관만 관람했다. 그럼에도 다 보고 나니 한 시간 반이 훌쩍 지나 있었다.

육군박물관이 갖는 가장 큰 의미는 우리나라에서 가장 오래된 군사박물관이라는 점이다. 1956년에 세워졌는데, 조선시대부터 근대까지의 군사 유물이 1만 5000여 점 전시되어 있다. 육군사관학교 내에 있다는 상징성을 떼고 봐도 상당한 규모다.

김중업의 무르익은 개성

현재 박물관 건물은 건축가 김중업에 의해 신축 준공됐다. 육군사관학교 기념관에서 육군박물관으로 개칭해 1983년 새롭게 문을 열었다. 김중업 작품 중 올림픽 평화의 문(1988)이 마지막 작품처럼 대우받고 있으니, 건축가의 말기 작품으로 볼 수 있다. 김중업이 육군사관학교 교장으로부터 이 건물을 의뢰받았을 때는 마침 건축사무소도 정비를 새롭게 마친 시기였다. 그는 이 건물을 두고 '걸작을 만들겠다는 의지를 갖고 제자들과 즐겁게 설계했다'고 말했다.

* 광화문 앞 세종로 부근에 있었으나 1967년 그 위치에 중앙정부청사를 지으면서 옮겨왔다.

1 육군사관학교 육군박물관(1983)
2 건물의 원형 공간

이때 작업에 참여한 건축가 곽재환은 2018년 육군사관학교 교정에서 열린 건축 투어에 참여했다. 원형에 긴 직사각형이 붙어있는 외부를 두고 '가운데 중中에 마음 심心, 충忠을 형상화한 건축. 육사가 나의 중심, 세계의 중심으로 나아가라는 의미'라고 설명하기도 했다. '통일로 향하는 열쇠'를 형상화한 것이라고 퍼져 있던 해석이 바로 잡히는 순간이었다.

앞서 다뤘던 건국대학교 구 도서관(33화), 김중업건축문화의 집(25화)을 떠올리며 살펴본다면 설계 의도를 더욱 깊이 이해할 수 있다. 말기작으로서 건축가의 무르익은 개성을 확인할 수 있다는 점이 가장 큰 의미다.

물: 마음과 얼굴이 비치는 분수

앞서 김중업은 정치적인 이유로 주택 설계를 많이 맡았다고 설명했다. 대학교나 외교관 공관 등 이미 거대한 프로젝트를 맡아본 건축가에게 주택은 작은 단위의 공간이었겠지만, 그 안에서 여러 건축 언어를 실험한다.

1980년대 설계된 김중업건축문화의 집과 연희동 주택에 있던 스테인드글라스와 더불어 주택에서 실험했던 건축 언어 중 가장 중요한 것은 물이다. 김중업은 정원에 항상 물을 두었다. 육사박물관 중정에도 둥근 원형 공간을 두어 분수를 만들었다. 가운데 '중'과 마음 '심'을 자신의 얼굴이 비치는

3 1층과 2층 사이의 스테인드글라스
4 2층에서 바라본 오른쪽 스테인드글라스
5 2층에 있는 스테인드글라스. 무궁화로 추측된다.

물로써 표현한 것이다. 시인을 꿈꾸던 건축가답게 건물에 은유적인 언어를 녹인 것이 인상적이다.

관리가 어렵고, 유물에 습기가 찰 수 있다는 이유로 현재는 물을 빼고 빈 공간으로 두었다. 이 중정 가운데로 햇빛이 떨어지면서 분수에서 만들어지는 무지개가 이 건물의 백미이지 않았을까. 핵심적인 건축가의 의도가 사라진 것 같아 아쉽지만, 설계시 건축가의 의도가 시공 과정을 거쳐 실사용을 하는 과정에서 달라지는 일은 빈번하다. 건물을 '작품'으로 여기는 태도가 필요한 이유기도 하다.

분수는 하늘과 햇볕을 건물 안으로 끌어와 무지개를 만든다. 꿈과 시가 있는 곳에 옹기종기 모여 사는 건축을 꿈꾸던 김중업이었다. 전쟁에 대한 유물이 전시될 박물관에도 시적인 표현을 심어둔 것이 과연 그가 설계한 건물답다.

빛을 활용하는 방식을 생각해 보면, 이 작품은 초기작인 부산대학교 본관이나 건국대학교 구 도서관처럼 자연 현상을 그대로 건물로 끌어온다. 조형적 아름다움을 넘어서 건물 외부에 있는 자연까지 고려한 건축가의 넓은 시야가 느껴진다.

스테인드글라스: 빛 활용법

육군박물관은 3층 건물로 빛과 물의 조화를 중심으로 설계되었다. 김중업이 설계한 주택처럼 이 건물 내부에도 스테인드글라스를 설치하여 빛을 활용한다. 1층에 들어서면 오른쪽으로 중앙 계단이 있다. 그 양쪽으로 건물 최고층 높이까지 뻗은 스테인드글라스가 있다. 오른쪽은 풍물놀이를 하고 있는 원색 작품이다. 왼쪽은 엘리베이터가 설치되어 있어서 자세히 관찰하기 쉽지 않은데, 아마도 나무쇠싸움 장면이 아닌지 추측된다. 양팀이 쩌렁쩌렁 울리는 장단에 맞춰 긴박한 놀이를 하는 나무쇠싸움은 전쟁에 대한 비유이기도 할 테다. 2층으로 올라가면 벽면에 스테인드글라스가 있는데, 전투하는 장면이 묘사되어 있다.

설계대로면 원형 건물 안에 무지개가 떠있고, 그 빛이 다시 스테인드글라스로 굴절되며 계단 주위를 비추는 모습이었을 것이다. 3층은 특별전시실로 전시 준비중이라 2층 상설전시실까지 구경할 수 있었다.

2층에 있는 외부로 나갈 수 있는 문을 무궁화 스테인드글라스가 둘러 싸고 있다. 무궁화를 보며 풍물놀이를 생각하면 기쁨과 환희일 것이고, 전쟁을 생각한다면 평화와 참전용사에 대한 추모일 것이다. 2층 문으로 나가면 바로 육군기념탑(육군기념관)이 보이는 구조라 무궁화가 갖는 의미가 더 또렷하게 보인다.

기둥: 김중업의 색깔

둥근 원형 건물 구조를 따라 전시실을 둘러본다. 칼, 활, 투구, 갑옷, 지도, 교지, 병서 등 각종 유물을 보고 있자니 이 땅에서 일어났던 크고 작은 전쟁들이 생생하게 그려진다. 전시실 중간마다 있는 기둥을 자세히 보길 추천한다. 기둥 하나를 두고 천장에 여러 보가 모이는 형태. 이 형태들이 만드는 무늬는 1층 로비 천장의 무늬를 연상시킨다. 전통적인 창살 무늬를 형상화했다고 해석해도 되겠지만, 삼일빌딩 기둥과 비교해보는 것도 좋겠다.

삼일빌딩(1970)은 2020년 리모델링을 마쳤는데, 공사 당시 콘크리트 기둥의 본 모습이 드러났다. 팔각 기둥 하나를 두고 경사로처럼 여러 보가 모이는 형태였던 것이다. 육군박물관은 원형기둥인 점이 다르긴 하지만, 기둥을 두고 보가 모이는 형태가 같다. 70년대에 설계된 기둥 형태가 80년대에 어떤 식으로 발전했는지 비교해 보면 김중업 작품으로서 육군박물관을 더욱 깊이 감상할 수 있다.

외벽: 기와 방식으로 만든 벽돌

김중업은 1962년 완성한 프랑스대사관에서 곡선 모양의 '한국적 지붕'을 구현하며 능력을 인정받았다. 이 건물은 지금까지도 김중업의 대표작으로 꼽힌다. 김중업은 한국 건축

6   2층 전시실 내 기둥

7   1층 내부 천장

8   기와식으로 제작된 검정 삼각벽돌로 쌓은 외벽

9   검정 삼각벽돌로 쌓은 1층 내부

가로서 자신의 건축적 유전자를 전통에서 꾸준히 모색하고, 발견해 냈다. 육군박물관에서도 한국적 전통을 어떻게 구현할지 끝까지 고민했던 듯하다.

이 건물은 외벽과 내벽을 검은 삼각 벽돌로 쌓은 특징이 있다. 솔가지를 태워 색을 입힌 것으로, 기와를 만들 때 사용하는 전통 방식이다. 당시 최고의 벽돌 장인이었던 김영림에게 의뢰하여 제작했다고 한다.

김중업이 1984년 설계한 경남문화예술회관(구 진주문화예술회관, 1988년 완공)도 둥근 외벽을 검정 삼각벽돌로 쌓아 무늬를 냈다. 육군박물관과 비슷한 시기에 지어진 건축이니만큼 함께 보면 좋다.

외부 계단: 직선 옆 곡선

건국대학교 구 도서관(33화)에 있던 하얀색 곡선형 외부 계단처럼 이 건물에도 비슷한 모양의 계단이 있다. 외부 계단은 태양의 집 썬프라자(49화), 제주대학교 본관 등 김중업 작품에 서명처럼 등장하는 건축 요소다.

육군박물관 외부 계단 자체만 본다면 충분히 곡선이 강조된 형태다. 다만 건국대학교 구 도서관과 비교하면 이 계단이 좀 더 직선적이다. 크기도 비슷해서 더욱 차이가 선명하게 느껴진다. 계단 층계 부분과 계단이 감싸고 있는 가운

10 외부 계단

11 육군기념탑

12 육군기념탑 전망대에서 본 풍경

13 건물 주위에 새겨진 졸업생 이름. 아래 두 칸은 비어있다.

데 기둥 부분이 비교적 단순하게 처리되었기 때문일까. 개인적인 추측으로는 계단이 붙어있는 건물이 건국대학교 구 도서관과 달리 직선형이기 때문에, 그 선에 어울리는 디자인으로 변형시킨 듯하다.

박물관은 빌딩이나 아파트처럼 쉽게 철거되지 않는 건물이다. 김중업은 이런 특성을 알고 있었기에 이 건물을 설계하며 걸작을 만들어보겠노라고 다짐했을지도 모르겠다. 모든 것을 쏟아 부어 만든 작품인 만큼 곳곳에서 건축가의 이전 작품에 있던 여러 건축적 요소를 찾아볼 수 있다. 분주하게 움직이며 구경했는데 부족한 느낌이 든다. 건물을 구경하기 앞서 해설사님이 이 건물을 구경하기 위해 사람들이 여러 시간을 한번에 예약해서 온다고 했는데, 그 이유가 공감되었다.

함께 가보면 좋을 곳: 육사기념관(육군기념탑)

학교 방문 투어를 신청하면 박물관과 함께 가는 곳이다. 이곳은 김수근이 설계한 작품으로 1986년 준공되었다. 탑 앞에 서서 오른쪽을 보면 육군박물관이 보이는데, 마치 김중업과 김수근이 나란히 서있는 것 같아 재미있다.

육군기념탑은 육군사관학교를 상징하는 64미터로 제작되었다. 1층에는 육군사관학교 영상과 전사자 추모실, 강재

구 소령실, 육군사관학교 역사를 요약해 둔 전시실 등이 있다. 맨 꼭대기층에는 전망대가 있다. 날씨가 좋을 때 올라가면 남산타워도 보일 정도로 전망이 좋다. 전망대에 오르면 기념탑 건너편에 있는 육군사관학교 본관, 도서관 등 다른 건축가들이 지은 작품들도 자세히 볼 수 있다.

이 건물 1층 외벽에는 원형 곡선을 따라 육군사관학교 졸업자 이름이 기수별로 새겨져 있다. 건물을 둘러싸고 있는 이름에서 육군사관학교의 자부심이 묻어난다. '육군사관학교는 군인이 아니라 군인의 리더를 기르는 곳'이라고 소개하던 해설자님 설명이 떠올랐다.

육군사관학교는 군인 혹은 군부대 이미지 때문에 들어갈 수 없는 곳처럼 느껴진다. 하지만 학교 홈페이지를 통해 일반 시민들도 다양한 행사에 참여할 수 있다. 학교 투어와 결혼식 공간 대여, 깃발 계양식인 화랑의식 등이 있다. 정문에서 육군박물관으로 가는 길이 벚꽃으로도 유명하고, 단풍이 절정에 이르면 전망대 풍경은 훨씬 아름다울 것이다. 여름에는 푸름에 눈이 시원해졌고, 눈이 내린 겨울도 절경일 테니 계절별로 방문해도 좋겠다.

흑백 사진 속 경성의 은행, 우체국, 백화점

고전 영화를 찾아보는 것만큼이나 즐기는 취미는 근대기에 찍힌 흑백 사진을 찾아보는 것이다. 안경을 쓰고 결혼식을 올리는 신여성, 그때 그 시절 다방이나 서점, 유명한 화가나 소설가 등등. 그중에서도 명동 미츠코시 백화점 옥상에서 찍힌 여성 사진을 좋아한다. 한복을 입고 있는 여자는 건물 꼭대기에 앉아 환하게 웃고 있다.

사진 속 여자 오른쪽으로는 경성우편국, 왼쪽으로는 조선은행 본점이 보인다. 현재 서울 중앙우체국 자리에 있던 경성우편국(1915)은 6.25전쟁 때 크게 훼손되었다. 원형과 다르게 복원되어 사용되다가 결국 1980년에 철거되었다. 일제강점기 영업을 시작한 조선은행 본점(1912)은 1950년 6월 12일 한국은행 본점으로 다시 문을 열었다. 며칠 되지 않아 일어난 전쟁으로 내부가 불타고 지붕이 사라졌는데, 건물이 복구된 것은 1958년이었다. 한국은행 본점을 거쳐 2001년

1 한국은행화폐박물관 전경
2 돌출된 건물 옆부분의 돔 지붕
3 자동차용 현관 도로

화폐박물관으로 개관한다. 이 풍경들이 보이던, 사진 속 여자가 서있던 미츠코시 백화점 경성점은 전쟁 중 미군 PX로 사용됐다. 이곳이 현재 명동 신세계 백화점 본점이다.

식민지 시기의 유럽 건축 양식 건물

화폐박물관은 우리나라 최초의 은행이자 한국은행 본점으로 사용된 장소다. 식민지 건축으로서도 상징적인 의미를 갖고 있는데, 경제적으로 한 국가를 지배하기 위해서는 화폐 발행이 중요했기 때문이다. 이런 이유로 이토 히로부미가 이 건물의 정초석을 썼다.

조선은행 본점으로 지어진 이 건물은 서양식으로 지어졌다. 근대기 일본은 건물을 지을 때 전통적 색채를 완벽하게 지우고 유럽이 갖고 있는 건축 양식을 적극적으로 모방했다. 경성역(구 서울역사)이 스위스 루체른역을, 도쿄역이 네덜란드 암스테르담역을 본따 지은 것처럼 말이다. 일본은 건축을 통해 자신들이 서양 열강들과 어깨를 나란히 하고 있음을 보여주려 했다. 책『식민지 건축: 조선, 대만, 만주에 세워진 건축이 말해주는 것』에서는 일본이 도시를 장식하고 지배하는 방법으로 건축을 이용했다고 설명한다.

한국은행 화폐박물관은 좌우대칭이다. 위에서 건물을 내려다보면 '우물 정#'자 모양이라, 정면에서 보면 중앙 현관

양 옆쪽이 앞으로 돌출되어 있다. 이 부분 위로 돔 지붕을 올리고, 중앙보다 좌우가 돌출돼 있어서 생긴 현관 여백에 자동차가 들어갈 수 있는 경사로를 배치했다. 근대 건축에서 바퀴가 현관 앞까지 들어갈 수 있도록 한 건물이 특이한 사례는 아니지만, 이런 넓이는 드물다.

다쓰노 긴고: 도쿄역을 지은 1세대 건축가

건물을 설계한 건축가는 다쓰노 긴고辰野金吾로 일본 근대 건축가 1세대로 분류되는 인물이다. 제국대학교 공대에 취임하여 인재 양성에도 힘써서 근대 일본 건축사에서 큰 역할을 했다. 대표작으로 도쿄역이 꼽힌다. 이 외에도 일본은행 본점, 일본은행 오사카점, 제일은행 교토점 등 여러 은행을 설계했다.

앞서 말한 근대 일본에서 나타난 건축적 특징처럼 그가 설계한 작품들은 유럽의 건축 양식을 따른다. 식민지 시기 일본인 건축가들은 일본을 넘어 조선, 대만, 만주로 활동 범위를 넓혀 나갔다. 그 역시 마찬가지였다. 조선에 세운 대표적인 건물로 구 조선은행 본점(1912)과 부산역(1910)이 있다. 부산역은 화재를 입고 1969년에 새로 지어져서 당시 건물은 남아있지 않다.

내부: 웅장한 르네상스풍 석조 건물

건물은 지하1층, 지상 2층이다. 지하에는 금고가 설치돼 있었다고 한다. 조선 최초로 엘리베이터가 설치되었던 곳인 만큼 내부는 웅장하다. 층고가 높은 천장에는 샹들리에 세 개가 걸려 있다. 기둥 윗부분과 천장에는 조각이 되어 있는데, 2층으로 올라가서 보면 기둥 표면에 새겨진 조각의 작은 부분까지도 관찰할 수 있다. 2층에 있는 아치형 기둥이 중앙 홀을 둘러싸고 있는 구조가 덕수궁 석조전(1909)을 떠올리게 한다. 영국인들이 설계를 맡은 석조전이 일본인이 설계한 이 건물과 비슷해 보이는 것은 두 건물 모두 르네상스풍으로 지은 석조 건물이기 때문이다.

화폐박물관은 전시실 4개로 구성되어 있다. 주화와 지폐의 역사부터 각종 우표와 세계화폐를 소개한다. 위조 방지 홍보관이 있어서 한국은행 화폐박물관으로서 공익적인 내용도 담고 있다. 건물 자체가 의미있기 때문에 전시보다는 내부에 남아있는 분위기, 건물 구조를 구경하다가 나오기 쉽다. 그래도 자세히 보게 되는 곳이 2층에 있는 건물 역사에 대한 전시실이다. 화폐박물관 건물의 모형과 역사를 소개하고 있다.

이 건물에 대한 설명이 담긴 영상에서 건축 형식을 이탈리아 팔라조palazzo에 비유한다. 팔라조는 중세 이탈리아

4 도쿄국제어린이도서관(1906) 계단
5 남대문로 한옥 상가. 가배도 남대문시장점으로 운영되고 있다.

르네상스 시기에 지어진 관청 또는 귀족 소유의 대저택을 말한다. 가운데 공간을 기둥이 둘러싸고 있는 구조인데, 전시실 영상은 당시 건물을 짓는 방식과 기술로 구현할 수 있는 가장 격식 있는 모양이었을 것이라고 소개하고 있다.

해방 후 명동 남대문로 일대에 있던 건물들이 담겨있는 지도도 있다. 이 건물뿐만 아니라 근처에 있던 조선 철도호텔, 제일은행 본점, 조선총독부 도서관 등 옛 사진과 현재 사진을 비교하며 설명한다. 지도를 눌러보고 있으니 마치 소설가 박태원이 쓴 『소설가 구보씨의 일일』 속 주인공이 된 것 같다. 화폐박물관에서 다음 여행지로 이동할 때 유용하게 쓰일 수 있는 자료다.

근대 일본 건축과 연결고리 찾기

2018년 도쿄를 여행할 때 도쿄국제어린이도서관에 갔었다. 이 건물은 1906년 제국도서관으로 지어진 곳인데, 2015년에 건축가 안도 다다오가 증축 리모델링을 맡았다. 안도 다다오가 설계한 부분이 옛 건물과 어떤 식으로 조화를 이루고 있을지 궁금했다. 우에노 공원 근처에 있어서 접근성도 좋았다. 건물을 한참 둘러보다가 내부에 있는 계단을 어디서 본 것 같은 느낌이 들었다. 화폐박물관에 있는 직선형 계단이었다.

도쿄국제어린이도서관 건물은 1906년에 지어졌고, 화폐박물관은 1907년에 착공해서 1912년에 준공되었다. 동시대의 건축적 특징으로 봐도 무방할 것이다. 두 건물 다 낮은 난간 높이로 인해 지금은 유리 난간이 설치되어 있는 것까지 닮았다.

함께 가보면 좋을 곳: 가배도 남대문시장점

화폐박물관을 구경하고 도보 5분 거리에 있는 카페 '가배도 남대문시장점'에서 잠시 쉬어가는 것은 어떨까. 1910년대에 지어진 것으로 추정되는 2층 한옥 상가 건물이다. 1층은 상가, 2층은 주거나 창고로 사용한 점포주택 또는 주상복합이었다고 한다. 당시 남대문로에 있던 상가 건축 특징이 잘 남아있어서 대한민국 근대문화유산으로 지정되었다.

1층 문은 아치형, 2층 창은 직사각형으로 대조를 이룬다. 내부는 벽돌과 목조 지붕구조가 그대로 드러나 있어서 건물이 지나온 세월을 눈으로 확인할 수 있다. 커피를 마시며 창밖 남대문로 풍경을 보고 있자니 당시 상업의 중심이었던 남대문로와 명동의 분위기가 그대로 느껴진다.

서울 최초의 기상청

JTBC 드라마 『기상청 사람들』은 날씨를 통해 인물이 처한 상황, 관계의 변화를 보여준다. 주인공이 위기에 처하면 비가 오고, 인물 간 관계에 변화가 생기면 환절기가 오는 식이다. 날씨는 극의 분위기와 인물의 심리를 표현하는 방법으로 여러 문학 작품이나 영상 매체에서 활용된다. 그럼에도 이 드라마가 흥미로웠던 건 '기상청'이라는 특수한 공간 때문이었다.

기상청 사람들은 선녀구름, 열섬 현상 같은 말을 일상적으로 사용한다. 안개나 태풍이 나타나면 심각하게 회의하고, 비의 예측 가능성을 두고 치열하게 일한다. 드라마가 현실과 완전히 같지는 않겠지만, 모르는 세계를 간접적으로 엿보는 느낌이었다. 그렇다면 서울 최초의 기상청 건물은 어디 있을까?

근대 기상관측은 1907년 경성 원남동에서 시작된다. 종로구 낙원동을 거쳐 송월동으로 건물을 신축해 이전했다.

1   국립기상박물관(1932)

2   1939년 지어진 건물 아래 2016년 복원된 환기구. 국립기상박물관

3   원래 사용했던 환기구 틀. 이런 것들도 그대로 전시해 두었다. 국립기상박물관 소장

1932년 준공된 건물의 공식 명칭은 경기도립경성측후소였다. 지금은 국립기상박물관으로 이용되고 있다. 돈의문박물관마을, 경교장, 홍난파가옥과 가깝고 더 가면 딜쿠샤까지 있는 위치다. 다른 곳들과 함께 여행하기 좋은데도, 언덕 위에 있어 쉽게 가볼 생각을 하지 못했다.

국립기상박물관으로 가는 길은 조금 복잡하다. 먼저 서울교육청 옆에 있는 서울시민대학 교문을 통과해야 한다. 교문을 지나 언덕을 오르면 대학교 주차장이 나오는데, 오른쪽 길을 따라 조금 더 오르면 계단이 나온다. 이 계단을 올라야 드디어 국립기상박물관이 보이기 때문에 여기가 진짜 정문처럼 느껴진다. 1932년 처음 건물이 지어질 때는 주위에 아무것도 없는 조용한 언덕이었을 것이다. 기상 관측을 위한 최적의 장소로 이 곳을 골랐을 테니 말이다.

건물이 거친 세 개의 시간, 세 개의 입구

계단을 따라 올라가면 하얀 건물 벽이 보인다. 긴 창문들이 있는 2층 건물인데, 지면과 붙어있는 곳에 곡선 무늬 환기구가 있다. 이 환기구는 건물 바닥 목재가 썩는 것을 방지하기 위해 바람이 통할 수 있도록 설치했다. 녹이 많이 슬어 있었는데 2016년 건물을 보수하며 원형처럼 복원해 두었다.

건물은 1932년 경기도립경성측후소로 지어져 1939년 증

4 증축된 국립기상박물관 건물의 입구(1939)

5 왼쪽부터 부속시설 흔적, 1932년 건물, 1939년 증축 건물. 국립기상박물관

6 1932년 건물 현관 위 세부 모습. 국립기상박물관

축, 2016년 건물 보수 작업을 거쳤다. 1998년 기상청이 서울 동작구로 이전하기 전까지 실제 업무 공간으로 사용되었기 때문에, 건물에는 시대에 따라 크고 작은 흔적이 있다. 4년에 걸친 복원 작업 끝에 2020년 박물관으로 개관한 만큼 국립기상박물관은 건물에 담긴 시간을 상세하게 소개한다.

외관에서는 현관을 통해 시대를 파악할 수 있다. 건물에는 문이 네 개 있다. 세 개는 각 시대마다 새로 지어진 출입구고, 남은 한 개는 부속시설의 흔적이다. 계단을 올라서 처음 보게 되는 것이 1939년 증축 후 사용한 현관이다. 이곳을 기준으로 왼쪽이 1932년, 오른쪽이 1939년에 지은 건물이다. 두 현관 모두 현재는 사용하지 않고 있다.

1932년 최초로 지어진 현관은 구 간조 경성지점(1926, 27화)처럼 원형 모양이다. 두 건물 모두 모더니즘 건축 양식이라 나타나는 공통점이다. 건물을 자세히 보면 색이나 모양의 선명도가 다르다. 1939년 건물에 붙어있던 환기구처럼 2016년 건물 보수작업을 하면서 복원한 부분이 섞여 있기 때문이다.

1932년 현관 왼쪽으로는 소박한 문이 하나 있다. 옆에는 '부속시설 흔적'이라는 안내판이 붙어있다. 설명에 따르면 1932년 건축 도면에 온돌방, 취사실, 소사실 등 부속시설이 있었다. 1970년대까지 숙직실로 사용되었지만 이후 철거된

7 국립기상박물관 건물 뒤편에 있는 현재 출입구(왼쪽), 우편국 분실 흔적(오른쪽).
8 안내소 뒤 벽면. 왼쪽 아래가 남자 화장실이었다. 국립기상박물관 내부.

것으로 파악된다. 그 때 건물과 연결되어 있던 문과 벽을 새롭게 마감 처리해서 시간이 남긴 흔적을 보여주고 있다.

현재 건물 내부로 들어가는 출입구는 건물 뒤편에 있다. 그 옆에도 작게 '우편국 분실 흔적'이라는 설명이 막힌 문의 흔적 옆에 붙어있다. 안내판에 있는 1932년 건물 도면을 보면, 원형 출입구 왼쪽으로 앞서 말한 부속시설들이 붙어있는 것도 확인할 수 있다.

내부에서 건물의 역사 흔적 찾기

건물에 들어오면 오른쪽 안내소 책상 뒤로 노출되어 있는 벽이 먼저 눈에 들어온다. 남자화장실이 있던 공간이라고 한다. 안내소에 앉아 있는 직원 의자 뒤로 변기가 붙어있던 기다란 자국이 남아있다. 해설사 설명에 따르면 1980년부터 지금의 공간을 로비처럼 사용했다고 한다. 그 동선을 2020년 박물관으로 개관하면서 그대로 따른 듯 하다.

건물은 2층이다. 1층 전시실에는 국보인 측우기와 함께 삼국시대부터 조선시대까지 기상 기록물, 측우 제도 등 우리나라 기상관측의 초기 역사를 살펴볼 수 있다. 진품 측우기가 있는 전시 공간 천장 위 대들보가 예사롭지 않다.

한옥은 집의 가치를 따질 때 대들보 굵기로 판단한다. 얼마나 질 좋고 비싼 목재를 썼는지 한눈에 볼 수 있기 때문이

9 1층에서 본 천장 기둥. 국립기상박물관 내부

10 2층으로 올라가는 계단. 증축할 때 건물 창을 막아 벽으로 만들었다. 국립기상박물관 내부

11 건물 역사를 전시해둔 2층 공간의 기둥. 국립기상박물관 내부

다. 이 건물이 한옥은 아니지만, 굵은 대들보를 보면 목조로 바닥과 천장을 지으면서 예산을 꽤 들였다는 걸 알 수 있다. 복도에도 벽이 어떤 식으로 지어졌고, 어떤 식으로 보수되었는지 알 수 있도록 꽤 자세한 설명이 붙어 있다.

외관에서는 1939년 이후 사용한 현관을 기준으로 1932년 신축과 1939년 증축을 나눴다. 그 시간의 경계를 내부에서는 2층으로 올라가는 계단에서 확인할 수 있다. 증축할 때 원래 있던 1층 건물의 창을 메우고 계단을 놓으며 2층을 지었다. 계단을 오르며 아치 형태로 쌓은 벽돌 무늬를 확인할 수 있다. 1932년 현관 옆에 있던 아치형 창과 같은 크기와 모양이다.

2층 전시실에서는 기압계, 풍향 풍속계, 습도계 등 일제 시대부터 70년대까지 실제로 사용한 기상관측 도구를 소개한다. 이와 함께 2016년 건물 복원을 작업하며 나왔던 물건들, 복원 과정에 대해 자세한 설명이 전시되어 있다. 기상관측의 역사도 재미있지만, 건물을 둘러보는 것이 목적이었던 만큼 이곳을 더 자세히 관찰했다. 복원 과정이 담긴 짧은 영상이 있었다. 복원에 앞서 자문을 구하는 모습, 목조 구조를 볼 수 있도록 천장을 철거하고, 벽돌을 노출시키기 위해 벽에 발라져 있던 시멘트를 떼어내는 작업을 볼 수 있다.

외부에서 2층 전시실로 오면서 건물이 지나온 시간을 흑

12 국립기상박물관 100년 쉼터
13 1932년 건물 내부. 소리로 듣는 날씨 전시 공간이 있다. 국립기상박물관 내부

백으로 상상했다면, 건물 복원 과정에 대한 전시를 보면서 컬러로 바뀌는 느낌이다. 다시 1층으로 내려와 건물을 빙 돌아 나갈 때, 처음보다 많은 것이 눈에 들어온다.

100년 쉼터 : 단풍나무가 보이는 서가

박물관의 중요한 역할 중 하나는 교육과 자료 수집이다. 국립기상박물관에도 전시품과 관련된 자료집, 책을 모은 공간이 있다. 1932년 처음 세워졌던 건물이다. 1층 로비에서 오른쪽으로 들어가면 옥상으로 가는 원형 계단과 지진계실이 있다. 원형 계단은 소리로 날씨를 들으며 쉴 수 있는 공간으로 구성해두었다. 이곳들을 지나 건물 맨 끝에 있는 '100년 쉼터'에 다다른다. 밖에서 봤던 '부속건물 흔적'으로 표시된 문과 연결되는 공간이다.

쉼터 내부 천장에 구름 모양 전등과 빗물 모양 장식을 단 것이 재치 있다. 책장에는 날씨뿐만 아니라 지역사, 농업, 예술 등 다채로운 주제의 책들이 꽂혀 있다. 날씨 데이터가 다양한 분야에 활용되니 이상한 일도 아닐 것이다.

창밖으로 단풍나무가 보인다. 국립기상박물관 마당에는 관측표준목으로 벚나무와 단풍나무 등이 있다. 뉴스에서 벚꽃이 피거나 단풍이 들었다고 할 때는 이 나무에 생기는 변화를 기준으로 말한다. 100년은 더 된 나무라 크기가 크고,

수형이 풍성하다. 국립기상박물관과 함께 등록문화재로 지정되어 있다.

국립기상박물관은 공공건축으로서 시민에게 더욱 친근하게 다가가려 노력하고 있다. 책이 있는 쉼터뿐만 아니라 점자 안내판, 수어 해설도 준비해 두었다. 네이버 예약을 통해 박물관 해설 신청도 가능하다.

뉴스에서 '서울에 단풍이 들기 시작했다'는 소식을 들으면 100년 쉼터 창가에서 본 단풍나무가 생각날 것 같다. 소식을 듣고 며칠 뒤 이 박물관에 가보면 만추를 느낄 수 있을 것이다.

⟨38⟩ 수도박물관

친구들과 성수대교를 지나 한강을 따라 걷다가, 강변북로를 가로지르는 구름다리를 올랐다. 서울숲역으로 가기 위해서였다. 구름다리 위로 오르니 얼굴 옆으로 강바람이 스친다. 자동차나 대중교통을 타고 다니며 늘 보는 한강이지만 유리창 안에서 보는 건 사진에 불과하다. 한강이 한번도 멈춘 적 없는 살아있는 자연이라는 것을 이럴 때 깨닫는다. 우리가 한강 가까이에서 쉬고 싶어하는 이유가 아닐까.

강을 따라 양 옆으로 빼곡한 건물들, 자동차, 저 멀리 보이는 롯데타워까지. 높은 곳에서 보니 도시의 모든 것들이 아름다워 보였다. 연신 감탄하는 서로를 바라보며 '서울 처음 왔냐'고 깔깔 웃었다. 농담처럼 말했지만, 이렇게 도시가 새롭게 보이는 순간이 소중하다는 걸 잘 알고 있다. 주변을 새롭게 보기 위해 시작한 것이 이 여행이기도 하니까.

다리가 끝날 때쯤 오른쪽에 작은 벽돌 건물이 보였다. 건축 여행을 하면서 단련된 탓인지, 내 눈은 이런 건물을 그냥

1 수도박물관(구 뚝도정수장 송수펌프실, 1908)
2 수도박물관 내부

지나치는 법이 없다. 가까이 가보니 '수도박물관'이라는 글씨가 보였다. 성동구 성수동에 있는 수도박물관은 2008년 개관했다. 우리나라 최초 정수장인 뚝도정수장이 1908년 설립된 지 100주년이 되던 해였다.

수도박물관은 본관, 별관, 물과환경전시관, 완속여과지, 뚝도아리수정수센터로 구성되어 있다. 서울아리수본부 홈페이지에서 해설 예약을 신청하면 이 모든 곳을 다 둘러볼 수 있다. 나는 1908년에 준공된 본관 건물을 둘러보는 것이 목적이었다. 본관은 별관, 완속여과지와 같은 출입로를 사용하기 때문에 이 세 곳만 둘러보았다.

본관: 짜임새 있는 벽돌 건물

본관은 송수펌프실로 사용되었던 곳으로 벽돌 건물이다. 단순한 형태지만 입구에 있는 돌을 쌓은 모양을 보면 짜임새가 있다. 건축에 사용하는 재료는 비슷하다. 어떻게 활용했는지, 어떤 식으로 세세한 부분을 건축했는지가 중요하다. 규모로 건물을 판단하지 말고, 완성도를 관찰해야 하는 이유다.

문화재뿐만 아니라 근대에 지어진 건물도 마찬가지다. 끊어지는 선이 많고 마감이 엉성하거나, 재료를 단순하게 활용했다면 만듦새가 좋다고 말하기는 어렵다. 이런 기준으로 보았을 때 현관 양 옆 모서리에 낸 모양, 창문 아치 부분을 쌓은 모양과 꾸밈 돌을 넣은 부분이 정교하다.

이 건물 왼쪽의 바깥 벽을 보면, 벽돌이 끊겨서 하얗게 칠해져 있는 부분이 있다. 1908년 준공 당시 사진을 보면 사람들 뒤로 본관과 또 다른 벽돌 건물이 이어져 있다. 구체적으로 언제 해체된 것인지는 파악하기 힘들었다. 본관 내 건물 모형을 통해 본관과 비슷하게 생겼지만 조금 짧은 벽돌 건물이었다는 것을 알 수 있을 정도다. 서울역사아카이브에 기록된 사진도 참고하며 뚝도정수장의 옛 모습을 상상해 본다.

상수도의 역사는 미국인 사업가 헨리 콜브란과 해리 보스트위크가 1903년 고종 황제로부터 상수도 시설 및 경영에 대한 독점 특허권을 받으며 시작됐다. 1905년 특허권을 영국인이 설립한 대한수도회사에 양도하고, 이 건물을 짓기 시작한다. 서울에서 최초로 급수가 시작된 것은 1908년 9월이었다.

건물 내부에 들어서자마자 천장을 올려다본다. 일본이 지은 건물과 비교하면 천장이 단순하다. 목재를 깎아내 비슷한 종류끼리 같은 굵기와 모양으로 가공해서 더욱 그렇게 보인다. 내부는 뚝도수원지 제1 정수장의 역사와 관련된 전시품으로 가득하다. 상수도가 서울에 들어오기 전 있었던 직업인 물장수부터 상수도 보급의 역사, 물이 여과될 때 시설 구조물 일부, 파이프 관 등이 전시되어 있다.

박물관에 가면 설명을 다 읽는 편인가? 나는 보통 설명을 꼼꼼히 읽기보다는 건물을 구경하며 여기서 어떤 일이 있었을지, 어떤 배경과 상황에서 건축된 건지 관찰하고 상상하기 바쁜 편이다. 그럼에도 한강에 대해 몰랐다는 생각이 들어 호기심으로 천천히 둘러본다.

완속여과지: 물의 흔적이 남은 곳

본관 오른쪽에 완속여과지 내부로 들어갈 수 있는 문이 있다. 문이 하나만 열려 있지만, 사실 완속여과지는 굉장히 넓다. 수도박물관 마당으로 진입하면 오른쪽으로 넓은 잔디가 펼쳐져 있다. 그 잔디밭 아래가 모두 완속여과지다. 잔디 아래로 지하벙커로 들어가는 듯한 하얀 문이 딸린 작은 건물들이 땅속에 심어져 있다. 그 앞으로 이름이 서로 다른 거대한 수도관이 잔뜩 놓여있다.

뚝도정수장은 한강물을 끌어와 침전, 여과, 정수하는 과정을 거쳐 식수를 만들었다. 완속여과지는 모래층과 자갈층에 한강 물을 통과시켜 불순물을 거르는 정수 시설이다. 이렇게 만든 깨끗한 물은 용산 일대와 사대문 안 서울로 공급되었다. 현재 완속여과지에는 철근콘크리트 구조물만 남아있다. 안으로 들어가자마자 축축한 습기와 함께 옅은 물비린내가 난다. 윤동주문학관(11화)의 물탱크에서도 느꼈지만,

수전번호판
광복 이후 / 4.3x7.1cm

3 완속여과지 내부

4 별관 건물

5 별관에 전시되어 있는 수전번호판

물이 있던 공간에서는 비어 있어도 물의 흔적이 느껴지는 게 신기하다.

아무것도 없는 구조물이라 '이게 뭐야'라고 할 수도 있다. 하지만 1908년 뚝도정수지가 세워진 후부터 1990년까지 사용되었으니 서울 상수도 역사에서 의미 있는 곳이다. 무엇보다 특별한 약품 없이 도시에서 쓸 물을 약 80년 동안 이 곳에서 정수했다는 것이 놀라웠다. '아리수'에 담긴 친환경적 의미와 자부심이 어디에서 나오는 것이었는지 새삼 깨달았다.

별관: 물건의 크기와 질감이 열어 주는 상상력

별관은 취수펌프실이었던 곳이다. 한강물을 뚝도 수원지까지 끌어올리던 곳이 매년 새로운 기획전이 열리는 장소로 활용된다는 게 의미 있다. 본관에서 수도 역사를 익혔다면, 이 곳에서는 수도에 관련된 다양한 일상적인 물건을 실제로 볼 수 있다. 서울수도회사에 다니던 직원들의 1980년대 급여명세표와 경조사 봉투, 물장수가 가지고 다니던 물동이, 집 마당에 있었던 작두 펌프까지.

서울 골목을 걸을 때마다 대문에 붙어 있던 수전번호판이 눈에 띄었다. 수전번호판은 1970년대부터 각 가정 대문과 영업장 입구에 부착하도록 보급되었다. 수도계량기 고유번호를 확인하기 위해서였다. 행정구역마다 크기와 모양이

달랐다. 지금도 서울 골목길을 걷다 보면 간혹 철 대문에 붙어있는 경우가 있다.

이런 건 인터넷으로 검색해봐도 되지 않냐고 생각할 수도 있다. 하지만 실물을 보는 것과 이미지로 보는 것은 매우 다르다. 더 나아가 일상에서 본 적 있는 물건이라도 박물관에서 같은 종류끼리 모아둔 것을 보면 그 의미와 가치가 더욱 뚜렷하게 보인다. 수전번호판뿐만 아니라 수도계량기 보호뚜껑도 자세히 들여다본다. 어떤 크기와 질감을 갖고 있는지, 이 작은 물건이 시대에 따라 어떤 형태로 변화해왔는지 확인하며 박물관의 존재 이유를 다시 한번 느낀다.

서울이라는 마을에 물을 대는 곳

별관에는 옛날 영상이 전시 중이다. 「아껴쓰자」, 「수도와 주부」라는 제목으로 상수도를 홍보하는 짧은 영상이다. '다 같이 협력해서 상수도를 아껴쓰자! 물이 부족하지 않은 명랑하고 행복한 생활을 유지하자'고 말한다.

1960년대부터 1970년대까지 서울은 인구가 급속히 증가했고 물은 부족했다. 1950년 6.25 전쟁을 거치며 수도시설이 파괴된 탓도 있었다. 영상안에는 군용차까지 투입해 서울 각 지역에 급수하는 장면이 나온다. 각자 물을 받아가는 서울 시민들의 모습은 이제는 낯선 풍경이다. 어릴 때 한 번쯤 들어본 '우리나라는 물 부족 국가'라는 말은 어쩌면 이런 배경에서 시작된 건 아닐지 생각하게 된다.

　수도꼭지를 돌리기만 하면 깨끗한 물이 나오는 건 당연한 일이 아니었다. TV나 스마트폰만큼 혁명적인 기술을 마주하는 사건이었다. 본관으로 오는 길에 서울 상수도 역사에 관한 옛날 사진들이 전시되어 있다. 수돗물을 중심으로 보니 서울이 한강과 함께 발전해온 것이 더욱 실감나게 느껴진다.

　별관에 전시된 영상은 모두 1960년대 초기에 제작되었다. 1960년대는 서울이 현대로 들어서는 시점이기도 하다. 청계천을 덮는 공사를 시작하고, 본격적으로 도시 개발이 추진된다. 다음 여행지인 청계천박물관을 이어서 보면 이 시기가 더욱 구체적으로 그려질 것이다.

(39) 청계천박물관

1394년 한양이 수도가 되었을 때만 해도 서울, 즉 사대문 안에 흐르는 물은 한강이 아니라 청계천이었다. 이후 서울의 범위는 점점 넓어져 왔다. 1936년 서울특별시의 전신인 경성부가 관할하는 지역이 확장됐고, 1944년 마포구가 신설됐다. 1973년에는 도봉구와 관악구가 신설됐다.

현재 서울은 광진구, 강북구, 금천구를 포함하여 25개의 구로 구성되어 있다. 서울 경계에 접한 수도권 지역은 자신들도 강남권, 강북권이라고 말한다. 대중교통과 아파트를 지으며 끊임없이 서울과 연결고리를 만든다. 행정적 팽창은 멈춘 상태지만, 서울로 입성하려는 사람들의 염원은 여전히 유효하다.

물을 통해 바라보는 서울

수도박물관을 둘러보면서 물을 중심으로 서울을 바라보다 보니 자연스럽게 성동구 마장동에 있는 청계천박물관에

도착했다. 청계천박물관 입구로 들어가기 위해 4층으로 가는 에스컬레이터를 타고 올라간다. 전시는 가장 높은 곳에서 물줄기가 떨어져 아래로 흘러가듯, 4층부터 1층으로 내려가면서 관람하도록 되어있다.

내부로 들어가자마자 서울 사대문과 그 사이를 가로지르는 물줄기 지도가 바닥에 펼쳐진다. 조선의 도읍이 정해졌을 때를 시작으로 청계천이 복개되고 복원되는 역사로 이어진다. 전시는 돌아온 청계천이 어떤 모습인지 보여주며 마무리된다. 한강물 공급에 따른 과도한 유지관리 비용, 보행 불편과 접근성 부족, 역사 문화 유산의 미흡한 복원 등 남겨진 과제를 꽤나 객관적으로 짚고 있다.

청계천이 서울과 함께 한 세월만큼 역사와 내용이 방대하다. 두꺼운 책을 곁에 두고 자주 펼쳐 보며 완독하듯 청계천 박물관을 활용하면 좋을 것이다. 전시는 청계천에 있던 수표●와 옛 다리 모형뿐만 아니라 근대기 소설과 문화 속에서 묘사된 청계천, 사진작가 한영수, 홍순태, 노무라 모토유키의 작품 속에 담긴 옛 풍경 등 다양한 자료를 담고 있다. 이 글에서는 청계천에 있던 판자촌과 이후 지어진 세운상가를 중심으로 둘러본다.

● 조선 후기에 하천의 수위를 측정하던 기구.

1   청계천박물관
2   4층 전시 시작점
3   1950년대 청계천 판자촌 모형

현대 서울의 탄생과 도시의 사람들

코로나19 팬데믹 이전, SNS를 통해 청계천 판잣집 테마 존을 알게 됐다. 청계천 박물관 건너편에 있는 청계천 판잣집을 재현한 공간으로 서울시설관리공단에서 운영한다. 옛날 라디오 부스, 교실과 교복, 판잣집 구조 등 여러 체험을 무료로 할 수 있어서 인기가 있었다. 코로나19로 이전과 같은 운영이 어려워진 후에는 리모델링을 거쳐 생태를 주제로 한 전시를 볼 수 있게 되었다. 판잣집을 재현한 외관의 건물은 여전히 볼 수 있다.

청계천박물관의 전시 설명에 따르면 청계천에는 조선 후기부터 사람들이 살았다. 빈민층이었기 때문에 거주자가 남긴 기록은 없지만, 삶이 움트던 현장이었음이 새삼 느껴진다. 본격적으로 무허가주택이 들어서기 시작한 건 한국전쟁 후 1950년대 후반부터였다. 서울에 사람들이 모여들었지만 집이 절대적으로 부족한 상황이었다. 어떻게든 살아야 한다는 의지로 시민들은 청계천에 판잣집을 짓고 살기 시작했다.

1958년 청계천을 덮는 복개 공사가 시작되면서 서울시는 청계천 판잣집 주민들을 이주시킨다. 이때 소위 '달동네'인 봉천동, 신림동, 난곡동 등이 생겨났다. 청계천 판잣집을 들여다보는 것이 중요한 이유다. 일제강점기와 전쟁을 겪고 난 후 현대 서울이 본격적으로 만들어지는 시점에 서울의 역사를 상징하는 청계천과 도시민들의 거주지인 판잣집이 어떻게 다뤄졌는지 알 수 있다.

판자촌을 없앨 당시의 명분은 질병에 취약한 무허가 주택이라는 점이었다. 청계천을 복개해 발전을 이뤄야 한다는 이유도 있었다. 도시는 사람들을 쫓고 물길을 덮었다. 청계천은 도로가 되었고, 고가도로도 세워졌다. 우리나라 최초의 주상복합 아파트도 건축되었다. 건축가 김수근이 설계한 세운상가(1968)다.

당시 청계천은 슬럼화된 상태였고, 무허가 주택은 위험했다. 도심 가운데에 물길이 있어서 발전에 걸림돌이었다는 것도 언뜻 들으면 맞는 말이다. 하지만 어딘가 폭력적이라는 느낌을 지울 수 없다. '사람'이 빠져 있는 도시 개발이기 때문이다. 집이 필요한 사람들에게 안정된 거주 환경을 제공하며 도시가 천천히 발전했다면 좋겠지만, 군사정권에게는 여유가 없었다. 눈에 거슬리는 것은 빠르게 해치워서 개발하는 방식으로 서울은 확장되었다.

서울역사아카이브 웹사이트에 1962년에 찍힌 '한남동 판잣집 철거 현장' 사진이 있다. 설명에 따르면 판잣집 주민들은 1960년 10월 하순 시작된 청계천 복개공사로 서대문구 북가좌동으로 이주했다가 용산구 한남동에 터를 잡았다. 그런데 1962년 서울시가 공원부지라는 이유로 다시 집을 철거

했다. 이들은 구로동에 마련된 난민주택으로 이전할 수밖에 없었다. 이런 식으로 서울은 점점 개발되어 갔지만, 시민들은 변두리로 쫓겨났다. 청계천박물관 전시에 따르면 1970년대까지 서울 곳곳에 판잣집이 즐비했다.

청계천에서 엿보는 개발의 언어

현대에 들어서자마자 천덕꾸러기처럼 여겨지며 복개되었던 청계천은 2000년대에 들어서며 다시 복원됐다. 복개한 도로와 청계천 고가도로 구조물이 노후화됐다는 이유였다. 청계천 복원사업에는 사업비 약 3800억 원, 69만 4000여 명의 인원이 투입되었다. 전시를 보며 도시가 말하는 '위험'과 '노후'는 곧 개발을 의미한다는 걸 새삼 깨닫는다. 이 주관적인 단어로 인해 서울의 역사가 담긴 청계천도 복개되는 수모를 겪었는데, 개발되지 못할 건 없을 듯하다. 이런 생각을 하니 갑자기 간담이 서늘해진다.

청계천 박물관 내에는 2010년에 세워진 청계천 마스터플랜 자료가 있다. 청계천 인근 지역을 상업, 주거 등으로 구획한 지도다. 자세히 들여보다 최근 세운상가 일대에 세워진 오피스텔들이 떠오른다. 이로 인해 을지로와 종로에서 오랜 시간 일하던 공구공업상가가 문을 닫고 도심에서 쫓겨났다. 분명 다른 사람들, 다른 시대의 이야기지만 어디서 본 듯하

4 1층 휴게실
5 3층 휴게실

다. 도시 개발의 근본적인 문제는 여전히 원주민을 배려하지 않는 과정, 아주 빠르게 반복되는 주기라는 걸 전시를 통해 깨닫는다.

박물관 활용 설명서

박물관의 역할 중 하나는 지역 사회에 문화 시설을 제공하는 것이다. 박물관은 갖고 있는 콘텐츠로 경험과 교육을 제공한다. 공공건축물로서 큰 공간을 활용해 예술 공연을 열기도 한다. 청계천박물관 역시 책과 소파가 있는 휴게실 두 곳과 강당 하나를 갖고 있다. 강당에서는 입장료 없이 매달 마임, 국악, 재즈 등 다채로운 공연이 열린다.

조용한 박물관 속 휴게실에서 마음대로 책을 꺼내보고, 천천히 전시도 들여다보면서 문득 굉장한 호사를 누리고 있다는 걸 깨닫는다. 고독과 침묵을 얻으려면 조금이라도 돈을 지불해야 하는 것이 도시이니까 말이다. 어디론가 떠나고 싶지만 어디로 갈지 모르겠을 때, 서울 안에 있는 박물관을 검색해 보는 것은 어떨까. 일단 조용하고, 깨끗하고, 무료다.

병원

영화「1987」속 의사 오연상과 구 용산철도병원

검은 차 한 대가 벽돌 건물 앞에 멈춰선다. 오래되어 보이는 건물 뒤로 '중앙대학교 부속 용산병원' 간판을 달고 있는 신식 건물이 있다. 영화「1987」초반부에 등장하는 이 장면은 1987년, 기자들이 박종철 고문치사 사건 목격자인 의사 오연상을 취재하기 위해 병원을 찾은 날을 그리고 있다.

1987년 남영동 대공분실과 중앙대학교 부속 용산병원은 차로 10분 거리였다. 가장 가까운 곳에 있는 큰 의료시설이라 이 병원 의사가 쓰러진 박종철의 상태를 파악하기 위해 대공분실 호출을 받고 달려온 것이다. 이후 의사 오연상은 박종철의 사망 원인이 '물고문'임을 시사하는 증언을 하면서 고문치사사건이 알려지는 데 결정적인 기여를 했다. 이 공로로 같은 해 인권상을 수상한다.

영화「1987」은 경북대학교 병원에서 촬영되었다. 벽돌 건물 뒤에 현대식 병원이 있는 것이 옛 중앙대학교 부속 용산병원 풍경과 닮아서인 듯 하다. 지어진 해도 1928년으로 중앙대학교 부속 용산병원 건물과 같다.

'중앙대학교 부속 용산병원'은 본래 용산철도병원이었다. 용산역 철도 기지 직원과 가족, 철도 관련 사고로 다친 사람들을 치료하기 위해 세워졌다. 일반인도 치료받을 수 있었지만 1순위 환자는 철도 기지 직원이었다. 1907년 조선통감부 철도국 주도로 설립된 용산동인병원을 이어받아 1913년 용산철도병원으로 개칭했다. 지금 남아있는 건물은 1928년 지은 것으로, 현재 용산역사박물관으로 운영되고 있다. 박물관 전시에서도 오랫동안 의료 시설로 운영되었던 건물의 역사를 만날 수 있다.

용산철도병원을 거처간 청년 이봉창

이곳에서 치료받았던 철도역 직원들 중 독립운동가 이봉창도 있었다. 그는 1932년 일왕에게 폭탄을 던진 후 사형을 당했다. 이봉창은 서울 용산의 문창학교를 졸업한 후 4년간 용산역 철도국에서 근무했다.

임시정부자료집 신문조서에 이봉창의 재판 기록이 남아 있다.[•] 재판은 이봉창의 생을 처음부터 끝까지 차근차근 짚어 나가는데, 용산역 철도부를 그만둔 이유에 대해 일본인과 조선인의 임금 차별 때문이라고 진술하는 대목이 있다. 마지

• 『대한민국임시정부자료집』 30권 한인애국단 III (재판기록), 국사편찬위원회

1 구 용산철도병원(1928). 박물관 개관 전(2021년 2월) 촬영
2 덩굴이 사라진 현재 모습. 2층 중간에 작은 정원이 조성되었다.

막에는 자신이 일을 가르쳤던 사람에게 승진을 추월당했다고도 말한다. 경부선 철도를 놓는 과정에서 집안 대대로 물려주던 땅을 빼앗겨 독립운동을 결심한 것으로 알려져 있지만, 일본인들 틈에서 일하며 조선인으로서 겪은 차별이 가슴에 쌓인 것도 이유가 됐을 것이다.

용산철도병원에 대한 언급도 있다. 그는 10대 중반에 겪은 말라리아 후유증으로 관절염을 앓았다. 이 병에 대해 '일을 못할 정도는 아니었지만 의병 퇴직(지금의 질병 퇴직)을 위해 철도병원에서 두 달간 진단서를 받아 사직했다'고 말한다.

이봉창은 용산역 철도국에서 일하고, 오사카로 건너가 가스공사에서도 근무했다. 꽤나 번듯한 일본 기업에 계속 취업을 했지만 오래 일하지 못했다. 진술서를 읽다 보면 상황에 적응하고, 무리 안에 들어가 보려고 끊임없이 노력했으나 차별이라는 현실적 장벽에 자꾸만 좌절하는 청년이 보인다. 끊임없이 쌓여온 분노와 회의감이 그가 독립을 위해 죽음을 결심할 수 있도록 만들었을 것이다. 이봉창 의사가 순국할 때의 나이는 32살이었다.

용산철도병원은 1945년 전후로 여러 차례 이름이 바뀌었다. 철도청 소속 병원으로 계속 영업했지만, 1984년 중앙대학교에 운영을 위탁하며 중앙대학교 부속 용산병원으로 바뀌었다. 100년 넘게 병원으로 운영되던 건물 문이 닫힌 건 2011년

3 1층 로비 모습
4 원래 현관이 있던 곳. 옥상 정원이 보인다.
5 내부에서 본 원래의 현관. 스테인드글라스가 있다.

이었다. 이때 한국철도공사와 중앙대의 임대 계약이 만료되면서 중앙대학교 부속 용산병원은 흑석동으로 이전했다.

용산철도병원으로 운영할 당시엔 세 개의 건물이 있었다. 1919년에 지어진 구 본관, 1928년에 지어진 신 본관, 1937년 지어진 3층 병실이다. 현재 용산역사박물관으로 유일하게 남아있는 건물은 1928년에 지어진 신 본관이다. 1919년에 지어진 구 본관은 1960년에 사라졌다. 지금의 박물관 건물 뒤편에 있던 3층 병실은 1973년 국립서울병원이 들어올 때 증축되었다. 중앙대학교 부속 용산병원이 영업할 때까지만 해도 센터동으로 사용되었지만, 병원이 폐업하며 헐린 상태다.

신 본관은 긴 외관 끝에 원형으로 마감된 부분 때문인지 종로구 소격동에 있는 국립현대미술관 서울 본관과 닮았다. 국립현대미술관 서울 본관도 병원이었다. 1913년 일본군 수도육군병원으로 지어져서 1928년부터 1945년까지 경성의학전문학교 부속의원으로 쓰이다가 서울대학교 의과대학 제2부속병원, 국군 수도통합병원 등으로 변경되었다. 1970년대에는 국군보안사령부가 사용하기도 했다.

한강 길목부터 군사 기지, 철도까지, 용산의 역사 기록

일제강점기에 병원이었던 큰 건물이 용산 한복판에 덩그러니 남아있는 게 신기해서 보러온 적이 있었다. 용산역사박물관 개관이 결정되었지만, 본격적인 공사를 시작하기 전인 2021년이었다. 담쟁이 덩굴이 건물을 휘감고 있었다.

내부가 어떨지 궁금했다. 단을 높여 지은 터라 창문 가까이에 얼굴이 닿지도 않아서 호기심은 더 커졌다. 우연히 공사 전 내부 사진을 한 국회의원 블로그에서 발견해서 간접적으로 구경해볼 뿐이었다. 밖에서 보기만 하던 이 곳은 2022년 3월, 박물관이 되었다. 드디어 내부에 들어가볼 수 있게 된 것이다.

건물은 지상 2층에 옥상정원까지 있는 구조다. 박물관 내부로 들어서면 오른쪽으로 천장에 연결되어 있는 줄이 보인다. 『용산철도의원요람』에 따르면 1층 약 조제실과 지하 정련실을 연결해주는 약재 및 처방전을 운반하는 수직 리프트였다. 넓은 로비를 두고 안내소와 의자, 복도와 계단이 놓여 있는데 꼭 대형 병원의 수납 데스크 같다.

건설 당시 신 본관 건물 앞에 있던 현관의 위치는 오른쪽으로 바뀌어 있다. 여러 번 병원 이름이 바뀌고, 건물 바로 앞에 도로와 인도가 들어서면서 현관 위치가 변경된 것으로 추정된다. 현관 위치는 바뀌었지만 모양은 남아있다. 스테인드글라스가 있는 아치형 문이다. 그 문 오른쪽으로 아카이브 미디어월이 있다. 옛 용산역, 숙명여자대학교, 한강철교 등 용산에 대한 사진 자료를 터치스크린으로 볼 수 있는 전시물이다.*

* 용산도시역사아카이브 웹사이트에서도 사진 자료를 볼 수 있다.

용산 성심신학교(30화)의 시대별 모습도 볼 수 있다. 1960년대 후반에 철거된 구 용산성심학교 본관도 있어서 반갑다.

전시는 복도를 따라 조선시대 한강 길목에서 번성하기 시작한 용산부터 일본 군사 기지가 들어온 일제강점기 시절, 용산 철도가 놓이던 시절을 거치며 용산의 역사를 보여준다. 2층에서는 한국전쟁 후 미군 기지가 들어오면서 용산 일대에 다양한 문화와 종교가 자리잡은 과정을 볼 수 있다.

병원 흔적 찾기: 외과 처치실

용산철도병원은 개원 당시 상주 의사만 33명에, 산부인과가 있을 정도로 규모가 큰 병원이었다. 건물 곳곳에서 병원의 흔적을 찾을 수 있다. 외과 처치실은 거의 그대로 보존되어 있다. 1층 건물 맨 끝에 있는데, 현관에서 이동하기 쉽지만 구석이라 외부인의 동선과 겹치지 않는 위치다. 병실은 타일로 덮여 있다. 외과이다 보니 피를 청소하기 위해 물을 쓸 일이 많아서였을 것이다.

꽤나 넓은 진료실 안에는 일제강점기 당시의 약 봉투와 약, 주사, 왕진가방, 철도 근로자 가족의 집에서 썼을 법한 비상약 상자 등이 전시되어 있다. 건물 역사와 함께 동찰도 전시되어 있다. 우리나라의 상량처럼 건물이 지어질 당시 연도와 정보를 적어두는 일본식 건축 요소다. 병원에 근무했던

6   외과 처치실로 사용되던 공간. 가운데에 건물 모형이 있다.

7   산부인과 과장실 천장에 있던 동찰. 용산역사박물관 소장.

8   병실건물(1937년. 현재 철거)에 있던 약국창구

9   1층 복도에 있는 아치

사람들의 인터뷰도 있어서 병실 공간에 생생함을 더한다.

병원 흔적 찾기: 곡선

1층에는 건물 리모델링을 하며 나온 집기들이 전시되어 있다. 1937년 지어진 신관(3층 병실, 현재 철거)에 있던 약국 창구와 병실 창문, 본관(현재 용산역사박물관)에 있던 방열기 등이다. 약국 창구가 곡선인 것이 눈에 띄었다. 로비에 있던 본래 현관 모양과 안내소도 곡선이다. 복도를 따라 걷다보면 곡선형으로 마감된 벽도 있다. 곡선과 아치는 용산역사박물관 건물을 이루는 중요한 키워드인데, 현재는 사라진 신관에서도 이 요소를 통일성 있게 사용했던 것으로 보인다.

박물관 전시를 보면서 계단 난간, 천장, 걸레받이 등 세부적인 요소들을 눈여겨보길 추천한다. 눈에 잘 띄는 부분이 아니더라도 직선으로 마감된 부분이 거의 없다. 옥상에 올라가 건물 기둥, 모서리 마감의 형태를 보면 더욱 그렇다.

옥상정원: 지금만 볼 수 있는 스카이라인

건물 2층 복도 사이와 옥상에 정원이 있다. 지붕이 없는 형태라 병원 관계자와 환자를 위한 쉼터로 사용된 것으로 추정된다. 박물관으로 리모델링할 때 복원되었는데, 정식 명칭은 옛동 어울정원이다. '옛동'은 중앙대학교 부속 용산병

10 1층에서 2층 계단 사이 모서리

11 1층 맨 끝 외과 병실 걸레받이. 곡선으로 마무리했다.

12 옥상 정원에서 본 외관 기둥

13 옥상정원에서 본 풍경. 중앙대학교 부속 병원 시절 건물들이 철거된 상태다.

원 시절 이 건물을 지칭하는 이름이었다.

옥상에서 건물 뒤에 있는 공터를 볼 수 있다. 영화 「1987」의 장면처럼 여러 건물이 있던 곳이다. 건물이 지어지던 1920년대 후반에는 이 일대에 철도관사가 모여 있었다. 이 땅에는 주상복합단지가 개발될 예정이다. 2019년 이 땅을 매입한 현대는 용산역사박물관을 리모델링해 용산구에 기부채납했다.

용산역 주변은 올 때마다 낯설게 느껴진다. 포장마차가 있던 역 앞 풍경은 전설이 되어버렸다. 2021년 초만 해도 철거가 진행되고 있던 용산역사박물관 건너편 건물에는 이미 높은 빌딩들이 들어섰다. 2022년에는 대통령 관저가 용산으로 왔다. 박물관 옥상정원에서 보니 용산이 서울의 중심으로 빠르게 변화하고 있다는 것이 실감난다. 현재의 모습을 기록으로 남겨 두면 좋겠다. 용산역사박물관 뒤로 주상복합단지가 들어오면 일단 지금의 이 스카이라인은 더 이상 보지 못할 것이다.

1   구 구영숙 소아과 의원 건물(1937)
2   마당에서 본 건물 측면
3   마당에서 본 담
4   쪽문에 설치되어 있는 계단

드라마 팝업 존이 된 소아과

종로구 견지동 30번지에 오래된 건물이 하나 있다. 안국동 로터리를 지나갔다면 한 번쯤은 보았을 것이다. 일제강점기 구영숙 소아과가 쓰던 건물로, 21화 박노수미술관을 지은 건축가 박길룡이 설계한 또 다른 작품이기도 하다. 1937년 지어진 2층 벽돌 건물이다. 최근 몇 년간은 건물이 비어 있었고, 마지막은 갤러리였던 것으로 보인다.

2023년 8월 디즈니플러스 시리즈 「무빙」 팝업 행사가 이곳에서 열린다는 소식을 듣고 한걸음에 달려가 보았다. 건물이 없어지지 않는 한, 언젠가 들어가볼 수 있을 거라는 기대는 하고 있었지만 OTT 시리즈 팝업 행사로 들어가게 될 줄이야. 지켜보던 건물이 박물관이 되고, 카페가 되어 둘러보게 되는 경험은 몇 번 해봤지만 이런 경우는 처음이라 신선했다.

건물에 도착하니 늘 조용하게 닫혀 있던 현관과 마당으로 가는 대문이 활짝 열려 있었다. 건물 위로는 노란 풍선이

5   천장이 노출되어 있다.

6   계단 손잡이 부분. 이런 건 그대로이지 않을까 추측해 본다.

7   계단에 있던 창문

떠있었다. 안내에 따라 건물 옆에 있는 마당으로 들어갔다. 밴드 잔나비가 부른 무빙 OST가 크게 울려퍼지는 가운데 사람들로 북적이고 있었다. 인조 잔디가 깔려있어서 원래 어떤 형태였을지 짐작하기 어려웠지만 항상 담장 밖에서만 보던 곳이라 신기할 따름이었다. 꽤 넓은 마당에는 담장을 따라 나무가 심어져 있었다. 서로 사진을 찍어주는 사람들 틈에서 담장을 쌓아올린 방식, 계단이 있는 곳을 유심히 봤다.

마당에 붙어있는 뒷문으로 들어가니 행사 스탬프를 받을 수 있는 카드 한 장을 준다. 팝업 행사 코너는 총 쏘기 체험, 드라마 소품 전시, 드라마 장면을 재현한 인증 사진 촬영 공간 등으로 다채롭게 구성되어 있었다. 그런데 나는 그저 빨리 건물을 구석구석 구경하고 싶은 마음뿐이었다. '도장만 받고 2층으로 올라가면 안되나요?'라고 물으니 직원이 굉장히 의아한 눈빛으로 도장을 찍어준다.

팝업 행사는 건물 뒷문으로 들어가서 계단을 따라 2층으로 올라갔다가 현관으로 나오는 구조였다. 2층으로 올라가는 계단에서 보니 바닥이나 벽 등 많은 부분이 변형된 듯 했다. 1층과 마찬가지로 2층도 행사 코너로 가득해서 관찰하기 어려웠다. 다행인 건 천장 트러스가 노출되어 있었다는 점이다. 나무 널판 군데군데에 한자와 일본어 글자가 보였다.

행사 코너를 따라 도장을 받으며 구경을 마치니 음료와

8 현관에 있던 우체통. 언제부터 있었던 걸까.

9 현관에서 본 곡선 무늬. 박노수미술관 현관도 곡선이다.

닭강정을 나눠 준다. 음료만 달라고 하니 다시 직원 눈에 물음표가 뜬다. 빨리 마시고 다시 건물 구경을 해볼 생각이었는데 말이다. 음료를 받아들고 창가 쪽에 앉았다. 창문을 바라보며 그토록 들어와보고 싶었던 곳에 앉아 있자니 꿈같았다.

의사 구영숙과 구영숙 소아과 의원

소아과 의사 구영숙은 1892년생으로 미국 에모리대학 출신이다. 『조선일보』 1926년 5월 기사•에서 그는 세브란스병원 소아과 의사 구영숙으로 소개되어 있다. 인사동 태화진찰소에서 어린이 건강 후원회 의사들이 생후 3개월에서 5개월 된 아기를 진료한다는 내용이다. 1932년 10월••에는 소아과 의사 구영숙이 서대문정에 개원했다는 기사가 실려 있다. 소아과뿐 아니라 내과까지 진료하는 개인 병원이라는 내용이다. 『대경성도시대관』에 따르면 구영숙 소아과는 1937년 서대문정에서 견지동 30번지로 신축 이전한다.

1933년 『조선일보』•••에 구영숙이 소아과 의사로서 연재한 글도 실렸다. 낮잠을 잘 재워야 학교 성적이 좋아진다거나, 날마다 과일 한 개씩 먹이면 아이에게 좋다는 내용이다. 정보를 쉽게 접하지 못했던 당시에는 신문에 실린 소아과 의사 글이 꽤나 유용했을 것 같다. 요즘 영유아 부모들이 많이 참고하는 '하정훈의 삐뽀삐뽀 119 소아과' 유튜브 채널이 떠

• 「건강후원회의 어린이건강진찰」, 『조선일보』, 1926. 5. 6.
•• 「구영숙박사개업」, 『동아일보』, 1932. 10. 3.
••• 「소아보건 하로한말슴 (9) 날마다과실한개식 먹이면대단이좃습니다」, 『조선일보』, 1933. 1. 25.

10 수송동 문화주택
11 안국빌딩

올라 구영숙 의사가 일했던 건물이 더욱 친근하게 느껴졌다.

수송동 문화주택과 국립현대미술관

구영숙 소아과 뒤쪽에는 수송동 문화주택(종로구 율곡로4길 15)이 있다. 이곳은 안과의사 고영목이 살던 곳이었다.* 고영목은 꽤 유명한 안과의사여서 신문과 논문에 여러 번 이름을 남겼다. 특히 흥미로웠던 건 『동아일보』에 연재된 [지상병원]이라는 코너다. 문답형식으로 여러 의사들이 사람들의 건강 관련 질문에 답을 해준다. 홍채염에 걸린 사람이 집에서 자가 치료하는 방법을 묻자 '자택 치료로 될 일이 아니니 의사를 만나라'는 답변을 한다. 네이버 지식인 엑스퍼트의 요즘 의사선생님 같다.

안과의사 고영목高永穆의 이름은 책 『선각자 백인제』에서도 찾을 수 있었다. 책에 실린 '경성의학전문학교 임상과목 겸임 교수진 및 조선총독부 의원 근무의사 표'에 안과 의원으로 교수 한 명과 의사 3명이 있는데 그 중 한 명이 고영목이다. 경성의학전문학교 부속병원이었던 현 국립현대미술관 서울에서 이 집을 오가지 않았을까 상상해 본다. 현재 서울 국립현대미술관 사무동 건물은 1928년부터 경성의학전문학교 부속의원이 사용하던 건물이다.

경성의학전문학교 졸업생 중 북촌 백인제 가옥의 주인이

* 한양대학교 동아시아 역사자료실의 2010년 글을 참고했다.

자 『선각자 백인제』의 주인공인 의사 백인제도 있다. 백인제는 3.1운동에 참여했다는 이유로 의사 면허를 받지 못했다. 수석 졸업생이었지만 면허를 받기 위해 2년간 조선총독부의원에서 허드렛일을 해야 했다. 백인제는 이후 경성의학전문학교 교수와 외과 주임교수까지 역임한다. 인제대학교 백병원의 설립자이기도 하다. 책 『우리 안의 친일』에 따르면 3.1운동에 참여한 서울 8개 전문학교 재학생은 77명으로 그중 경성의학전문학교 학생이 32명이었다.

함께 가보면 좋을 곳: 경복궁 동쪽 건축 여행

이 일대는 구영숙 소아과를 중심으로 수송동 문화주택, 국립현대미술관 서울, 서울공예박물관과 송현동 부지, 건축가 김중업이 지은 안국빌딩이 있어서 산책하듯 둘러보기 좋다. 특히 소아과 병원 뒤로 안과의사 집이 있고, 큰 병원까지 있었다는 걸 상상하고 걸으니 자연스럽게 병원 건축 여행 코스가 완성됐다.

국립현대미술관 서울은 1970년대에 국군기무사령부가 사용하게 된다. 현재는 철거되었지만 건물 옆에 국군서울지구병원이 있었다. 1979년 10월 26일 전 대통령 박정희가 총을 맞고 실려간 병원이기도 하다.

우리나라 최초의 여성 병원

정동길을 걷다보면 독특한 이름의 여러 안내판을 만나게 된다. 그중 '보구녀관'이라는 곳이 있다. '녀관'이라는 말 때문에 '여관'으로 착각할 수 있지만, 보구녀관은 우리나라 최초의 여성 병원이다. '여자를 보살피고 구하는 곳'이라는 뜻의 이름이다. 고종이 직접 지은 이름이라고 한다.

건물이 헐리고 터만 있었던 보구녀관이 2019년 강서구 마곡동 이화여자대학교 병원과 의과대학 사이에 복원되었다. 도로에서 보구녀관으로 가는 길에 깃발이 걸려있는데, 깃발에 쓰인 글을 읽는 것만으로도 우리나라의 여성 의학사를 파악할 수 있다. 가장 먼저 등장하는 이름은 우리나라 최초의 여성 의사, 박에스더다. 이화학당 졸업생이자 보구녀관 7대 병원장이기도 하다.

보구녀관은 정동의 한옥에서 문을 열었다. 보구녀관 3대 원장이었던 로제타 셔우드 홀이 남긴 기록에 따르면 '꽤 지

1 2019년 복원된 보구녀관(1887)

2 현관 왼쪽에 있는 대기실. 현재는 다목적실로 쓰인다.

3 대기실에서 본 건너편 방. 본래 약국이었던 공간이다.

위가 높은 사람이 쓰던 한옥에서 시작되었다'는 기록이 있다. 사진에 남아있는 보구녀관을 보면 3동의 한옥채가 있다. 복원된 건물은 본관 한 채다. 외국인 선교사들이 남긴 기록과 사진을 토대로 2019년 강희재건축사사무소가 복원했다.

돌담과 건물 뒤로 잔디 마당이 있고 건물 옆으로 나무가 있다. 당시에 심었던 나무들을 재현했다는 설명이 붙어있다. 앞에는 공원이 있다. 공원에는 보구녀관의 시작부터 근대 조선에 있었던 여성 병원과 여성 의료인 양성의 역사, 최초의 여성 간호학교와 졸업생들 등 여성 의료진들의 연대기가 사진과 함께 전시되어 있다. 여성 의료의 역사를, 근대 조선에서 여성 전문인을 양성한 이화여자대학교 건물 앞에서 보니 더욱 의미 있었다.

비가 내리던 날, 신발을 벗고 복원된 보구녀관 내부로 들어간다. 비오는 날이 여행하기 좋은 최상의 조건은 아니지만, 빗물이 떨어지는 기와를 보니 이것도 나름 운치 있다는 생각이 든다. 밖이 어두워서 그런지 전등 불빛이 더욱 따뜻하게 느껴진다. 조선 여성들은 보구녀관에 들어오며 이것보다 더 큰 따뜻함과 감동을 느끼지 않았을지 잠시 상상해 본다.

들어가자마자 좌우로 큰 공간이 있고, 정면으로 복도가 뻗어 있다. 왼쪽은 대기실이었고, 오른쪽은 약조제실이자 진료실이었던 공간이다. 아침 일과를 시작하기 전 이 곳에 모

4   약국 공간에 있는 옛 혈압계

5   재현된 약장

6   전시실에 있는 좌식 책상

두 모여 기도를 드렸다고 한다. 창문을 설치해 복도로 만든 마루 오른쪽으로 세척 소독실, 저장소, 병실, 수술실이 차례대로 이어진다. 내부 구조는 1890년대 병원 3대 원장인 로제타 셔우드 홀의 일기를 토대로 복원되었다.

현관 오른쪽 약국으로 사용되던 곳에 약 보관용 캐비닛과 혈압계, 낮은 책상이 놓여있다. 이외에도 입구 왼쪽에 있는 큰 테이블과 의자, 복도로 들어가기 전에 놓여 있는 책상, 전시실에 있는 좌식 책상과 홀로그램이 설치되어 있는 높은 가구 등 다양한 고가구가 있다. 보구녀관 유물은 아니지만 공간 분위기와 잘 맞는 것을 적재적소에 배치해 두어서 상상력을 자극한다. 가끔 공간은 멋지지만 이물감이 느껴지는 물건들 때문에 감흥이 깨지는 경우가 있는데, 여기는 반대다.

복도 왼쪽에 설치되어 있는 유리창 너머로 마당이 보인다. 옛 사진 속 한옥에 유리창이 설치되어 있었던 모습 그대로 복원되었다. 복도 오른쪽 전시실에는 박에스더의 일생, 역대 병원장의 초상 사진, 보구녀관 내부 모습 등이 전시되어 있다. 여러 곳에서 자료를 모아야 볼 수 있는 것들인데 한데 모아서 편하게 보고 있자니 더욱 감동이 밀려온다. 보구녀관 초대 병원장은 시카고 여자의학교를 졸업한 메타 하워드다. 1887년 조선에 설립된 시병원에서 여자 의사로서 처음 진료를 시작했는데, 이것이 보구녀관의 시작이었다.

1888년 보구녀관이 시병원에서 독립하면서 초대 원장을 맡았다. 전시 설명에 따르면 이곳에서 약 3000명의 환자를 돌봤고, 왕진을 나가기도 했다. 여러 차례 수술도 성공했다.

경성여자의학강습소와 로제타 셔우드 홀

우리나라 여성 의료를 얘기할 때 항상 언급되는 의료인은 미국에서 온 선교사이자 의사인 로제타 셔우드 홀이다. 펜실베니아 여자 의과대학 출신으로 보구녀관의 3대 원장이기도 하다. 미국에서 여성에게 투표권이 처음 부여된 건 1920년대였다. 이런 배경에서 보면 조선에 파견된 외국인 여성 의사들은 미국에서도 진취적인 선택을 한 소수의 사람들이었다.

홀이 보구녀관에서 첫 열 달 동안 발행한 처방전이 6000건 이상이었다. 1890년 이화학당 학생 중 다섯 명을 선발해 기초 의학을 교육했는데, 그 중 한명이 박에스더였다. 홀은 1897년 평양 기홀병원을 시작으로 광혜여원, 평양맹아학교, 평양 이디스 마가렛 어린이 병동 등을 설립하며 한양과 평양에서 활동한 의료인이다. 1920년대에는 동대문 부인병원 책임을 맡았고, 1928년 창신동에 경성여자의학강습소를 설립했다.

홀은 조선 여성 의료인 양성과 여성 의료 시설 확대를

위해 일하다 1933년 68세에 은퇴하고 미국으로 돌아갔다. 1951년 뉴저지에서 생을 마치기 전 회갑연 사진을 보면, 한복을 입은 홀 주위를 조선 여성 의사들이 둘러싸고 있다. 뒤에 유일한 외국인이 앉아있는데, 며느리인 메리안 홀이다. 로제타 셔우드 홀은 조선에서 선교사였던 남편 제임스 홀과 둘째인 딸 이디스 홀을 잃었다. 하나 남은 가족인 아들이 셔우드 홀인데, 폐결핵 질환을 전공하고 한국 결핵 퇴치를 위해 힘쓴 인물이다. 사진의 메리안 홀 주변에는 경성여자의학강습소 부소장인 의사 길정희, 동대문부인병원에 근무하던 의사 안수경이 있다. 이 사진만으로도 그가 어떤 인생을 살았는지 느낄 수 있다.

경성여자의학전문학교와 근대의 시작

로제타 홀이 설립한 경성여자의학강습소는 1938년 경성여자의학전문학교라는 이름으로 공식 학교가 됐다. 우석 김종익이 기부한 재산 65만 원이 개교의 토대가 됐다. 창신동에 있던 경성여자의학강습소는 안내판이 없어서 정확한 위치를 파악하기 힘들지만, 경성여자의학전문학교는 혜화동 로터리 근처에 있는 아파트 앞에 표지석이 있다. 건물은 혜화병원으로 운영되다가, 우석대학교 병원에 편입되었다가, 고려대학교 병원이 된다. 고려대학교 의료원 홈페이지 내

7 전시실 내부

8 복도

연혁은 경성여자의학강습소부터 시작한다.

출산을 앞두고 10개월간 병원을 주기적으로 가야 하는 여성들에게는 산부인과를 고를 때 중요한 조건 중 하나가 의사의 성별이다. 성별보다 실력이 중요하다지만, 아무래도 임신과 출산이라는 특수한 경험을 나눠야 한다는 점에서 같은 여성이 편하게 느껴지기 때문이다. 의료 서비스의 품질보다는 환자의 심리 문제다. 현대에도 이런데 하물며 100년 전은 어땠을까. 1880년대 후반부터 시작된 서양인 여성 의사들의 여성 의료 선교를 시작으로 1900년 조선인 여성 의사 박에스더를 거쳐 1930년대 후반 여성 의학 학교가 설립되는 역사를 되짚어 본다. 당시 조선 여성들에게 여성 의료 교육의 시작은 '근대'로 접어들었음을 체감하는 사건 아니었을까 싶다.

보면 알게 되고, 알면 사랑하게 된다

『나의 문화유산 답사기』 1권 첫 장에 이런 말이 나온다. '사랑하면 알게 되고 알면 보이나니, 그때 보이는 건 전과 같지 않더라'. 조선 후기 문장가 유한준이 쓴 문장을 저자가 옮긴 문구다. 이 문장을 반대로 말해보고 싶다. 보면 알게 되고, 알게 되면 사랑하게 돼서 전과 같지 않은 시선을 갖게 된다.

평소 표지석을 보며 걷는 걸 좋아한다. 비록 건물이 없어졌더라도, 여기에 어떤 건물이 있었고 어떤 역사가 펼쳐졌는지 아는 것이 중요하다. 그래서 작은 흔적이라도 직접 가보려고 한다. 본 것과 보지 않은 것은 너무나도 다르기 때문이다. 서울 곳곳에 남겨진 표지석이나 안내판을 살펴보자. 기록으로 남은 짧은 문장이나 그곳에 서서 본 거리 풍경이 당신을 아주 먼 과거까지 이끌지도 모른다.

구 서산부인과 병원

서울을 여행하는 방법 중 하나가 성곽을 따라 걸어보는 것이다. 성곽 안팎에 있는 이야기와 건축을 따라 걷다 보면 평소에 가지 않던 곳도 자연스럽게 둘러볼 수 있다. 한양도 성은 4대문과 4소문으로 이루어져 있다. 동서남북에 하나씩 있는 4대문은 익숙하지만, 4소문은 조금 낯설다. 한양 4소문 은 혜화문(홍화문), 소의문, 광희문, 창의문으로, 터만 남아있 는 소의문을 제외하고는 모두 여행할 수 있다. 앞서 창의문 옆에 있는 윤동주문학관(11화), 혜화문 옆에 있는 한양도성 혜화동 전시안내센터(16화)를 여행했다. 이번에는 광희문으 로 가보자.

죽은 사람이 드나드는 문 옆의 산부인과

광희문은 도성에서 사람이 죽으면 나가는 문이기도 해서 시구문屍口門이라고도 불렸다. 망자는 이 문을 지나 신당동 공동묘지로 향했다. 구 용산신학교(30화)와 함께 천주교 서

1 구 서산부인과 병원(1966)

2 구 서산부인과 병원(현 아리움 사옥)

울순례길 코스 중 하나이기도 하다. 천주교 박해 시기 도성 안에서 순교한 천주교 신자들의 시신이 광희문 밖에 버려졌기 때문이다. 광희문 앞 안내판은 이곳이 순교자들의 주검과 피를 통해 성화된 성지라고 설명한다.

광희문은 동대문역사문화공원 3번 출구에 있다. 성벽이 있던 자리에는 사차선 도로가 들어섰다. 끊어진 도성을 광희문부터 도로 건너편까지 눈으로 이어 본다. 그 끝에 건축가 김중업이 설계한 구 서산부인과 병원(1966)이 있다. 죽은 사람들이 드나들던 문 옆에 지어진 산부인과 건물이 생과 사의 대비처럼 느껴져서 기분이 묘하다.

삶의 희열을 말하는 건축

중구 장충동의 구 서산부인과 병원(현 아리움 사옥)은 1965년 설계, 1966년 준공됐다. 건축주인 의사 서병준이 운영하는 병원이자 개인 주거 공간으로 사용됐다. 좁고 각진 부지지만 건물은 아랑곳하지 않는 듯 자유롭다. 곡선과 창문으로 새 삶에 대한 기쁨과 찬가를 표현한 작품이라고 평가받는다. 외관에 하얀색과 분홍색 페인트가 칠해져 있다. 원래는 노출 콘크리트 방식으로 발코니만 하얀색이었다.

평면도를 보면 건물을 이루고 있는 선이 더욱 아름답다. 건축가 김중업은 산부인과 건물을 의뢰받고 설계도에 태아,

자궁, 남근의 상징을 담았다.

"둥근 면에 뚫린 구멍이, 살짝 붙여 돌아가는 발코니가
삶의 희열을 말하고 있다." - 김중업

현재는 건물이 회사 사옥으로 사용되고 있어서 둘러볼
수 있는 부분이 제한적이다. 지하 1층, 지상 4층, 옥상층 규
모인 곡선 많은 이 건물을 어떻게 병원으로 사용했을까. 건
축주와 건물 용도가 바뀌면서 벽이 헐리고, 창문 유리와 창
틀을 교체하고, 옥상에 유리를 덧댄 공간이 생기는 등 내외
부 모습이 바뀌었다. 그럼에도 직접 보지 못하니 궁금증만
커져간다. 내부가 도면과 어떻게 달라졌을지 현재 모습도 무
척이나 궁금하다.

동그란 집

설계 도면을 참고해 보면 1층 북측에는 진찰실, 약제실,
응급 처치실, 실험실이, 광희문이 있는 퇴계로 쪽에는 대기
실, 현관, 간호원실과 화장실이 있었다. 1층 로비쪽에 작은 연
못을 뒀는데, 김중업의 건축에서 자주 보이는 특성이다. 2층
은 입원실, 분만실 소독실, 신생아실이 있는 공간이었다. 3층
에 6개의 산모 입원실과 부엌을 뒀고, 4층부터가 건축주인

의사 서병준 가족을 위한 주거 공간이었다. 계단은 건국대학교 구 도서관(33화)처럼 경사로로 만들었다.

책 『김중업의 서산부인과: 근대를 뚫고 피어난 꽃』에 서병준의 장남, 서경묵의 인터뷰가 실려 있다. 그는 고등학생이 되기 전까지 살았던 것으로 어렴풋이 기억한다고 회상한다. 외관이 특이해서 놀라기도 했지만, 가구는 네모난데 내부의 벽은 동그란 형태여서 거주자로서 고충이 있었다고 한다. 층별 평면도를 보면 건물 내부 벽면도 외벽처럼 거의 곡선이다.

1966년 준공된 이 건물이 매각된 것은 1995년이었다. 건축주 서병준은 30년 동안 이 곳을 자신의 일터와 거주 공간으로 사용했다. 아들 서경묵에 따르면 가족들이 이 곳에 살며 불만을 말할 때도 서병준은 아무 말도 하지 않았다고 한다. 그만큼 이 건물에 대한 애착이 남달라서 매각하기 전까지 건물의 내외부에는 전혀 변형이 없었다.

개성이 살아 있는 곡선 기둥

내부를 직접 보기는 어려워 아쉽지만, 외관만으로도 건축가의 개성을 한가득 느낄 수 있다는 점은 다행이다. 특히 발코니를 잇는 기둥 부분은 김중업의 건물에 자주 나타나는 모양이다.

3 구 서산부인과 병원 발코니 기둥
4 건국대학교 구 도서관(1956) 나선형 계단 기둥
5 대림동 태양의 집(1982) 외부 기둥

458

김중업이 설계한 건국대학교 구 도서관(1956, 33화)을 여행할 때의 기억을 되살려 보자. 건물 마지막 층인 4층에서 중앙 나선형 계단을 보면 천장과 계단이 이어지는 부분을 곡선으로 처리한 것을 확인할 수 있다. 이런 특징은 대림동 쇼핑센터로 지어진 태양의 집(1982, 49화) 외관에서도 찾을 수 있다. 건물 밖에 외부 계단을 받치고 있는 기둥 맨 윗부분을 곡선으로 처리했다.

지금 봐도 일반적인 기둥의 모양이 아닌데, 당시의 설계 시공자들에게는 얼마나 낯설고 번거로웠을까 싶다. 전체 건축물의 일부이지만, 1960년대에는 건축 기술이 지금처럼 발전하지 않았다는 것을 생각하면 건축가의 집요함과 강단이 느껴지는 부분이다. KBS 다큐인사이트 「자화상, 중업」에 등장한 건축가 김희조• 인터뷰에 따르면, 기둥은 물론 건물을 이루는 곡선은 전부 나무 형틀을 만들어 콘크리트를 붓는 방식으로 제작했다.

생명을 축복하는 입면창

유리로 입면을 만들어 빛을 끌어오는 방식은 김중업의 건축 언어에서 중요한 키워드다. 이 건물도 광희문이 있는 도로쪽을 바라보는 계단을 사각 유리창이 감싸고 있다. 본래 설계대로라면 천장까지 유리로 덮여 있는 온실 형태였다. 지

• 김중업의 첫째 아들.

6 끊어진 한양 성곽과 구 서산부인과 건물
7 구 서산부인과 계단 부분
8 구 박시우 치과 의원(1985)

금도 해가 뜨는 날이면 해가 질 때까지 이 공간에 빛이 가득하다고 하는데, 건축가 의도대로 천장까지 유리로 시공되었으면 어땠을까. 좁은 땅 위에 지어진 건물 안으로 끊임없이 들어오는 빛이 새 생명을 축복한다는 건축의 의도를 더 잘 살려내지 않았을까. 이 부분에 대해 김중업은 '판타지가 개악된 것이 못내 유감'이라고 했다.

함께 가보면 좋을 곳: 구 박시우 치과 의원(욱일빌딩)

건축가 김중업이 설계한 또 다른 병원이 있다. 서울역사박물관 근처에 있는 욱일빌딩(1985, 종로구 경희궁길 7)이다. 박시우 치과 의원으로 지은 이 건물은 지하 2층과 지상 4층에 옥상이 있는 구조다. 언뜻 보면 김중업건축사무소가 설계한 것이 맞는지 의아할 수 있지만, 유리 건물 뒤로 붙어 있는 굴뚝 같은 곡선 건물이 나름 존재감을 드러내고 있다. 이곳도 서산부인과처럼 각진 좁은 부지에 지어졌다. 유리 건물 모서리가 좁은 예각인 이유다.

『월간 건축문화』 1986년 3월호에 건물 횡단면이 실렸다. 당시 도면에 따르면 원형 부분에 엘리베이터가 설치되어 있다. 원형 공간에 네모난 엘리베이터가 들어서며 생긴 틈에 관리실, 창고, 화장실을 배치했다. 유리 건물은 2층 치과, 3층 안과, 4층 이비인후과로 쓰였다.

현재는 헬스장, 한의원, 재활병원 등이 들어와 있다. 여러 사업장이 들어와 있어서 구경하기 쉽진 않다. 점심 시간이면 유동 인구가 더 많아지는 좁은 골목이라 사진도 예쁘게 찍을 수 없다. 그럼에도 안도감이 드는 것은 여전히 건물이 사용되고 있기 때문이다.

구 박시우 치과 의원의 유리 입면이 도시적으로 보인다면, 서초구 우면동에 위치한 구 한국교육개발원(1979년 설계, 1982년 준공)도 함께 찾아보면 좋겠다. 구 박시우 치과 의원처럼 유리를 이용해 직선적인 느낌을 강조했다. 1983년 3월 발간된 『월간 건축문화』에 건물 사진과 설계도면이 실려 있다. 5층 건물 외부는 직선이 뼈대를 이루고 있지만 비상계단 벽에 뚫려 있는 작은 원형 두 개가 리듬감을 준다. 건물 입구 왼쪽에 분수와 온실을 둔 점은 그간 설계한 작품을 연상시킨다. 내부에서 대림동 태양의 집처럼 크고 둥근 창, 곡선 형태 아치 벽을 두어 곡선을 활용한 점도 건축가 김중업답다. 그 옆으로 위성과 소통이라도 하는 듯한 별 모양 같은 안테나 장식을 이고 있는 탑이 솟아 있다. EBS 교육방송이 한국교육개발원 부설로 1990년에 개국하고, 1997년 분리되기 전까지는 한국교육개발원이 그 역할을 맡고 있었다. 평면도에 스튜디오와 마이크로 필름보관실, 조명조정실 등이 배치된 이유다.

구 한국교육개발원 건물은 김중업이 강제로 고국을 떠났다가 귀국한 뒤의 첫 작품이라 의미 있다. 무엇보다 교육에 관심이 많아서 대학교 건물 설계도 많이 했던 김중업에게도 감회가 남달랐던 듯 하다. 이 작품을 두고 건축가는 '연구기관다운 풍부함을 담고 싶었다.', '고속도로에서 보이는 언덕에서 반짝 빛나길 원했다', '한국 교육 방송에 획기적인 기원을 긋고 싶다'는 글을 남겼다. 한국교육개발원이 2017년 충청북도 진천군으로 이전하면서 현재 건물은 비어 있고, 매각을 추진하고 있는 상태다. '양재동 교육개발원입구 사거리'라는 명칭만이 근처에 한국교육개발원이 있었음을 알려주고 있다.

1 카페 뎀셀브즈 망원동 소아과점
2 1층 내부
3 처치실이었던 공간

구 윤진열 소아과 의원
마포구 포은로 93
구 최소아과 의원
종로구 북촌로4길 28
베리키친
중구 만리재로 205

구 윤진열 소아과 의원: 콘셉트가 아닌 실제

망원역 2번 출구에 내려 골목에 들어선다. 선선해진 가을 바람에 과일, 채소, 생선 냄새가 섞여 온다. 추석을 앞두고 있어서 망원동 시장은 더욱 북적인다. 신중하게 장바구니를 채우는 손, 가격을 외치는 우렁찬 목소리, 그 사이를 헤집고 다니는 자전거와 오토바이를 보며 시끄럽다는 느낌보다는 생기 있다는 인상을 받는다. 마치 물길처럼 이곳에서 아주 오랫동안 흘러온 모습이다.

길 끝에 '윤진열 소아과 의원' 간판이 보인다. 네모 반듯한 하얀 건물은 1982년 개업한 병원이었다. 현재 건물은 비어있는데, 카페 '뎀셀브즈 망원동 소아과점'으로 운영될 때 다녀왔다. 요즘 카페는 건축 또는 인테리어 분야에서 하나의 장르처럼 존재하는 듯 하다. 때로는 말도 안되는 콘셉트로 '밈 meme'이 되기도 하고, 독특한 시도나 대형화로 건축적 실험을 시도하는 경향도 있다. 일부는 이런 흐름에 자성의 목소

4 1층 복도
5 책상과 집기가 그대로 남아있다.
6 원장 가족의 주거공간이었던 2층

리를 내야 한다고 말하지만 그건 어디까지나 업계 사람들 이야기이다. 일반적인 소비자에게는 신기하고 재미있는 공간 체험일 뿐이다.

나는 오래된 건물을 활용하는 카페에 관심이 많다. 양조장, 정미소, 주택, 상가 등 일상적 공간이 카페로 어떻게 보존되는지 궁금하다. 이왕 카페에 간다면, 시간이 깃든 장소를 찾아간다. 건물과 어울리지 않는 소위 '힙한' 인테리어나 가짜 같은 연출에 실망할 때도 있다. 하지만 건물이 갖고 있는 분위기와 원래 목적을 그대로 살린 곳에 가면, 카페 사장님들이 미래 유산을 만들어가는 사람들처럼 느껴지기도 한다. 커피까지 맛있다면 더없이 행복하다.

뎀셀브즈 망원동 소아과점은 후자였다. 내부로 들어가면 문 위로 원장실, 처치실, 진찰실 같은 팻말이 붙어있다. 책장 안에는 의학 서적이 가득하고, 책상에는 히포크라테스 흉상과 '의학박사 전문의 윤진열'이라는 명패가 놓여 있다. 주문하는 곳과 복도에 놓여있는 긴 나무 병원의자 또한 인위적이지 않고 자연스럽다.

공간 가득 병원 소품이 들어차 있는데, 가짜라는 생각이 들지 않는다. 윤진열 원장님이 돌아가시고 병원이 폐업한 후, 건물에 있던 가구와 집기를 그대로 둔 채 카페가 들어섰기 때문이다. 이 분위기를 그대로 살리기로 한 사장의 안목

7 2016년 9월 계동 최소아과 의원

8 2020년 계동 구 최소아과 건물.

9 이잌이 카페로 운영되던 시절 종이컵. 건물 그림과 연혁이 있다.

10 2층 지붕에 남아있던 상량문. 2020년 촬영.

과 내부를 비우지 않기로 결정한 건물주의 결단이 새삼 대단하다. 건물은 총 2층으로 1층은 병원이었고, 2층은 가정집이었다고 한다. 이 곳에 얼마나 많은 망원동 어린이들이 드나들었을까. 꾸며내지 않은 모습 덕분에 보지 못한 장면이 절로 상상된다.

카페 뎀셀브즈 망원동 소아과점은 2023년 12월 말 영업을 종료했고, 건물은 카페로 운영되던 시절 모습으로 남아있는 상태다. 지나간 시간이 그대로 느껴지던 건물을 오래 볼 수 있길 바랄 뿐이다.

구 최소아과 의원: 과정을 본다는 것

의식하고 걷다 보면 서울에 오래된 간판을 달고 있는 병원이 꽤 많다는 걸 깨닫게 된다. 중구 광희동 2가에 있는 최정형외과(장충단로 214)나 종로구 종로3가에 있는 성철제치과의원(종로 144)처럼 말이다. 계동 최소아과 건물도 꾸준히 지켜보던 곳 중 하나였다.

최소아과 병원은 오랫동안 닫혀 있다가 2017년 폐업했다. 이후 악세서리나 옷을 파는 잡화점이 되었다가 '이잌'이라는 카페 겸 와인바를 거쳐 아이스크림 가게가 되었다. 이잌이 카페로 운영될 때 다녀왔는데, 음료를 담아준 컵홀더에는 건물의 연혁이 적혀 있었다. 병원이 폐업하고 업종이 변경되는 과

11 베리키친

정을 보며 혹시 건물이 사라지진 않을지 마음이 불안했는데, 공간에 담긴 시간을 브랜드의 정체성으로 삼는 이익을 보며 안심이 됐다. 최소아과 간판은 사라졌지만 그래도 지붕 위에 1967년이라고 적힌 상량은 남아있었다.

베리키친: 정보를 추적하는 방법

중구 만리동 고개에 있는 식당 베리키친을 처음 가본 건 2017년 초봄이었다. 퇴근 후 혼자 걷다가 근대 건축 같아 보이는 건물 하나가 눈에 들어왔다. 벽돌이 아닌 두툼한 석재가 일반적인 건축 재료같지 않았다. 내부가 궁금해서 일단 식사를 하고 나왔다. 세계 각국 음식을 모티브로 한 다이닝이었다. 메뉴에 타이페이, 도쿄, 로마 등 유명한 도시 이름이 붙어있어서 음식을 고르는 것만으로도 여행지를 고르는 기분이 들었다.

베리키친 건물은 1920년에 지어졌다. 우체국, 병원, 출판사가 차례대로 사용했다고 한다.* 우체국에 대한 내용은 정확하게 확인할 수 없었다. 다만 1951년 문을 닫았다는 만리동 우체국이 이 곳으로 추측된다. 이후 1955년쯤 전치병원이라는 이름의 병원이 개원한다. 1940년에 의사 시험에 합격한 김성송이 원장이었다. 이후 효성사라는 출판사가 들어섰다.

문화재로 지정되어 있으면 건물이 지나온 시간을 쉽게

---

* 다음 기사를 참고했다.
「조영호의 '닛산 휘가로' @베리스트릿키친 & 보마켓」, 『디자인프레스』, 2021. 8. 30.
「숨은 서울, 만리동」, 『ARENA』, 2017년 3월호

알 수 있어 좋지만, 그렇지 않은 경우에는 직접 타임라인을 만들어 보는 재미가 있다. 아파트 투어 편(9화)에서 이야기했던 온택트 답사처럼 또 다른 건축 여행 방법이다. 여러 군데 흩어진 자료들을 모아야 해서 시행착오를 겪을 때도 있지만 말이다.

건물에 대한 자료를 찾아볼 때 가장 중요하게 여기는 원칙은 '직접 확인한 것만 신뢰한다'는 것이다. 믿을 만한 사람에게 전해 들은 말이라도 기록과 자료를 찾아 한 번 더 확인한다. 못 미더워서가 아니다. 건물에 직접 가보는 것이 건축 여행의 시작인 것처럼, 가치 있는 정보를 얻는 데에도 수고를 들여야 한다.

인터뷰나 기사 자료를 찾아볼 때는 두세 개를 놓고 비교하여 정보를 조합한다. 기사 내용에 맞춰 정보를 선별해 사용한 경우도 있기 때문이다. 지도 서비스, 거리뷰 기능도 적극 활용한다. 일단 가까운 과거에 남겨진 건물 모습을 보며 간판에 있는 구체적인 상호명을 확인해 볼 수 있다. 베리키친 건물을 가장 마지막에 사용했던 출판사 이름을 알 수 있었던 것도 그 덕분이었다. 주소를 아는 것도 중요하다. 옛날 신문이나 자료를 대조해 볼 때 주소가 그대로 사용될 때도 있어서 정보의 정확도를 높일 수 있다.

사람을 사귈 때, 우리 사이에 특별한 서사가 있다고 느끼면 끈끈한 연대감이 생긴다. 건물도 마찬가지다. 직접 눈으로 확인하고, 역사를 찾아보며 건축에 담긴 시간을 마주할 때 쌓이는 연대감의 감동은 이루 말할 수 없다. 평소 자주 가거나 좋아했던 오랜 건물이 있다면 정보를 찾아 한 단계 더 깊은 여행을 해보길 추천한다.

상업 시설

카페를 고를 때에도 기준이 있다. 보통 하루에 한 번 정도만 가기 때문에 선택할 때 더 신중해진다. 디저트 종류, 인테리어, 커피 맛, 좌석 등 사람과 상황마다 기준은 다를 것이다. 나는 오래된 건물을 리모델링한 장소에 흥미를 느낀다. 이번에는 커피를 마시러 영등포 타임스퀘어 앞에 있는 구 경성방직 사무동으로 가본다. 공장이었던 건물을 카페 '커피 리브레'와 빵을 판매하는 '오월의 종'이 사용하고 있다.

경성방직공장: 일제강점기 탄생한 제조 기업의 역사

영등포역에서 내려서 타임스퀘어 지하주차장이 있는 골목에 들어선다. 일자로 뻗은 길에 나지막한 가게들이 줄을 지어 있다. 영등포역 주변은 평지에 골목이 직선으로 구획되어 있다. 이곳은 서울과 가까운 공업지역이었다. 일제강점기를 기점으로 공업도시로 성장한 영등포는 1936년 경성부에 편입된다. 1930년대 영등포역 주변 지도를 보면 영등포역

뒤로 철도관사와 맥주 공장들이 있었다. 영등포역 앞쪽으로
는 종연방적 공장, 창화공업 염색공장 등이 있었다.

경성방직공장은 영등포역 바로 앞에 있던 곳이다. 1919년
10월 인촌 김성수가 창립해 1920년 7월 현재 영등포 부지로
이전했다. 1935년 공장을 증설하는데 이 건물도 당시 지어진
건물이다. 기업 설립 당시 지방 유지의 참여로 자본금을 마
련했다고 한다. 그중에는 '경주 최부자집'으로 유명한 최준도
있었다.

일제강점기 경성방직 공장은 국산 광목을 생산했다. 베
틀로 짜던 무명을 방직기로 짜면 폭이 넓어지는데, 이걸 광
목이라고 한다. 경성방직은 태극성이라는 국내상표를 등록
하기도 했다. 1933년 동아일보에 지면광고•가 크게 실렸다.
일제강점기에 조선인이 설립한 기업으로 국산품 애용 운동
인 물산장려운동의 대표적인 예로도 꼽힌다. 업적이 분명하
지만 그림자도 있다. 2009년 김성수, 김연수 형제의 친일 행
적이 발견되어 훈장이 취소되었기 때문이다. 이후 서울 성북
구와 고창군에 있던 김성수의 호를 딴 도로명 '인촌로'는 변
경되기도 했다.

기업은 크게 성장해서 1956년 '회원번호 1번'으로 증권
거래소에 상장했다. 1970년 경성방직은 경방으로 이름을 바
꾼다. 현재 경방은 베트남으로 옮긴 섬유 공장과 부동산 사

• 「태극성광목」, 『동아일보』 전단광고, 1933. 2. 3.

1 구 경성방직 사무동

2 3 영등포 타임스퀘어 지하주차장 입구. 오랜 입구로 보이는 구조물이 남아있다.

업 두 가지 일을 하고 있다. 타임스퀘어는 2008년 경방이 설립한 쇼핑센터다.

공장 지역에서 유일하게 남은 벽돌 건물

영등포 타임스퀘어 지하주차장으로 들어가는 입구에는 시멘트로 만들어진 정문 한 쪽이 남아있다. 언제부터 있었던 걸까. 옛 지도를 참고해 보면 경성방직 공장으로 들어가는 입구도 이쯤이었다. 정확히 확인할 수 있는 자료는 남아있지 않아 정문의 흔적을 보고 추측할 따름이다.

경성방직 사무동은 벽돌 건물이다. 근처에 더 많은 공장이 있었지만 6.25전쟁 때 파괴됐다. 주변 건물이 다 부서지고 여기만 남았다. 뉴스에 1952년 미군에서 찍은 영상이 공개되기도 했다. 기둥만 빼고 다 사라진 모습이다. 기적적으로 살아남은 건물이 현재 카페로 사용되고 있는 사무동이다.

5000평에 달하던 공장 건물은 사라지고 부지에 호텔과 쇼핑몰이 들어섰다. 남겨진 벽돌 건물에만 오랜 시간이 얽혀 있는 것처럼 넝쿨이 둘러싸여 있다. 건물 앞에는 물과 정원이 있다. 1930년대에도 사무실동 앞에는 분수가 있었기에 옛 모습과 겹쳐 보인다.

건물의 벽돌 쌓기 방식이 눈에 들어온다. 벽돌 양옆의 가장 좁은 면은 마구리, 위아래로 넓은 면은 쌓기면, 앞뒤의 가

4 경성방직 사무동 (네덜란드식)

5 이화여고 심슨기념관 (영국식)

6 딜쿠샤 (프랑스식)

7 신아기념관 (미국식)

로로 긴 면은 길이면이라고 한다. 벽돌을 쌓는 방식은 네덜란드, 영국, 프랑스, 미국식으로 나눌 수 있다. 근대 건축에는 주로 네덜란드식 또는 영국식을 쓴다. 이 건물 역시 네덜란드식이다. 자세히 보면 넓게 한 줄을 쌓고, 좁게 한 줄을 쌓는 것을 반복하고 있다.

영국식은 네덜란드식과 비슷하지만 비교해 보면 더 촘촘하다. 모서리 부분에 벽돌 반 개를 추가해서 열을 맞추기 때문이다. 벽돌을 쌓는 4가지 방법 중 가장 튼튼한 방식이다. 길이면과 마구리를 한 줄에 함께 사용하는 것이 프랑스식, 오직 길이면만 활용해서 엇갈려 쌓는 방식이 미국식이다. 근대 벽돌 쌓기를 자세히 관찰하고 싶다면 혜화동 서울대학교병원 내에 위치한 대한의원 건물과 함께 병동 터를 추천한다. 말그대로 건물 터라서 남아있는 게 6~8단 정도 쌓여 있는 벽돌뿐이다. 관심이 없다면 쓸모 없어 보일지 모르겠다. 다양한 각도에서 영국식으로 어떻게 벽돌을 쌓았는지 관찰할 수 있어서 건축 여행자들에게는 더없이 좋은 자료다. 똑같은 벽돌이지만, 특징을 알고 나면 근대 건축을 분류할 수 있어서 또 다른 재미를 느낄 수 있다.

경성방직 사무동 건물 앞면에는 아치 모양 입구가 두 개 있다. 그 양쪽으로 동그란 창이 있는데 한옥 창살 같은 무늬의 철제 창살이 달려있다. 카페 정문은 건물 뒷면, 타임스퀘

8 경성방직 사무동 입구 환풍창

9 내부 천장 구조

어 건물 쪽이다. 내부로 들어가니 커피를 마시는 사람들, 주문하는 사람들, 직원들로 분주하다. 내부 공간 한쪽에는 카페, 한쪽에는 전시실 겸 좌석이 있었다. 천장 트러스를 살펴본다. 사무동이라 공장 기계가 있지는 않았겠지만, 사라진 공장 업무동에는 이런 천장 트러스에 기계 줄이 묶여 있었을 것이다.

커피를 주문하고 자리에 앉는다. 시대가 흐르는 동안 주택은 아파트로 바뀌고, 공장은 서울 밖이나 해외로 이전했다. 주거와 산업 형태가 변하며 생긴 빈 공간을 카페라는 새로운 시장이 메웠다. 새로운 시장이 생기고 카페만큼 커진다면, 이 공간들의 용도도 바뀔까. 가까운 미래에 도시에서 가장 많이 소비되는 공간이 탄생한다면 어떤 종류일지, 문득 궁금해진다.

함께 가보면 좋을 곳: 구 대선제분주식회사 영등포공장

구 경성방직 사무동과 가까운 곳에 '대선제분주식회사 영등포공장'이었던 건물이 있다. 1936년 일본이 영등포에 세운 조선제분 공장으로, 1937년 3월부터 제품을 생산했다. 1958년에 조선제분을 인수하며 대선제분을 설립해 2013년까지 밀가루를 생산하는 공장으로 쓰였다.

폐공장은 문화공간인 '프로보크 서울'로 바뀌었다. 현재

공사 중으로 정식 개관은 2026년이다. 일반인에게 공개하진 않고, 행사 대관으로만 운영한다. 대관용 공간은 3곳인데 꽤나 큰 공장이었던 만큼 각각 228평 넓이와 기둥 없는 100미터 깊이를 자랑한다. 천장과 벽체 모두 변형 없이 그대로고, 공장 기계도 남아있어서 분위기를 더한다. 이곳은 23개의 창고와 공장이 원형 그대로 보존되어 있어 2019년 서울시 우수건축자산 2호로 등록되기도 했다.

이곳에서 비주얼 아트 페스티벌인 '웁서울'이 2023년 9월에 열리기도 했다. 70개 팀의 아티스트와 브랜드가 참여했다. 프로보크 서울의 정식 개관은 2026년이지만, 개관 전에도 종종 전시, 페스티벌 등이 열릴 것으로 보인다. 경성방직 사무동과 함께 영등포의 역사와 옛 모습을 간직하고 있는 건축 여행지이니 기회가 된다면 방문해 봐도 좋겠다.

서울로 여행오는 친구를 가이드해 줘야 한다면 어디로 가야 할까. 남산타워, 청와대, 광장시장 등 많은 곳들이 스쳐 간다. 그 중에서도 정동길에 있는 신아기념관을 꼭 가볼 것 같다. 주변에 이화여고 기념관과 구 러시아공관처럼 의미 있는 근대 건축물이 있어서 함께 구경할 수 있다. 건물 안에는 그릇가게, 식당, 주변으로 카페도 있으니 여유 있는 시간을 보내기도 제격이다.

　　신아기념관은 1930년에 미국 싱거Singer 미싱 본사로 쓰기 위해 지어진 건물이다. 중국 상하이에서 들여온 벽돌로 2층 건물을 지었다. 1963년 신아일보가 매입했고, 1975년 총 4층의 현재 모습이 되었다. 신아일보 별관으로 사용되다가 지금은 기념관으로 사용되고 있다. 오가면서 항상 궁금했던 곳이었다. 이곳에 '영감의 서재'라는 공간이 문을 연다고 해서 얼마나 반갑고 감사하던지. 영감의 서재는 한달의 2주, 일주일에 3일, 하루 2팀만 받는 사적인 서재를 콘셉트로 한 공

1 신아기념관(1930)
2 영감의 서재 내부. 2021년 촬영.

간이다. 내가 갔던 2021년 8월의 주제는 마침 여행이었다.

영감의 서재: 역사적 건물에서 즐기는 촘촘하게 기획된 문화 공간

내부로 들어가니 문 옆에 102라는 공간 번호와 함께 '영감의 서재'라는 명패가 붙어있었다. 문을 열고 들어가니 나무로 짠 선반에 책이 꽂혀 있고 LP로 은은한 음악이 나오고 있었다. 공간 중간중간마다 조명이 켜 있어서 밝은 오후였지만 차분한 저녁 같은 느낌이 들었다.

천장은 높고 콘크리트가 그대로 노출되어 있었다. 중간마다 콘크리트가 발라진 목재 보가 그대로 붙어 있다. 건물의 연식을 볼 수 있으면서도 장식적인 느낌이 든다. 영감의 서재에 들어가자마자 오른쪽으로는 정동길이 보이는 창문이 있다. 창문에 붙어 있는 창살을 밖에서 볼 때는 궁금증이 들었다면, 안에서 보니 안전한 아름다움이 느껴졌다. 몇 년 동안 지나다니며 궁금했던 내부에 드디어 들어와서 보는 창밖 풍경은 오히려 낯설다.

영감의 서재 이용 규칙은 간단했다. 두 시간 동안 책을 마음껏 들춰보고 즐길 것. 나와 친구는 준비된 게임도 하고, 음료도 마시고, 책과 노래를 고르며 시간을 보냈다. 신아기념관에 담긴 시간까지 오감으로 체험해 보는 시간이었다.

근현대에 지어진 건물이 카페나 숙소로 활용되면 공간

3 2층 소일베이커 내부

4 소일베이커에서 본 중명전

488

경험을 위해 일부러 찾아다니기도 했었지만, 이렇게 촘촘하게 기획된 문화 공간으로서 즐긴 것은 처음이었다. 영감의 서재는 2주 간 운영이 끝나면, 재정비 기간을 갖고 새로운 주제와 함께 예약을 받는 방식으로 운영되고 있다. 문화시설로서 즐기는 근대 건축은 또 다른 감흥이라 다시 한 번 가보고 싶다.

소일베이커: 상업 공간으로 다시 태어난 신아기념관

2023년 다시 가본 신아기념관에는 더 많은 상점들이 들어서 있었다. 2층에는 그릇을 판매하는 '소일베이커', 1층에는 선물가게 '라파르마'가 입점해 있다. 평소 좋아하던 가게들이라 오픈 시간보다 일찍 가서 로비에 있으니, 건물 직원분이 소일베이커 오픈 시간이 되었다고 알려주신다. 나같은 사람들이 많은가 보다. 올라가면서 계단 손잡이나 철 난간을 유심히 살펴본다.

건물 리모델링 작업을 맡은 공간 디자인 회사 오드33은 몇 해 전까지 사용하던 오래된 라디에이터, 천장에 붙어있는 목구조 등을 그대로 두는 방식으로 작업했다. 시간이 깃든 부분에서 감정이 느껴진다는 걸 아는 사람들이 건물을 다루는 태도를 보는 건 마음이 따스해지는 일이다.

2층에 올라가서 소일베이커를 보니 탄성이 절로 난다.

5 현관등
6 1층 현관 옆 로비. 라디에이터가 붙어있다.
7 옛 모습 그대로인 방범창.

건물 뒤쪽으로 난 창으로 덕수궁 중명전이 그림처럼 담긴다. 중명전을 여러 번 가봤지만, 건물 안에서 간접적인 시야로 보니 새로웠다. 건물과 그릇을 같이 구경하니 더욱 멀리 여행 온 기분이 들었다. 캐리어에 그릇을 어떻게 담아가면 좋을지 고민하는 여행자처럼 물건을 골랐다. 건물 1층에는 선물가게 라파르마, 지하로 내려가는 곳에는 오드하우스라는 레스토랑이 있다. 건물 작업을 맡은 오드33의 사무실은 3층에 있다. 강예림 대표가 이끄는 건축사무소 Soa 사무실도 입주해 있다.

정동길 신아기념관은 관공서가 아닌 민간 건물로서는 국내 최초로 슬라브와 원형 철근 콘크리트를 적용했다. 단단하게 쌓인 벽돌 건물은 정동을 오랜 시간 지켜본 목격자다. 미싱 회사와 신문사를 거쳐 다시 여러 회사 사무실과 가게들을 품고 있다. 사옥으로 지어졌지만, 이제는 문화 공간이다. 근대에 지어진 건물 안에서 책을 읽고, 그릇을 사고, 음식을 먹으며 건축을 경험하기 때문이다. 카페나 숙소 외에도 다양한 용도로 근대 건축이 활용되면 좋겠다.

도시에서 시간은 초와 분 단위로 빠르게 흩어진다. 1초만 늦어도 지하철 문이 닫혀 버리고, 1분만 늦게 일어나도 지각이다. 현재 위치가 어디인지 느낄 새도 없이 무수한 풍경을 지나치는 일상의 연속이다. 하지만 오래된 건물 안에서 시간은 흐르는 것이 아니라 차곡차곡 쌓이고 있다. 건물 속 벽돌, 창문, 천장을 보며 과거를 또렷하게 느낄 때 건물 안에 있는 현재의 나도 선명해진다. 서울에서 건축 여행을 멈출 수 없는 이유다.

서울의 옛 모습을 담은 영화에서 발견한 골프장

서울을 다니다 보면, '서울미래유산' 현판이 붙어있는 카페나 음식점, 건물들을 볼 수 있다. 서울미래유산은 도시에서 사라지고 있는 근현대 유산을 지키기 위해 서울시가 제안하는 보존 방식이다. 1900년대의 100년을 새롭게 채우는 문화재를 만드는 것이 목표라고 한다. 시민들의 참여와 관심을 유도하기 위해 장소마다 스탬프처럼 수첩에 붙일 수 있는 스티커를 배부해 놓고 완주하면 선물을 주기도 한다. 건물뿐 아니라 영화도 서울미래유산으로 지정되고 있다.

그중 하나가 1959년 개봉한 영화, 「여사장」이다. 신여성을 주인공으로 내세우고 있지만, 결국 현모양처가 된다는 점에서 시대적인 한계가 느껴진다. 그럼에도 이 영화가 서울미래유산으로 지정된 이유는 1950년대 서울 풍경이 잘 담겼기 때문이다.

미도파백화점 앞 공중전화, 옛 한국은행, 잡지사 옥상에

1 어린이대공원 꿈마루

2 꿈마루 입구

3 꿈마루 옆면

서 멀리 보이는 인왕산과 부민관 건물 등 전차와 자전거가 다니는 영화 속 명동 풍경이 꽤나 이색적으로 느껴진다. '이게 서울이라고?' 할 정도다. 특히 골프장이 나오는 장면이 더욱 그렇다. 이 골프장이 군자리 골프장이다. 광진구 능동의 현재 어린이대공원 위치다. 골프장이었던 걸 의식하고 어린이대공원을 걸어 보면 갑자기 나타나는 너른 들판이 모두 골프장 필드처럼 보인다. 골프장 흔적이 상당히 구체적으로 남아있기도 하다. 건축가 나상진이 설계하고 1970년에 완공된 콘크리트 건물, 꿈마루가 그렇다. 총 3층 규모로 북측을 제외한 건물 전체가 유리로 둘러싸여 있던 골프장 클럽하우스였다.

황후의 묘에서 골프장, 공원으로

군자리 골프장은 1930년에 마지막 황제 순종의 부인 순명황후의 묏자리에 만들어졌다. 유강원(유릉)이라고 불린 순명황후 묘는 경술국치로 주권을 빼앗긴 이후 남양주로 이장되었다. 왕과 왕후의 묘를 뜻하는 능陵이 있었다고 해서 현재 7호선 군자역과 어린이대공원역 사이 동쪽 지명이 '능동'이다. 골프장은 해방 후 서울 컨트리클럽으로 바뀐다. 이곳이 어린이대공원이 된 건 1973년이었다. 박정희 전 대통령의 지시로 만들어진 어린이대공원 안에는 영부인 육영수 여사가 설립한 육영재단의 어린이회관이 지어졌다. 황후릉에서 골프장, 다시 공원이라니. 연혁만 짚어도 다사다난한 역사다.

영화 「여사장」과 비슷한 시기에 작성된 동아일보의 1958년 10월 기사 「값비싼 들판」에 따르면 서울컨트리클럽은 25만 평에 28홀 규모였다. 수입 잔디를 깔았고, 입회비는 50만 원이었다. 1950년 기준 쌀 한 가마니(80kg) 가격이 24원 수준이었으니 얼마나 큰 돈인지 짐작할 수 있다. 지금으로 치면 수억 원을 호가할 것이다.

영화 「여사장」에는 당시 골프장의 클럽하우스가 나온다. 풀샷으로 완벽하게 건물이 찍힌 컷은 없지만, 서울시 최초의 골프장이라는 타이틀에 비해 규모는 작아 보인다. 규모 있는 건물을 새로 만들기 위해 그랜드호텔(1957), 경기도청사(1963)를 설계한 건축가 나상진이 새 클럽하우스 설계를 맡았다. 이 건물은 1970년 완공 후 3년 동안만 클럽하우스로 활용됐다. 이후 어린이대공원 '교양관'으로 이름이 바뀌고, 관리사무소로 쓰였다.

어린이대공원 꿈마루: 세 겹의 시간이 교차하는 리모델링

어린이대공원 교양관은 2010년 신축할 예정이었다가 리모델링으로 방향을 바꾼다. 신축 계획이 결정됐던 상황에서 자문 의뢰를 받은 건축가 조성룡이 건물을 답사하면서 건축가 나상진의 작품인 이 건물의 의미를 발굴해냈다. 조성룡은 선유도공원을 통해 도시 속 공간 재생 작업을 성공적으로 해낸 건축가다. 조성룡은 고려대학교 건축과 교수 최춘웅과 새로운 팀을 결성해 작업에 들어간다.

건물에 들어서자마자 경사진 계단이 보인다. 2층으로 가니 넓은 공간이 나온다. 탁 트인 공간에 바람이 드나들고, 세종대와 건국대 쪽으로 심어져 있는 나무가 콘크리트 벽에 반듯하게 잘려 보인다. 풍경이 공간 안에 담기는 모습이 '차경借景•' 같다. 꿈마루는 마당에서 진입할 수 있는 마루처럼 건물 어떤 방향에서도 진입할 수 있도록 출입구를 사방으로 뚫어 놓았다. 공원을 마당으로 생각하고 이 건물을 마루라고 생각하면 자연스러운 경로다.

건물 리모델링은 뼈대만 남기고 해체한 뒤 건물을 채워 넣는 방식으로 진행됐다. 3층을 제외한 1층과 2층이 두꺼운 단열재, 스터코••, 합판 등으로 막혀 전시나 이벤트 공간으로 사용되고 있었기 때문이다. '덜어내는 것'에 중점을 두고 리모델링을 진행한다. 『공간』에 실린 2011년 기사에 따르면 교양관이었던 당시 이 건물 면적은 4886m²였으나, 리모델링 후에는 1220m²로 줄어들었다.

조성룡은 리모델링을 마치고 『공간』 526호에서 '세 겹의 시간'으로 이 건물을 소개한다. 첫 번째는 1970년에 처음 지

• 자연 경관을 건축 속으로 끌어들여 마치 외부의 경관이 건축의 일부인 것처럼 활용하는 동아시아 전통 건축 기법.
•• 골재나 분말, 물 등을 섞어 벽돌, 콘크리트, 어도비나 목조 건축물 벽면에 바르는 미장 재료.

4 꿈마루 내부 경사로를 활용한 계단

5 꿈마루 내부

6 꿈마루 뒷모습

7 건물 뒷편 외부 계단과 벽면

어진 뼈대다. 수평으로 뻗어 있는 골조를 보강해 그대로 사용했다. 두번째는 리모델링을 하며 설치된 승강기, 나무 바닥을 깐 계단으로 변경된 경사로, 개방된 공간을 만들기 위해 걷어내며 생긴 훼손되거나 드러난 콘크리트벽 등이다. 셋째는 관리실, 화장실, 북카페 등 새로 지은 공간이다.

꿈마루는 목재, 붉은 벽돌, 철판, 투명 유리 등을 사용해 재해석됐다. 모두 시간이 흐르면 더 자연스러워지는 재료들이다. 조경가 박승진의 아이디어로 오래된 소나무와 감나무 등을 그대로 둔 것도 오랜 역사를 느끼게 한다. 어디서나 볼 수 있는 수종들이 흔한 콘크리트로 만들어져 오랜 시간을 묵묵히 견뎌온 이 건물의 가치를 더 강조하고 있다.

함께 가보면 좋을 곳 : 정문과 팔각당

어린이대공원 정문과 팔각당도 함께 둘러보면 좋다. 1978년에 개관한 세종문화회관을 설계한 건축가 엄덕문의 작품이다. 규모가 커서가 아니라, 잘 지어져서 멋진 건물이다. 엄덕문은 자개 장인의 아들로 태어나 일본에서 건축을 공부하고 돌아왔다. 현대 건축가 1세대들이 늘 하는 고민이 전통이긴 하지만, 그가 설계에서 보여주는 전통적인 방식은 이런 배경을 거치며 만들어진 것이 아닐까 싶다. 엄덕문은 통일교 교주 문선명과 친구이고 한때 통일교 신자이기도 했다. 이런 배

8 어린이대공원 팔각당
9 어린이대공원 정문

경에서 1974년 선화예술고, 1989년 선문대, 1991년 통일교 업무용 도원빌딩을 설계했다.• 어린이대공원 옆에 있는 건국대학교(33화)까지 묶어 본다면 꽤나 긴 건축 여행이 될 것이다.

• 「엄덕문, 지상에서 종교와 건축의 우상이 된 기인」, 『매거진한경』, 2012. 11. 28.

1 구 힐튼 호텔 건물. 2023년 촬영

48 구 남산 밀레니엄 힐튼 호텔

낯선 공간에서 감각으로 만드는 나만의 영역

'공간'은 감각으로 만들어진다. 회사를 생각해 보면 같은 공간을 쓰지만 생활 습관도, 책상도 모두 다르다. 어떤 이는 향기로 자신의 영역을 만든다. 전문적인 장비를 들고 와서 아침마다 원두를 직접 갈아 내리는 수고를 마다하지 않는다. 하루를 시작하며 갖는 의식일 수도 있겠지만, 긴장되는 공간에서 자신이 가장 익숙하고 좋아하는 방법으로 구역을 설정하는 것처럼 보이기도 한다. 핸드크림이나 미스트 향을 활용할 수도 있다. 어떤 이는 책상에 좋아하는 물건을 두며 흔들리는 마음을 다잡는다. 작은 화분이나 인형 같은 것들 말이다. 어떤 이는 회사 주변에 맛집을 찾아다니며 행동 반경을 만든다. 집밥을 생각하면 마음이 푸근해지는 것처럼, 미각은 안정감을 느끼는 효과적인 방법이다. 「SNL 코리아」에는 이어폰을 끼고 있는 신입사원 캐릭터가 등장했고, 밈처럼 유행하기도 했다. 회사에서 블루투스 이어폰을 사용해도 되는지에 대한 논의를 떠나 낯선 공간에서 나의 공간을 만드는 방식으로 본다면, 귀에 이어폰을 끼는 것도 쉬운 방법이다. 지하철이나 버스처럼 복잡한 곳에서 귀를 막고 각자만의 방을 만드는 것처럼 말이다.

나는 회사 안에서 좋아하는 장소나 전망을 만드는 편이다. 2016년 서울스퀘어 안에 있는 회사에서 일한 적이 있다. 회사 안에서 서울역 주변 랜드마크를 높은 곳에서 구경할 수 있었다. 휴게실에서는 구 서울역과 고가도로가 보였다. 그쯤 고가도로가 폐쇄되고, '서울로 7017'로 용도를 변경하는 공사가 시작되었다. 가장 좋은 전망에서 도시 역사의 한 장면을 구경할 수 있다는 게 감격이었다. 건물 뒤쪽 한편에 있는 작은 회의실도 좋아했다. 남대문 교회와 남산 힐튼 호텔이 보였기 때문이다. 출근을 해야 볼 수 있는 풍경은 특별할 것 없는 회사 생활에서 소소한 행복이었다.

회사를 다니는 동안 호텔 후문으로 들어가 로비를 지나며 지름길처럼 사용하기도 하고, 점심 시간마다 호텔 앞을 산책하고 식당을 찾아다니기도 했다. 건물을 마주칠 때마다 언젠가 한 번쯤은 묵어보고 싶었다. 하지만 조급하지 않았다. 유명한 곳인만큼 언제나 이 자리를 지키고 있을 거라고 생각했기 때문이다. 회사를 다닐 땐 서둘러 퇴근하기에 바빠서, 퇴사 후에는 놀러갈 일이 없어서 호텔에 묵어보지는 못했다.

퇴사하고 잊고 지내다가 다시 생각하게 된 건 2022년 힐튼 호텔 폐업 기사를 보고 난 후였다. 12월 크리스마스를 위해 매년 로비에 설치하던 자선 열차가 마지막으로 운영된다는 소식이었다. 그제서야 서울 속에 사라진 이름들이 떠올랐다. 야자나무가 심어져 있던 조선호텔 카페나 정동에 있던 손탁호텔, 잠시 코리아관광호텔로 사용되었던 충정아파트처럼 화려했지만 신기루처럼 사라져버린 호텔들 말이다.

도시의 정체성을 담고 있던 호텔

크리스마스 자선 열차를 보기 위해 오랜만에 남산 힐튼 호텔을 찾았다. 남산 힐튼은 명동 가까이 있는 데다 남산 아래에 있어서 '서울' 하면 상징적으로 떠오르는 곳이었다. 호텔은 도시의 정체성을 드러내기도 한다. 양끝이 살짝 모아져 있어서 남산을 마주보고 있는 호텔 건물이 남산을 더욱 강조하는 듯하다. 힐튼 호텔은 1979년 착공해 1983년 개관했다. 건축가는 김종성이다. 대표작으로 서울역사박물관과 육군사관학교 도서관이 있다.

폐업을 10일 정도 앞두고 있었는데도 로비는 여전히 여행객으로 가득했다. 오히려 마지막 풍경을 눈에 담기 위해 온 나같은 사람들로 인해 더 활기찬 느낌이었다. 평소보다 소박하게 꾸몄다고 하지만, 크리스마스 분위기가 물씬 나는 로비

2 서울스퀘어 안에서 본 남대문 교회와 힐튼 호텔. 2016년 찍은 사진.
3 2021년 영업 종료를 앞둔 힐튼 호텔 내부
4 로비에 있던 남산 힐튼 호텔 관련 전시품

에 들어서니 기분이 들떴다. 크리스마스를 앞둔 호텔 로비는 영화 「나홀로 집에 2」에 나오는 뉴욕 호텔 같았다. 대리석과 미국에서 수입해 온 참나무로 장식한 내부에는 80~90년대 분위기가 남아있었다. 중앙 계단에 힐튼 호텔 건물과 남산과 성벽, 그 사이로 눈이 내린 마을의 모형이 있었다. 그 사이로는 모형 기차가 오간다. 벽 한 편에는 호텔의 역사와 예전 벨보이 직원복, 그릇 같은 것들이 전시되어 있었다.

산문집 『여행의 이유』에서 소설가 김영하는 호텔을 '집요하게 기억을 지우는 곳'이라고 표현했다. 누군가가 묵었지만 철저하게 새것처럼 보이는 상태로 유지한다. 옆방이 누군지도 모를 정도로 오직 나와 공간만 존재한다. 이런 의미에서 호텔은 어떤 정의도 내려지지 않은 무의 상태인 공간이다. 그래서 영화 「샤이닝」처럼 공포와 고립의 공간이 되기도 하고, 「라스트 홀리데이」처럼 일상과 또 다른 삶이 펼쳐지기도 한다. 「그랜드 부다페스트 호텔」처럼 낭만적인 공간이 되기도 한다.

각자의 이야기 속으로 안내하는 곳

요즘 호텔을 활용하는 방법은 이전보다 다양해졌다. 작가에게는 작업실, 결혼을 앞둔 신부에게는 브라이덜 샤워를 하는 공간이 된다. 멀리 떠나지 못하는 이에게는 호캉스를

5 2021년 힐튼 호텔 마지막 모습
6 문 닫은 힐튼 호텔 입구

선사한다. 호텔을 일상에서 활용하는 방식은 다양해졌지만 폐업한 호텔이 늘었다. 특히 코로나19로 관광업계가 타격을 입으며 쉐라톤 서울 팔래스 강남 호텔, 르 메르디앙 서울 호텔 등 큰 호텔도 문을 닫았다.

남산 힐튼에는 어떤 추억과 이야기가 쌓여 있을까. 각자의 이야기 속으로 뛰어들기 위해 모이는 곳이라는 점에서 호텔은 공항과 비슷하다. 낯선 곳에서 잠시 '집'으로 삼는다는 점에서 더 많은 기억이 녹아 있는 곳이기도 하다.

현재는 2층 양복점만 운영 중이고 건물이 비어 있다. 건물에 붙어있던 힐튼 간판도 떼어낸 상태다. 언덕에 올라서 건물을 보니 묘한 기분이 든다. 사라질 시간을 목격하고 있다는 느낌이 들 때, 시간이 단순히 숫자가 아님을 생각하게 된다. 익숙한 곳을 떠나 온 사람들이 저마다 목적을 갖고 와서 그 방에 묵으며 새로운 의미를 채웠을 것이다. 구 힐튼 호텔 부지는 복합단지로 재개발될 예정이다. 호텔의 건축사적 가치를 고려해 로비 계단과 기둥 일부는 보존하기로 했다.

함께 가보면 좋을 곳 : 메트로호텔

권진규 아틀리에 편(22화)에서 함께 가보면 좋을 곳으로 혜화동 성당(1960)을 언급했다. 건축가 이희태 작품이다. 이희태의 다른 대표작으로 국립극장(1973)과 메트로호텔

7 메트로호텔 입구
8 메트로호텔(1960)

(1960)을 꼽을 수 있다. 특히 메트로호텔은 구 남산 힐튼 호텔과 가까운 곳에 있어서 함께 보기 좋다.

호텔은 1960년 개관하여 여전히 영업하고 있다. 2004년 일본 ICD건축설계사무소 설계로 리모델링했다. 외벽에 목재를 덧대고 부분적으로 코르텐강판을 덧붙여서 현대적인 느낌을 더했다. 수직적 이미지를 강조한 것이 원래 모습과도 닮아 있어 건축가 의도를 지키려는 뜻으로 보여진다. 호텔 홈페이지에서 예전 사진도 볼 수 있다. 현재 6개 타입의 75개 객실로 운영 중이다.

이 주변은 좁은 골목에 해외여행객들이 많은 곳이라 건물들이 여전히 바쁘게 사용되고 있다. 1960년은 청계천 복개공사가 시작되며 서울 내 개발이 본격적으로 이뤄지기 시작한 시점이다. 그때 지어진 관광호텔이라는 것이 현대 서울의 시작을 생각해 보게 한다.

1   태양의 집 썬프라자(1982)

49 ## 태양의 집 썬프라자

평범한 풍경 속, 김중업이 지은 80년대의 쇼핑몰

7호선 신풍역에서 내려서 걷는다. 아파트와 빌라가 있는 평범한 풍경이다. 10분정도 걷다 보니 '썬프라자'라는 무지개색 글자가 떠있는 곡선 건물이 눈에 들어온다. 건물에는 원 구멍이 뚫려 있다. 일단 건물을 한바퀴 둘러본다. 엄청난 건물 사이즈에 외부 계단이 있다. 경사로 계단이다. 이것만 봐도 여태 여행한 곳들과 연관지어 생각하기 좋을 것이다.

앞서 건축가 김중업의 작품을 여러 차례 여행했다. 김중업건축문화의 집을 시작으로 건국대학교 구 도서관, 육군사관학교 박물관, 서산부인과 등. 모두 여기로 가는 여정이었다고 해도 과언은 아니다. 이곳이 최종편이다. 규모를 봐도 그렇고, 일상적인 건축으로서 현재까지 원래 목적대로 사용되고 있다는 데에 의미가 있다.

썬프라자는 건축가 김중업의 1982년 작품이다. 게다가 쇼핑몰이다. 도시화가 진행된 곳에서 경제 활동을 하고 여유

2 원을 강조한 외벽 창
3 동그란 창이 건물에 동적인 느낌을 더한다.

있는 사람들이 생겼을 때, 가족과 자신에게 돈을 사용할 여가 시간이 있을 때 생기는 공간이다. 그런 점에서 이 쇼핑몰은 1980년대 서울을 읽는 단서가 될 수 있다. 신도림시장을 대신한 건물이라는 점에서도 '도시'의 상징처럼 읽힌다.

원: 우아함에서 위엄, 아늑함, 생동감까지

원형은 어떤 각도에서 바라봐도 대칭을 이루기 때문에 완전함을 상징한다. 또 시작과 끝이 없어서 연속적이고 무한한 도형이기도 하다. 「김중업 다이얼로그」 전시 해설사 건축가 류수근은 김중업이 해외에서 돌아온 후에 나타난 건축적 특징이 기하학적 무늬를 사용하는 것이라고 말한다. 한국적인 요소에서 벗어나 현대적인 언어로 자신의 특징을 표현한 것이다.

김중업은 건축 언어로 원과 곡선을 사용했다. 태양의 집 역시 마찬가지다. 김중업건축문화의 집(25화) 현관에 있는 스테인드글라스 창처럼 이 건물엔 크고 작은 원형 창이 설치되어 있다. 삼거리 코너에 위치한 부지를 따라 세모 형태로 건물을 쌓았지만, 윗부분은 곡선과 반원 형태를 강조했다. 건물 외부에 설치된 곡선 계단들은 시각적인 리듬을 더한다.

같은 원이어도 느낌은 다 다르다. 구 건국대학교 도서관

4   태양의 집 외부 계단
5   기둥을 보며 이전 작품들과 연관성을 느껴 본다.
6   중심으로 모이는 보 형태
7   외부 계단

(33화)의 원은 위로 뻗어나가는 나선형으로 우아하다. 육군 사관학교 육군박물관(35화)은 원의 완벽한 대칭으로 건물의 위엄을 더한다. 서산부인과(43화)에도 원과 곡선이 있지만 태양의 집과 비교하면 안으로 모여 감싸안는 구조다.

태양의 집은 펼쳐진 건물 구조를 따라 수많은 원들이 굴러다니고 떠있는 동적인 인상을 준다. 많은 사람들이 오가는 건물인 만큼 생동감을 부여한다. 건물 곳곳에 녹아있는 원은 마치 공동체를 상징하는 것 같다. 이곳을 오가는 사람들이 손님에 머물지 않고, 하나의 동네 또는 이 도시를 사는 사람들이라는 이야기를 하는 듯 하다.

슬픈 동화 같은 붉은 계단과 푸른 계단

서로 다른 분야가 상징과 비유로 연결될 때, 해석이 풍부해지면서 새로운 의미가 탄생한다. 김중업이 설계한 '태양의 집'은 이름부터 동화같다. 특히 내부에 있는 2-3층을 연결하는 붉은 계단과 1-2층을 연결하는 푸른 계단이 그렇다. 마치 『이상한 나라의 앨리스』에 나오는 하얀 여왕과 붉은 여왕처럼 대비를 이루며 독특한 분위기를 자아낸다.

건물은 많이 변형되었고, 닫았거나 빈 공간도 많다. 건물 외부에는 디자인을 고려하지 않은 간판들이 제각각 붙어 있다. 옥상으로 연결된 붉은 계단 끝에는 건축가 김중업의 상

8 9 푸른 내부 계단
10 붉은 내부 계단

징인 모자이크 창이 있다. 태양의 집이 개장했을 당시 옥상에는 작은 놀이동산이 있었다고 한다. 건물 이름인 '태양'과 가까워지는 옥상으로 가는 길에 어린이들이 좋아할 만한 장소를 꾸며 놓았다는 게 마치 『오즈의 마법사』에 나오는 모험을 떠나는 길 같다.

현재 옥상은 비어 있다. 푸른 계단은 동그란 파란 타일의 모자이크로 장식돼 있다. 하지만 노후화되고 철조망으로 출입구를 다 막아서 제 기능을 하지 못하고 있다. 아름답지만 관리가 되지 않는 모습을 보니 주인공이 물거품이 돼버리는 슬픈 동화 『인어공주』속 심해를 들여다보는 느낌이 든다.

쇼핑몰을 좋아하지 않는다. 한곳에서 모든 걸 할 수 있어 편리하다는 장점이 있지만, 내가 다닌 장소가 어떤 곳이었는지가 보이지 않는다. 마치 영화 세트장에서 장소만 옮겨 다니는 것 같아 시간도 뒤죽박죽으로 느껴진다. 공간과 공간을 구분하는 건 길에서 본 풍경, 하늘, 공간의 개성이 담긴 건물 모양 같은 것들이니 말이다.

이 건물을 한 시간 반 넘게 둘러보면서 사실은 쇼핑몰이 아니라 효율성과 편리함만 강조된 건물이 싫었던 건 아닌지 생각해 본다. 시장에서 쇼핑몰의 시대로 넘어가는 도시 서울 안에 김중업은 '파는 사람과 사는 사람 모두 즐거운 곳'을 설계하고 싶었다고 말하기도 했다.

김중업 건축의 의미

한 예술가의 생각과 마음에 가장 잘 닿을 수 있는 방법은 작품을 한번에 몰아보는 것이다. 영화감독이나 배우라면 필모그래피를 따라가면 되고, 소설가라면 작품을 연달아 읽으면 된다. 건축가 김중업은 서울이 현대 도시로서 발전하는 과정을 겪은 사람이다. 그가 설계한 건물을 따라 걸으며 건축가의 시선으로 보는 서울은 또 다른 감흥을 준다. 무엇보다 김중업의 작품은 지금 눈으로 봐도 여전히 아름답다.

김중업이 남긴 인터뷰나 글을 보면 자신이 설계한 건축물에 대해 '죽기 전에 다 부수고 싶다'고도, '잊혀지지 않고 싶다'고도 말한다. 건축을 사랑하지만, 시대와 기술의 한계 속에서 괴로웠던 마음이 느껴진다. 작품을 남긴다는 생각으로 최선을 다했지만 채택되지 못한 설계도 있었고, 철거된 건물도 있었다. 시대와 기술의 한계로 자신이 원하는 대로 구현되지 못한 채 만들어진 건물을 보며 항상 미완이라고도 여겼을 것 같다.

그럼에도 김중업은 현대 건축에 선명한 업적을 남겼다. 건물보다도 도시와 공간을 바라보는 건축가의 시선으로 말이다. 후대 건축가에도 큰 영향을 미쳐서 '한국의 가우디'로 불리는 건축가 차운기도 탄생할 수 있었다. 차운기는 김중업 건축사무소에서 실무를 익혔다. EBS「건축탐구 집」에서 소개한 '도깨비 집'이라는 차운기의 작품을 좋아한다. 팀 버튼의 영화처럼 기괴하기도 하고 아름답기도 한 건물이다. 현재는 한 회사의 사무실로 사용되고 있다고 한다.

낯설다고 이상한 건 아니다. 배우 한예슬이 자신의 유튜브 채널에서 했던 말인데, '다양성'을 한 문장으로 요약한 것처럼 느껴져서 오래 마음에 남았다. 서울이 다양성이 있는 도시가 되려면 어떻게 해야 할까. 가장 직접적이고 쉬운 방법 중 하나가 낯선 건물이 지어지는 것 아닐까. 건축은 건축가, 시공자, 건축주를 포함한 수 많은 사람들이 치열하게 협의한 결과다. 서울에서 삶을 새롭게 바라보고 해석한 건축을 많이 만나고 싶다. 그게 쇼핑몰이나 주차장, 관공서, 버스 정류장처럼 일상적인 공간이면 더욱 좋겠다.

종교 시설

50 정동 한성교회

교회 건축: 공간으로 무언가를 기념하고 기억하는 일

이스라엘의 달력은 9월부터 시작한다. 새해 첫 연휴는 10월 첫 주인 초막절이다. 각 집마다 천막을 쳐서 조상들이 애굽(이집트)을 나와 40년 동안 광야에서 생활했던 것을 기념한다. 성경에 나오는 모세와 이스라엘 백성들의 '출애굽'이다. 애니메이션 「이집트 왕자」에도 등장하는 홍해를 가르는 장면 때문인지 판타지처럼 느껴지는 이야기다. 그러나 이스라엘에서는 이 이야기가 여전히 살아있는 역사다.

초막절 기간 동안은 집, 마트, 대학 어디에나 천막을 쳐 놓는다. 규모는 상관없지만, 지붕에는 별이 보이도록 만든다. 대추나무 가지로 덮어야 한다는 규칙도 있다. 합판으로 벽을 세우기도, 마트에서 파는 원터치 텐트처럼 간편한 방식으로 설치하기도 한다. 천막이 건물 현관 앞 곳곳에 설치되어 있어서 크리스마스 트리나 할로윈 호박과 비슷해 보이기도 한다. 차이점은 장식품이 아니라 '공간'으로 무언가를 기념하고 기억한다는 것이다.

언어로 묶인 공동체

공간을 통한 기념과 기억은 교회 건축의 의미이기도 하
다. 공간은 사람의 모임을 전제한다. 사람들은 이왕이면 공
통점이 있는 사람끼리 모이고 싶어 한다. 비슷한 사람들이
모이면 편안한 이유는 서로 소통할 수 있어서다. 교회도 마
찬가지다. 낯선 땅에서 같은 언어를 쓰는 공동체가 있다는
것은 마음의 위로가 된다. 한인교회는 교민들에게 그런 의미
다. 서울에도 1912년에 세워진 이민자 교회가 있다. 정식 명
칭은 여한중화기독교 한성교회다.

한성교회는 중구 정동길의 끄트머리에 있다. 국내 최초
의 이민자 교회이자 화교 교회지만 건물이 크지 않은 데다
가 길에서 깊숙하게 들어간 곳에 있어서 눈에 잘 띄지 않는
다. 정문 오른편에는 한성교회의 역사가 써있다. 교회 이름
에도 들어간 '여한'이라는 말이 '나그네 여旅'를 써서 한국에
머무는 나그네라는 뜻이라는 설명도 보인다.

한성교회를 세운 첫 '나그네'는 산둥성 출신 한의사 차도
심車道心이다. 교회를 다니는 걸 못마땅해하던 아버지를 피해
고향을 떠나 1898년 조선으로 이주한다. 조선에서 한의원
을 운영하던 그는 언더우드 선교사가 설립한 교회에 다니다

1 한성교회

2 입구

3 정초석

1912년 중국 저장성에서 선교를 했던 유디스 데밍 선교사와 함께 한성교회를 창립한다.

교회 건축 탐방기

정초석에는 1958년이 새겨져 있다. 1950년 6.25전쟁으로 인해 다시 건축했기 때문이다. 교회 본관 1층엔 사무실과 교육실이 있고, 2층이 예배당이다. 건물에는 한자로 무언가가 쓰인 문 두 개가 있다. 1층 오른쪽 문에는 '복福'이, 2층 예배당 문에는 성경 마태복음 5장의 '팔복'에 관한 내용이 쓰여 있다. 건물 내부는 2012년 교회 100주년을 기념해 현대식으로 리모델링했다.

처음 갔을 때는 1층이 예배당인 줄 알았다. 궁금해서 건물 유리문에 이마를 대고 들여다봤다. 그런데 갑자기 센서가 울리는 게 아닌가. 보안 경보 알림이 요란하게 울리니 안에서 직원이 나왔다. 문을 살짝 건드렸는데 울렸다고 변명 아닌 변명을 한다.

"어쩐 일로 찾아오셨나요?"

"교회 건물이 궁금해서 왔는데요..."

"학생이신가요?"

이럴 때마다 '그냥 근현대 건축을 좋아하는 사람인데요' 하는데, 내가 생각해도 좀 수상한 대답이다. 교회나 성당을 구경할 때는 두 가지 주의점이 있다. 우선 월요일은 피해야 한다. 일요일 예배 후 월요일은 쉬는 날이기 때문이다. 두 번째가 가장 중요한데, 상대방이 불안해하지 않게 관심사와 신원을 정확하게 밝혀 주는 것이다. 아무래도 열려 있는 공간이라 알 수 없는 사람들이 드나들기도 하고, 이단교인들도 많이 찾아오기 때문이다.

"건축가 왕공온이 다녔던 교회라고 해서 찾아와봤습니다."

이 교회 장로였던 왕공온의 이름을 말하자 직원 얼굴에 의문이 걸린다. '왕공온 장로님을 어떻게 아시냐'기에 건축가가 시공한 건물 몇 곳을 가봤다고 말씀드리니 흔쾌히 교회를 소개하겠다며 2층으로 안내해 주셨다. 직원을 따라 건물 왼쪽으로 걸어갔다. 건물 2층으로 올라가는 계단을 가기 위함이었는데, 담장 하단에 꽤 큰 돌이 쌓여 있는 게 보였다. 내 시선이 읽혔는지 직원분은 한성교회 담장은 사대문 중 서문이었던 돈의문과 이어지는 한양도성이라고 설명해 주셨다. 이 근처에 있던 돈의문은 사라졌고, 도성 구간이 끊겼으니 지도를 보고 추측해볼 수 밖에 없다. 하지만 묵직한 돌이 돈의문 옆에 든든히 서있던 도성에서 왔다는 건 일리 있다. 건물이 생을 다할 때 나온 부재료들이 또 다른 삶을 살고 있는 예가 많기 때문이다. 1988년 철거된 옛 서울역(1925) 디딤석이 현재 강화도 카페 프란쓰에 있고, 80년대 서울대학교 건물 일부를 철거하며 나온 파벽돌이 강릉 한 가정집[•]의 재료가 되는 것처럼 말이다.

2층에서 본당을 둘러보고 나오는데 직원분께서 기념품이라며 교회 주보 하나를 건네주셨다. 다 한자로 쓰여 있어서 알아볼 수 있는 글자가 몇 개 되지 않았다. 한성교회는 여전히 교인 대부분이 중화권에서 온 사람들 혹은 화교라고 한다. 교인 중 지금도 왕공온을 연구하는 학자도 있다고 소개해 주셨다. 교회 입구 앞 안내문의 연혁과 역사에 왕공온과 그가 참여한 건축물에 대한 설명이 자세히 적혀 있다. 왕공온은 조선을 떠나기 직전까지 자신이 속해 있던 공동체 한성교회가 낯선 땅 조선에 터를 잡을 수 있도록 도왔다. 그 마음 때문인지 공동체 구성원들은 여전히 왕공온을 기억하는 듯 했다.

건축가 왕공온

건축가 왕공온은 산둥성 출신으로 1903년쯤 조선으로 건너와 목공으로 건축 일을 시작했다. 한성교회 앞 안내문에 따르면 1918년 기독교에 귀의해 한성교회 교인이 되었다. 한성교회를 창립한 차도심과 함께 1920년 건축시공회사, '복음건축창'을 설립한다. 이 회사는 경성 성서학교(1921), 이화여자대학교 프라이홀(1923), 체육관(1935), 음악당(1935), 조선일

• 유튜브 '오어즈 Oars' 채널 '강릉에 우리집 구하기(번외 편) - 80년 서울대 파벽돌로 지어진 주택? 주택 매도인과의 신기한 인연' 영상을 참고했다.

4   2층 예배당 안에서 본 입구. '팔복'에 대한 성경 말씀이 중국어로 적혀 있다.

5   입구에 있는 왕공온 건축 사무소 시공 건물들

보 사옥(1935) 등을 시공했다. 앞서 여행한 서대문 한국기독교장로회총회 선교교육원(5화)도 왕공온이 시공했다.

1937년 중일전쟁 때 중국으로 귀국했고, 1950년 6.25 전쟁이 터지면서 서울 생활을 아예 정리하고 대만으로 이주했다고 한다. 교회 입구에 붙어있는 설명에 따르면 회사 부지 가운데 정동 26번지 토지와 건물을 중화기독교회 유지재단에 기부했다. 이곳은 현재 한성교회 예배당 앞의 별관 부지로 쓰이고 있다.

함께 가보면 좋을 곳: 평안교회

한성교회 근처, 서소문로에 6.25 당시 북에서 넘어온 이주민들이 세운 교회도 있다. 1951년 부산 보수산에서 전쟁 중 피난민들에 의해 설립된 곳이다. 처음 이름은 평양교회였으나, 1956년 서소문동 서문교회와 통합하고 '평안교회'로 개칭한다. 부산에서 서울로, 서울 충무로에서 현재 위치로 수 차례 이전했다. 증축과 보수를 여러 번 했고, 현재 건물의 최초 완공 연도는 1967년이다.

교회 본당 건물 왼쪽에 종 하나가 놓여있다. 설명에 따르면 1956년에 제작됐다고 한다. 교회 위치와 건물이 여러 차례 바뀌었는데도 여전히 보관되고 있다는 점이 흥미롭다. 교회를 신축할 때 머릿돌처럼 중요하게 여기는 것이 첨탑 종

6   평안교회

7   1956년 제작된 종

8   원형 창문

이다. 요즘은 종을 치는 교회나 성당이 드물지만 이전에는 종소리가 신의 음성처럼 일상을 깨우는 역할을 했다. 불교에서도 건물에 종을 두는 것을 보면 종의 의미에 종교의 경계는 없는 듯하다.

양쪽으로 서있는 뾰족한 첨탑과 건물 가운데에 난 둥근 유리창은 프랑스 파리 노트르담 성당을 연상시킨다. 평안교회도 노트르담 성당처럼 고딕 양식이다. 건축적 특성과 서울 안에 오래된 교회 건물이라는 가치가 인정되어 2017년 서울 미래유산으로 지정되었다. 본당 옆에 있는 교육관 건물 1층 정수기 옆에는 미래유산 스티커도 비치되어 있다.

1 구 공군사관학교 성무교회(1964)
2 교회 건물과 종탑

51 구 공군사관학교 성무교회 (동작아트갤러리)

가족 덕분에 육군 소속 군부대 교회를 여러 곳 다녀봤다. '덕분'이라고 표현하는 건 휴전 중인 국가에서 군부대에 있는 종교 건축물을 구경하는 게 특별한 경험이라고 생각해서다. 가본 곳들 중 기억에 남는 곳은 충남 계룡시에 있는 육군, 해군, 공군이 함께 쓰는 본부교회다.

매년 6월 이곳에서 '국군기독부인회'라는 찬양제가 열린다. 가족, 병사, 군부대, 국가를 위해 기도하고 호국보훈의 달을 기념하기 위해서다. 누군가를 위해 기도한다는 건 마음과 정성 없이는 힘든 일인 걸 알기에 종교를 떠나 감동적이다. 서울에도 용산 국군중앙교회나 육군사관학교 안에 있는 육사교회처럼 군인 교회가 있다. 이전에 군인 교회였던 '과거형' 군인 교회도 있다. 동작구 신대방로 보라매공원 옆에 위치한 동작아트갤러리(구 성무교회)다.

아트갤러리가 된 뾰족 지붕 교회

보라매병원역에서 내리면 바로 보라매공원이 나온다. 입구에 멈춰 서면 쭉 뻗은 직선 길에 눈이 시원해진다. 보라매는 공군의 상징인 새다. 1949년 개교한 공군사관학교는 1958년 이곳으로 옮겨왔다. 1985년 공군사관학교가 청주로 이전하면서 부지는 공원이 되었다. 공군사관학교 성무교회 건물은 2013년 동작아트갤러리로 개관했다.

동작아트갤러리는 공원 정문 밖 오른쪽 언덕 위에 있다. 성무교회처럼 부대 울타리 밖에 있는 교회를 군대에서는 '영외 교회'라고 부른다. 석축 사이에 난 계단을 따라 옛 교회 건물로 오른다. 계단을 오를수록 뾰족한 지붕이 보인다. 마치 집이 지하에 박힌 것처럼 지붕만 솟아있는 모습이다. 경사가 급격한 형태라 비상하거나 낙하하는 장면을 연상케 한다. 이 건물은 미국 콜로라도 미국공군사관학교의 뾰족 첨탑 교회, 커데트 채플을 모티브로 삼았다. 구 성무교회 건물의 정면 지붕 아래에는 붙어있던 십자가를 떼어낸 흔적이 선명하다. 건물 옆에는 종탑이 있다.

내부로 들어가니 각진 천장이 눈에 들어온다. 갤러리로 용도를 변경하며 양 옆으로 가벽을 세워서 공간이 좁아졌다. 원래대로였다면 기둥 없이 완벽하게 삼각형인 내부를 볼 수 있었을 것이다. 이 안에서 노래를 부르거나 연주를 하면 어땠을까. 웅장한 공간만큼 음향도 특색 있었을 것 같다.

건축가의 사라진 건물들

A자 형태로 지어진 교회를 보고 있으니 통일교 강경가정교회 건물(충남 논산시 강경읍 금백로48번길 6)이 떠오른다. 세종문화회관, 어린이대공원 정문 등을 설계한 건축가 엄문덕의 작품이다. 1970년대에 통일교가 퍼지면서 똑같은 삼각형 모양의 교회를 전국 곳곳에 짓기 시작했다. 김포, 부산, 강경 등 다수 지역에 그 흔적이 남아있다.

성무교회는 그보다 빠른 1964년에 지어졌다. 건축가는 최창규다. 대한건축사협회에서 발간한 『건축사』 1981년 5권에 실린 인터뷰에서 그의 이야기를 엿볼 수 있다. 문장으로 남겨진 그의 언어에서 에너지가 느껴진다. 젊은 사람들이 하는 신선한 행동들을 좋아한다면서 후진 양성을 최대한 돕고 싶다고 말한다. 이런 생각을 갖고 있었기에 군인교회를 과감한 디자인으로 설계할 수 있었을 것이다.

자료에 따르면 그의 대표작은 안암동 동성교회, 육사박물관, 공군사관학교 등이다. 육사박물관은 건축가 김중업이 설계한 현재 건물(1983년 준공) 이전의 건물이었을 것으로 추측한다. 공군사관학교를 포함해 현재는 모두 사라졌다. 꽤나 굵직한 작품을 남겼지만 '최창규'란 이름이 생소하게 느

3 건물 옆면

4 건물 정면 꼭대기, 십자가가 있던 흔적

5 내부

6 충효탑

껴졌던 이유다. 건축가는 작품이 남아 있어야 회자될 수 있는 직업이라는 걸 새삼 깨닫는다.

함께 가보면 좋을 곳: 보라매공원에서 공군사관학교 흔적 찾기

보라매 공원을 산책하며 공군사관학교였던 흔적을 찾아보는 것도 좋겠다. 보라매병원역 앞에 있는 입구로 들어가면 공군을 상징하는 매 동상이 올라가 있는 충효탑이 보인다. 조깅트랙이 있는 잔디밭은 공군사관학교 시절 연병장이 있던 곳이다. 2008년 공군이 조성한 에어파크도 있어서 전투기를 구경할 수 있다. 보라매 독서실 건물 역시 군 성당이었던 곳이고, 공군사관학교 법당은 '보라매 법당'으로 여전히 남아있다.

앞서 소개한 육군사관학교 육군박물관(35화)을 다녀왔다면 그때 본 학교 풍경을 떠올려 보기를 권한다. 보라매 공원이 갖고 있는 구조와 건물 및 조형물 배치가 더욱 입체적으로 보일 것이다.

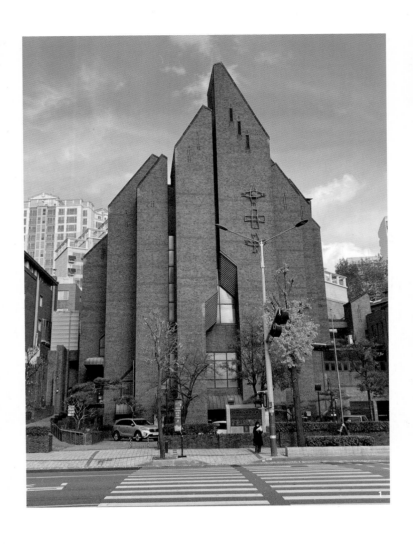

1　불광동 성당 전경

종교 건축, 특히 교회나 성당은 성경 속 의미와 이야기를 재료로 짓는다. 이런 틀 안에서 건축가가 내놓는 설계는 신과 인간에 대한 저마다의 해석을 담고 있다. '건축이 종교 안에서 어떤 역할을 할 수 있는가'에 대한 건축가의 답이기도 하다. 설계한 사람의 개성을 보는 것도 종교 시설 건축 여행의 재미다. 우리나라에도 유명한 건축가들이 지은 교회와 성당이 많다. 그 중 건축가 김수근이 설계한 불광동 성당을 좋아한다.

예상을 벗어나는 구조와 동선

1986년 준공된 불광동 성당은 서울 북서쪽 끝인 은평구 불광동에 있다. 도로를 접하고 있어서 접근성이 좋다. 경상남도 마산 양덕성당, 서울 장충동 경동교회와 함께 김수근의 3대 종교 건축으로 꼽히는 작품이다. 김수근이 작고하기 1년 전 지은 건물이라 건축가의 마지막 유산 같아 더욱 종교

2 불광동 성당 예배당으로 가는 계단
3 건물 밖 예배당으로 가는 계단 위에서
4 건물 뒷쪽에 있는 예배당 문

적으로 느껴진다.

불광동 성당의 특징을 자세히 보려면 장충동 경동교회와 비교해 보면 좋다. 두 교회 모두 김수근이 설계했고, 그의 건축적 상징인 벽돌로 지었다. 도로를 접한 위치, 기도하는 손 모양의 외관, 얕은 언덕을 따라 안쪽에 배치된 예배당이 두 곳의 공통점이다.

불광동 성당은 경동교회보다 규모가 크다. 동선도 길 수밖에 없다. 김수근은 의도적으로 단차와 계단을 이용해 동선이 더 길어지도록 설계했다. 정문에서 바로 보이는 건물에 철문으로 된 입구가 있다. 묵직한 문을 열면 바로 예배당이 나올 것을 기대했지만, 공간은 예상을 벗어난다. 예배당으로 가려면 왼쪽에 있는 계단을 올라서 건물 뒤쪽에 나있는 문을 통해 밖으로 나가야 한다. 경동교회에 있는 외부 계단과 비슷한 벽돌 계단을 따라 비로소 예배당 앞에 닿는다. 경동교회는 길에서 보이는 외부 계단을 통해 바로 예배당 문까지 갈 수 있는데, 불광동 성당은 그 구조를 한번 더 비튼 동선이다. 예상을 빗나가는 구조에서 미로 같았던 구 공간 사옥이 떠올랐다.

묵상을 돕는 공간과 스테인드글라스

성당 정문부터 꽤 긴 동선을 지나 예배당 입구에 도착한

5 불광동 성당의 스테인드글라스 문

6 불광동 성당 내부 측면

7 불광동 성당 내부 정면

다. 처음 정문에서 건물로 들어올 때 지나온 철문처럼 스테인드글라스로 장식한 철문을 열고 들어간다.

예배당 내부는 천장이 높고, 넓다. 경동교회와 비교해도 훨씬 넓어 보인다. 이곳은 비움을 택했다. 정면 직선 창의 스테인드글라스 외에는 어떤 장식도 없이 오직 십자가만 보인다. 벽 사이마다 난 좁고 긴 창문을 장식한 스테인드글라스로 빛이 은은하게 스며든다. 동굴 속에 스미는 빛처럼, 빛 외에는 모든 것을 지워둔 무의 공간이다.

예배당까지 오는 복잡하고 긴 동선과 외부 계단이 예수가 십자가를 지고 올라간 성경 속 골고다 언덕이라면, 예배당은 예수가 죽어서 누워 있던 돌무덤을 연상케 한다. 왜인지 모르게 분위기에 압도되어 숨죽여 공간을 바라본다. 잠시 두 손을 모으고 기도하고 싶어진다.

종교 건축은 묵상을 돕는 도구다. 뜰을 밟고 건물에 앉아 있는 것만으로도 신을 생각하게 만든다면, 그것만큼 좋은 예배가 있을까. 건축에 너무 많은 의미를 부여하는 것에 반대하는 사람도 있다. 그러나 종교 안에서 건축은 의미의 집약체다. 성경 내용을 떠올리게 하고, 신에게 기도하고 싶은 마음을 들게 만든다면 작고 허름해도 예배당이다. 그래서 좋은 종교 건축이란 규모와 상관 없다. 천주교, 기독교뿐만 아니라 불교도 마찬가지다.

8 불광동 성당 예배당으로 올라가는 외부 계단
9 경동교회 예배당으로 올라가는 외부 계단

함께 가보면 좋을 곳: 경동교회

장충동 경동교회는 1981년에 지어졌다. 경동교회에 처음 갔던 토요일, 마침 부활절 칸타타˚를 준비 중이었다. 운이 좋게도 성가대가 부르는 찬양을 들으며 잠시 예배당 안에 앉아있을 수 있었다. 경동교회는 노출 콘크리트를 사용해 투박하게 느껴질 수 있는 건물이다. 하지만 아름다운 노래소리로 가득 찬 건물은 훨씬 아름답게 느껴졌다. 아무도 없는 내부를 구경했다면 느끼지 못했을 감각이다. 설계 목적대로 사용 중인 건물을 구경하는 게 중요한 이유다. 이 경험을 하고 나서부터는 해외에서 아름다운 교회나 성당 건물을 보면 예배 장면을 상상하게 된다.

오직 십자가만 강조하는 구조였던 불광동 성당과 달리, 경동교회 내부 정면에는 커다란 파이프 오르간이 있다. 마침 내가 내부를 구경했을 때는 불이 켜져 있어서 오르간도 내부 조명을 받아 번쩍이고 있었다. 천장을 두르고 있는 돌출 벽과 중앙으로 모이는 계단 때문에 중앙으로 시야가 집중된다. 이런 요소 때문에 경동교회 내부는 화려한 인상을 준다. 마치 콘서트 홀처럼 말이다.

불광동 성당이 예수가 십자가를 지고 올라가서 죽는 과정을 공간으로 표현하고 있다면, 경동교회는 예수가 부활하는 이야기를 그린 듯 하다. 정문에서 외부 계단을 따라 예배

• 성악곡의 하나로, 독창·중창·합창과 악기 반주가 동반된다.

10 불광동 성당, 조각가 김세중의 「예수 성심상」
11 경동교회, 조각가 이경재의 「소망」

당으로 오는 동선이 짧기 때문에 상징이 더 극적으로 느껴진다. 게다가 내부에는 1995년 경동교회 창립 50주년 기념물로 오경환 작가의 색유리 모자이크 벽화가 설치돼 있다. 불광동 성당과 비교하면 경동교회가 더 밝은 인상이다.

불광동 성당과 경동교회에는 건물 사이마다 조각을 위한 공간이 있다. 계획적인 설계다. 불광동 성당에는 조각가 김세중의 전통적인 작품, 경동교회에는 조각가 이경재의 작품이 있다. 이경재의 작품을 보면 익살스럽고 귀여운 모습에 웃음이 지어진다. 조각 역시 종교 건축의 한 부분이다. 서양 종교가 한국의 건축가와 조각가로부터 어떻게 해석되고 있는지 의미를 찾아보는 것도 재미있다.

53 한국정교회
성 니콜라스 대성당

유럽으로 여행을 간다면 교회나 성당 투어를 빼놓을 수 없다. 유대교 예배당, 정교회, 카톨릭 성당 등 종류도 다양하다. 고딕, 로마네스크, 비잔틴, 르네상스 등 시대마다 건축 양식도 다르다. 종교 전쟁, 종교 개혁, 교파 다툼 등 건물의 다양한 역사적 배경까지 알아보기 시작하면 그때부터 여행은 공부가 된다. '멋있는 건물이네'라며 인증샷을 찍고 돌아서서 쉽게 여행할 수도 있다. 하지만 여러 건축물을 다니다 보면 '이 건물은 왜 이렇게 생겼지?'라는 호기심이 자꾸 스멀스멀 피어오른다.

서울에 편의점만큼 많은 게 십자가라지만, 종류와 교파를 따지고 들면 유럽만큼이나 역사가 복잡하다. 그 중 마포구 아현동에 한국정교회 대성당이 있다. 서울에서는 유일한 비잔틴 양식 건물이다. 2017년 처음 이곳에 갔을 때는 낯설어서 좋았다. 이전에도 미국과 러시아에서 호기심에 정교회 건물을 가본 적이 있지만, 서울에서 보니 더욱 생경하게 느꺼졌다. 지루한 일상에서 터키나 그리스, 동유럽 어딘가에 멀리 여행 온 기분이 들어서 그것만으로도 좋았다. 그런데 둘러볼수록 자꾸 익숙한 교회, 성당 건물과 차이점을 비교하게 됐다. 종교 건축은 그 종교가 갖고 있는 정체성과 의미를 담고 있는 그릇이기 때문이다.

종교가 건물에 부여하는 의미

일반적인 건축은 설계 후 사람들이 이용하면서부터 이야기와 삶이 담긴다. 종교 건축, 특히 교회나 성당은 반대다. 성경 속 의미와 형식을 강조하며 설계한다. 성당이나 교회 모두 영어로 'church'지만, 건물에 부여하는 의미는 전혀 다르다.

기독교는 회심(conversion, 과거의 생활을 뉘우치고 신앙에 눈을 뜸)과 변화된 삶을 강조한다. 건물보다는 '어떻게 살아야 할 것인가', 삶에 대한 태도가 중요하다. 그 탓에 오래된 교회 건물이나 성직자 무덤 자체가 오래 남겨지지 못한다. 대신 병원이나 학교 등 교회 밖에서 발휘한 영향력의 흔적이 남는다. 현대 교회 건물 역시 지역 커뮤니티 센터 역할을 할 수 있도록 설계한다. 예배당 음향 시스템에 신경을 쓰고, 1층에 카페테리아나 키즈카페 같은 놀이 시설을 두는 것이 대표적이다.

천주교는 예수처럼 죽음을 결심할 수 있는지 묻는다. 성

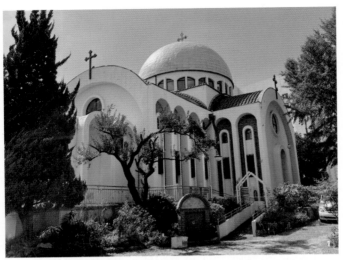

1 한국정교회 성 니콜라스 대성당(1967)
2 건물 내부로 들어가는 문

인saint의 의미가 중요하기 때문이다. 죽음을 선택한 이들의 이름이 기록되고, 종교는 이들을 기념한다. 교회 뒤편에 무덤을 마련하고 동상을 세우는 등 통일된 형식 안에서 건물의 일부로 남긴다. 이런 맥락에서 기독교와 천주교는 굉장히 다른 종교다.

정교회Orthodox Church는 영어 이름처럼 전통을 중요하게 생각한다. 2000년 전 초대 교회 모습을 여전히 따르고 있다는 것이 이 종교의 자부심이다. 종교사적으로 그리스도교는 서로마에서 천주교, 동로마에서 정교회로 분리되었다.

로마 콘스탄티누스 황제가 수도를 로마에서 동쪽으로 옮긴 것이 원인이었다. 로마에서 이미 세력을 다져 두었던 로마교회는 이를 탐탁지 않아했고, 이런 배경에서 동로마제국와 서로마제국이 나뉘게 됐다. 이후 동로마제국은 비잔티움제국을 이뤘고, 서로마제국은 멸망하는 정치적 역사가 이어졌다. 두 종교는 자신만의 정통성과 형식을 부각하기 위해 대척을 이루며 차이점을 만들어 왔다.

정교회는 빵과 포도주로 예수의 죽음과 부활을 기념하는 성찬식을 매일 드릴뿐만 아니라 성사, 축복식 등 다양한 예배 형식을 따른다. 촘촘하게 짜여진 길고 엄숙한 예배는 성찬식이 거행되는 '지성소'와 물에 잠겨서 세례를 받을 수 있도록 하는 별도의 공간인 '세례조' 등 건축 요소에도 영향을 미쳤다. 본격적으로 성 니콜라스 대성당 건물을 여행하면서 살펴볼 것이다.

정동에서 아현동으로, 한국 정교회 역사

우리 땅에 정교회가 들어온 건 1900년 러시아 정교회를 통해서였다. 러시아인 성직자 흐리산토스 세헷콥스키 수도 대사제가 조선에 있는 러시아인들과 정교회인들을 돕기 위해 파송되었다. 그렇기 때문에 아현동 성 니콜라스 정교회를 여행하기 앞서 러시아 정교를 이해해야 한다. 러시아 정교회는 그리스 정교회 선교사들에 의해 988년 전파되었다. 1589년 모스크바의 욥 대주교가 총대주교가 되면서 자치교회가 되었다. 동방정교회는 콘스탄티노플, 안티오키아, 알렉산드리아, 예루살렘, 러시아, 그리스, 체코슬로바키아, 폴란드 등에 자치교회를 두고 있다.

국내의 정교회는 처음에는 러시아 공사 관저 일부를 임시 예배 장소로 삼았다. 인원이 늘면서 현재 정동 경향신문 자리에 성 니콜라이 정교회를 지었다. 1967년에 지금의 마포구 아현동으로 예배당을 이전하기까지 정동은 정교회 활동의 중심지였다.

한국정교회는 러시아를 통해 들어왔지만, 일제강점기와 6.25전쟁을 거치며 러시아(구 소련)와 외교적 관계가 멀어지면서 영향을 받게 된다. 현재 한국 정교회는 콘스탄티노플 세계총대주교청 관할하에 있다. 정교회가 시작된 곳이다. 세계총대주교청이 튀르키에와 그리스를 관할하기 때문에 한국정교회 홈페이지도 초기에 영향을 받았던 러시아 정교회 언어인 러시아어와 함께 그리스어를 제공한다.

그림 속 같은 내부

아현동 성 니콜라스 정교회 건물 입구에 서면 왼쪽으로는 그리스에서 공수해온 종탑이 있다. 내부로 들어가는 문 위에는 아치형으로 성 니콜라스 성화가 그려져 있다. 유럽 교회에 가면 성화의 글씨가 다 외국어라 답답할 때가 있는데, 한국어로 '성 니콜라스'라고 적혀 있는 게 인상적이다. 건물 안으로 들어가면 천장 위 둥근 형태의 돔에 압도당한다.

이 이국적인 건물은 한국인 건축가 조창한에 의해 설계되었다. 건물은 그리스 비잔틴 양식이다. 1956년 한국 정교회의 소속이 콘스탄티노플 총대주교로 변경된 것이 건물 양식을 정하는 데도 영향을 미쳤다. 정교회의 한국인 신부였던 김의한 신부의 아들, 김창식이 그리스에 요청해 비잔틴 도면과 사진을 가져온 것도 도움이 됐다.

예배당 벽과 천장은 성화로 가득하다. 혼자 빈 예배당을 둘러보고 있으면 그림 속 모든 눈동자가 나를 따라다니는

3 예배당 내부

4 모서리까지 모두 그림으로 가득하다.

듯한 이상한 기분이 든다. 마치 2D 세상에 잠입한 불청객이 된 것만 같아 긴장되기도 한다. 정교회에서는 성화를 '이콘 icon'이라고 부른다. 글을 모르는 사람들에게도 성경을 전하기 위한 목적이었다. 화려한 스테인드글라스를 사용하는 천주교 성당과 대비되는 형식이다.

성경 속 예배 공간

정교회는 성경에 나오는 '지성소'라는 공간을 구현한다. 예배당 맨 앞에는 성화벽이라고 하는 칸막이가 있다. 그 너머가 지성소인데 평소에는 닫혀 있다가 예배 때만 열린다. 안쪽으로는 성직자들만 들어갈 수 있다. 천주교 성당에는 없는 공간이다. 현대 개신교 예배당은 강대상 위에 아무것도 두지 않는 곳도 많다. 강당이나 운동장에 있는 단상처럼 말이다. 앞에서 성경을 전하는 사람의 말만 남도록 하는 구조다.

성전 정면 좌측 바닥에 위치한 1.5미터 높이의 지하 공간도 정교회 예식을 위해 만든 요소다. 정교회 세례식에서는 성경에서 예수가 강물에 몸을 담근 것처럼 지하에 물을 채워서 성도 몸이 잠기도록 한다. 천주교에서는 물을 뿌리는 방식으로 세례를 하기 때문에 성당 안에 이런 공간이 없다. 개신교 역시 마찬가지다. 교단에 따라 온몸에 물을 담그는 '침례' 방식으로 세례하기도 하지만, 이렇게 예배당 신자 좌

5   정교회 건너편 교육관 및 사제관
6   복도 천장에 달린 조명

석 앞에 공간을 별도로 만들지는 않는다.

정교회 성당 건물에 있는 돔과 아치의 곡선은 건너편에 있는 교육관 사제관 건물에서도 발견할 수 있다. 흰색 예배당 건물과 대비되는 2층 벽돌 건물인데도 곡선 덕에 통일성이 느껴진다. 교육관 및 사제관 건물은 1층에 비해 2층이 돌출되어 있다. 2층 창문을 하나씩 감싸고 있는 아치 형태의 벽돌 장식은 1층에 직선으로 떨어진다. 2층 창문에서 내려온 기둥과 1층 벽 사이에 복도가 만들어진다. 복도 천장에는 조명이 달려 있고, 여러 개의 벤치가 놓여 있다. 정교회를 둘러본 후 이곳에 앉아 잠시 볕을 쬐어보는 것을 추천한다. 건축물에 대한 감상을 곱씹어보며, 다시 시끄러운 도심으로 나가기 전 마음을 가다듬는 시간이 될 것이다.

종교 건축의 형식과 기도하는 마음

러시아와 우크라이나 전쟁이 일어났을 때, 한국정교회에서도 평화를 바라는 예배를 드렸다고 한다. 한국 정교회 대교구인 성 니콜라스 대성당을 중심으로 구호물품을 전달하기도 했다. 전쟁 상황에서 한국에 나와 있는 우크라이나 사람들에게 종교 시설은 울타리가 되어 준다.

2023년 10월 4일 밤, 나는 이스라엘 예루살렘에 도착했다가 하마스의 공격이 시작되면서 9일 아침에 그리스 아테네로 빠져나왔다. 하루 전에 급하게 비행기를 잡다 보니 선택지가 없었다. 아테네에 머물던 중 정교회 아테네 대교구의 성당에 갔다. 아테네 성당 근처에 있었는데, 주변에 예배에 관련된 물건과 장식 등을 파는 상점들이 있는 것이 인상적이었다.

대교구 건물은 사무실 역할을 하고 있어서 들어가볼 수 없었지만, 작은 정교회 예배당은 열려 있었다. 아현동에 있는 대성당보다 훨씬 작은 규모지만 돔 형식, 내부를 가득 채우고 있는 성화, 예배당 내부 구조가 같았다. 건물 안에 머무르며 왜 종교 건축에서 형식이 중요한지 체감했다.

어느 지역에 있든, 종교 건축물은 신의 존재를 느끼게 해주는 곳이다. 갑작스럽게 번진 전쟁으로 짐을 싸서 피해와서 더욱 종교 건축의 의미가 와닿았다. 몇 평 안 되는 작은 예배당 구석에 앉아서 사람들을 구경했다. 이따금씩 예배당에 들어오는 사람들은 문 바로 앞에 있는 촛대에 촛불을 꽂고, 오른쪽과 왼쪽에 있는 성화에 한번씩 입을 맞췄다. 곧이어 성호를 긋고 기도를 하고 돌아갔다. 예배당에 앉아있으니 나역시 뭐라도 기도해야겠다는 생각이 들었다. 눈을 감고 손을 모았다. 그리고 한 번도 진심으로 빌어본 적 없는 세계 평화를 위해 기도했다.

⬭54 길상사

백석의 연인이 운영하는 음식점에서 법정스님이 모셔진 절으로

한국 사찰에서 경전만큼 중요한 건 '누가 어떻게 지었는가' 하는 서사다. 절을 짓던 신라 문무왕이 바다의 용이 된 후 아들 신문왕이 건물을 완공시키며 감사의 의미를 담아 이름을 지었다는 감은사, 한반도 지형을 배 모양으로 보았을 때 산맥이 한쪽으로 치우쳐 배가 기울 것을 염려한 승려 도선국사가 1000개의 불상과 1000개의 탑을 세웠다는 운주사 같은 이야기 말이다.

그 중 성북구 성북동에 위치한 길상사는 소설 같은 실화를 품고 있다. 이곳은 원래 백석의 연인이었던 자야(본명 김영한)가 운영하던 최고급 음식점, 대원각이었다. 군사정권 시절인 1970년대에는 삼청동 삼청각, 익선동 오진암과 함께 서울 3대 요정料亭*으로 불리기도 했다.

1987년 김영한은 법정스님의 『무소유』를 읽게 된다. 감명을 받은 그는 당시 1000억 원대였던 대원각 부지를 시주

---

* 유흥업 종사자를 두고 주류와 음식물을 판매하며 가무(歌舞)를 행할 수 있는 접객업소.

1 길상사의 하얀 연등

하겠다며 법정스님을 찾아간다. 한사코 거절하던 스님을 여러 해에 걸쳐 설득하며 1995년 음식점 대원각은 길상사라는 새 이름을 얻고 절로 태어난다. 1997년 12월 길상사 창건 법회 때는 김수환 추기경이 참석해 축사했다. 몇 해 뒤인 1999년 11월 사망한 김영한의 유해는 길상사에 뿌려졌다. 이후 절 내에 사당과 공덕비가 세워졌다. 2010년 열반에 오른 법정스님의 유해는 길상사 진영각에서 모시고 있다.

유명한 시인과 기생의 이뤄지지 않은 사랑, 한국 불교계에서 존경받는 큰 스님이 모셔진 장소, 음식점에서 절이 되는 과정, 천주교가 함께 창건을 축하해줬다는 이야기까지. 설화여도 '설정 과다'라고 할 법한 이야기인데, 실화라는 게 놀랍다.

하얀 연등과 백석 시의 눈

길상사를 처음 갔던 건 2023년 6월이었다. 성북동을 좋아해서 자주 다녀도 길상사는 번번이 지나치기 일쑤였다. 이번에는 꼭 가보리라고 다짐하며 한성대 입구 근처에서 버스를 탔다. 성북02번 버스를 타고 성북동 주택가로 올랐다. 창밖에 언덕을 따라 크고 높은 집들이 놓여있는 것을 보고 있다가 그만 정류장을 놓칠 뻔했다. 급하게 하차벨을 누르고 내린다. 02번 버스를 타면 길상사 바로 앞에서 내릴 수 있다.

가방을 들고 후다닥 내리는 중 다른 중년 여성분이 함께 내린다. 잠시 다른 생각을 하느라 본인도 하마터면 목적지를 지나칠 뻔 하셨다며 친근하게 말을 걸어오신다.

"길상사 가세요?"

어머니를 위해 49재를 드리러 절에 가는 길이라며, 식사를 아직 안 했으면 같이 먹자고 하신다. 순간 덥석 따라갈 뻔했다. 길상사 밥을 먹어볼 기회가 얼마나 될까 싶었기 때문이다. 하지만 이미 나는 밥을 배불리 먹고온 터였다. 배가 고프면 빨리 집에 가고 싶어지는 탓에 답사 전 속을 든든히 채우는 편인데, 밥을 먹고 온 것을 처음으로 후회했다. 먼저 제안을 주시긴 했지만 고인이 되신 어머니를 위한 시간에 낯선 이가 덥석 끼어들어도 되는지도 조심스러웠다.

식사 대신 '좋은 시간 되시라'는 다정한 인사를 나눠 갖고 각자 절의 시작을 알리는 일주문을 지난다. 나는 하얀 꽃이 핀 듯한 풍경에 이끌려 연등이 걸려있는 대웅전 방향으로 갔다. 이 땅과 건물을 시주한 김영한(법명 길상화)는 '눈 오는 날 나의 유해를 길상사 곳곳에 뿌려 달라'는 유언을 남겼다고 한다. 연인이었던 백석의 시 「흰 당나귀와 나타샤」에 나오는 눈처럼 말이다. 그래서인지 '극락왕생'이 써 있는 하얀 연등이 마치 하늘에서 내리는 눈처럼 보였다.

소담한 절, 아기자기한 멋에 담긴 이야기

길상사 건물들의 배치 방식은 기존 절과 다르다. 고급 음식점이었던 건물을 그대로 사용했기 때문이다. 기존 절이 일정한 간격을 두고 모여 있는 구조라면 길상사는 대웅전 건물을 중심으로 계곡을 따라 건물들이 퍼져 있다. 암자처럼 계곡에 작은 다리를 두고 자리 잡은 건물 앞에 선다. '스님의 처소입니다. 들어가지 마세요'라는 표지판이 보인다. 절을 걷다가 발견한 예쁜 건물에는 어김없이 이 표지판이 붙어 있었다. 궁금한 마음에 괜히 좋은 자리를 처소로 사용하는 길상사 스님들이 부러워진다.

길상사에는 일반적인 절 같은 화려한 단청과 공포가 없다. 대신 한옥 별장 같은 형태로 곳곳에 아기자기한 멋이 배어 있다. 건물을 잇는 다리의 곡선이나 담장에 기와로 낸 꽃무늬 같은 부분 말이다. 원래대로 음식점으로 사용되었다면 그것도 운치가 있었겠지만, 절이라 더욱 특별한 분위기를 풍긴다. 불자와 시민들이 편안하게 걸을 수 있는 정원 같은 절이다.

과거에 대원각이었던 모습을 상상하며 절을 걸어 봤다. 가장 마음에 든 것은 대웅전 옆에 있는 학이 새겨진 작은 아치형 문이었다. 천장 아래에 오래된 등도 붙어있다. 절에서는 보기 드물게 길상사 곳곳에는 오래된 등이 붙어 있다. 음식점

2 대웅전 옆 작은 아치형 문
3 길상사 계곡 한켠에 있는 스님들의 처소
4 문에 새겨져 있는 학
5 문 안에 있는 등

으로 사용하던 당시부터 붙어있던 게 아닐까 추측해 본다.

"여기서 사진 찍으면 잘 나와요? 내 거로도 찍어줘요."

언덕 위에서 공덕비와 사당을 찍고 있는데, 한 할머니께서 휴대폰을 내쪽으로 내미신다. 서울 곳곳을 혼자 다녀도 이렇게 사람들이 말을 거는 날은 드물다. 아마도 유명한 절에 젊은 사람이 혼자 있으니 다들 궁금하신 듯 싶다. 할머니 휴대폰 카메라로 내가 찍은 사진과 똑같은 각도로 여러 장 찍어드렸다. 할머니는 '공덕비만 잘 보고 가면 길상사는 다 본 것'이라며 휴대폰을 얼굴 멀리 떨어트리고 살펴보시더니 유유히 사라지셨다.

어르신 말씀처럼 길상사에서 꼭 가봐야 하는 곳은 절 가장 높은 곳에 있는 법정스님 유해를 모신 진영각, 시주 공덕비와 사당이다. 이것만큼 중요한 것이 성모마리아를 연상시키는 관세음보살상이다. 2000년 카톨릭 신자인 조각가 최종태가 만든 작품이다. 법정스님이 제안했다고 한다. 절을 생각하면 우락부락한 사대천왕 조각상과 화려한 탱화가 먼저 떠오르지만, 길상사를 생각하면 소담한 이미지와 함께 이 조각상이 떠오른다. 절이 지어질 때부터 천주교와 불교가 화합하려 했던 이야기, 그리고 백석과 자야의 사랑 이야기가 함께 연상된다.

길상사를 다 둘러보고 한성대입구로 내려가기 위해 다시

6 길상사 대웅전 처마에 붙어있는 등
7 꽃무늬가 나있는 담벼락
8 시주 길상화(김영한)의 사당과 공덕비
9 성모마리아를 연상시키는 관세음보살상

버스를 탔다. 사람들을 태우고 있는 버스를 놓칠세라 뛰어서 가장 마지막에 탔더니, 절에 들어오기 전 만났던 중년 여성분이 앉아 계셨다. 내가 먼저 알아보고 인사를 건냈다. '잘 구경했어요? 조심히 가요'하는 다정한 인사를 받고 맨 뒷자리에 앉는다. 작은 마을 버스가 언덕을 시원하게 미끄러져 가고 눈 앞에는 녹음이 스친다. 오늘 만났던 분들은 모두 어떤 기도를 하셨을까. 일상이었다면 기억도 안날 만큼 찰나의 만남이었지만 이렇게 생생한 건 내가 여행 중이었기 때문일 것이다.

에필로그. **가장 서울다운 건축 여행**

『서울 건축 여행』은 8월 초 한여름에 연재를 시작해 10월 중순 가을 마지막화를 썼다. 건물을 사용한 사람, 설계 목적에 따라 서울을 걸었다. 유럽 어느 도시를 여행하는 것이라면 100년 건물을 두고 감탄할 일은 아니다. 오히려 오래된 건물들 틈에 어렵사리 지은 새 건물에 눈길이 갔을 것이다.

서울은 다르다. 그 어느 도시보다 단기간에 현대화를 이뤘고, 여전히 빠른 속도로 개발되고 있다. 어제까지 있던 마을 위에 고층빌딩이 지어지고, 지난 과거가 무슨 소용이냐는 듯 자태를 뽐낸다. 그 틈에 남겨진 건물을 따라 미처 발굴되지 못한 사연을 들여다보고, 잊혀질 길을 따라 걷는 건 그 자체로 의미 있는 일이다. 서울이라 가능한, 가장 서울다운 여행일지도 모른다.

건축 여행을 하는 동안 문고리나 창틀 같은 작은 부분을 들여다보며 감탄하고, 슬퍼했다. 부러워하고, 미워하고, 또 사랑하는 도시 서울을 이해하는 시간이었다. 일상으로 돌아가서도 내가 만나는 풍경, 사용하고 가꾸는 공간의 작은 부분을 의미 있게 바라보게 되었다.

지루한 평일을 보상받아야 한다는 마음으로 주말마다 서울을 여행했는데, 일상에서 멀어지는 것이 아니라 삶에 더욱 가까워지는 여행이었다. 평소라면 관심도 없었을 이야기를 들춰 보고, 궁금해하며 무딘 감각이 살아났다.

혼자 여행하는 걸 좋아한다. 나에게는 혼자 서울을 걷는 순간이 의식의 흐름을 따라, 마음과 눈길이 이끄는 대로 걷는 독보적인 자유를 누리는 시간이다. 글을 쓰며 달라진 게 있다면, 이 글 너머 어디선가 함께 걷고 있을 동행자를 의식하게 됐다는 거다. 같은 장소를 가봤다면 어떤 점이 좋았는지, 추천하고 싶은 곳은 없는지 궁금해졌다. 이 글을 읽고 계신 또 다른 서울의 건축 여행자들에게 '서울'이 어떤 의미인지 듣고 싶다.

이번 주말에는 서울 어디로 떠나볼까? 한 번도 가보지 않은 동네를 찾아, 걷다가 무심코 본 표지판에 이끌려 들어가 보면 좋겠다. 눈길을 사로잡는 건물을 따라 들어가 구경한 후 누가 설계했는지, 왜 지어졌는지 찾아보는 것도 건축 여행의 시작점이 될 것이다.

부록. 테마 건축 여행

건축가별, 인물별, 동네별로 묶어서 여행하면 좋을 코스를 소개합니다.

서울 건축 여행

김예슬 지음

초판 1쇄 발행 2024년 4월 5일
초판 4쇄 발행 2024년 10월 2일

발행, 편집 파이퍼 프레스
디자인 위앤드

파이퍼
서울 마포구 신촌로2길 19, 3층
전화 070-7500-6563
이메일 team@piper.so

논픽션 플랫폼 파이퍼
piper.so

ISBN 979-11-985935-5-9 03910